Otto Mayr

Mathematik komplett

Arbeitsblätter,
Lernzielkontrollen und Probearbeiten
neue Aufgabenkultur

9. Klasse

Kopiervorlagen mit Lösungen

BRIGG Pädagogik

Gedruckt auf umweltbewusst gefertigtem, chlorfrei gebleichtem
und alterungsbeständigem Papier.

1. Auflage 2008
Nach den seit 2006 amtlich gültigen Regelungen der Rechtschreibung
© by Brigg Pädagogik Verlag GmbH, Augsburg
Alle Rechte vorbehalten.
Das Werk und seine Teile sind urheberrechtlich geschützt. Jede Nutzung in anderen als den gesetzlich zugelassenen
Fällen bedarf der vorherigen schriftlichen Einwilligung des Verlages. Hinweis zu § 52 a UrhG: Weder das Werk noch
seine Teile dürfen ohne eine solche Einwilligung eingescannt und in ein Netzwerk eingestellt werden. Dies gilt auch für
Intranets von Schulen und sonstigen Bildungseinrichtungen.

ISBN 978-3-87101-337-9						www.brigg-paedagogik.de

Inhaltsverzeichnis

Hinweise für den Benutzer 6

1. Wiederholung 8. Klasse

Kopfrechnen Grundwissen 7
Brüche und Dezimalbrüche (1) 9
Brüche und Dezimalbrüche (2) 11

2. Prozent- und Zinsrechnung

Prozentwert, Grundwert, Prozentsatz berechnen 13
Prozentsätze in Schaubildern 15
Wie zeichne ich einen Prozentkreis? 17
Lernzielkontrolle R 9 (Prozentrechnen: Grundaufgaben) 19
Lernzielkontrolle M 9 (Prozentrechnen: Grundaufgaben) 21
Vermehrter und verminderter Grundwert 23
Kalkulation im Handel 25
Prozentuales Wachstum (M 9) 27
Promillewert, Grundwert, Promillesatz berechnen 29
Probearbeit R 9 (Prozentrechnen) 31
Probearbeit M 9 (Prozentrechnen) 35
Zinsrechnen 39
Grundaufgaben der Zinsrechnung 41
Zinsrechnen – Tilgungspläne (M 9) 43
Neue Aufgabenformen 45
Lernzielkontrolle M 9 (Zinsrechnung) 49

3. Potenzen und Wurzeln

Zehnerpotenzen bei großen Zahlen 53
Zehnerpotenzen bei kleinen Zahlen 55
Quadratzahlen und Quadratwurzeln 57
Neue Aufgabenformen 59
Näherungswerte von Quadratwurzeln 63
Dritte Potenz und dritte Wurzel (M 9) 65
Reinquadratische Gleichungen lösen (M 9) 67
Probearbeit R 9 (Rationale Zahlen, Potenzen, Wurzeln) 69
Probearbeit M 9 (Rationale Zahlen, Potenzen, Wurzeln) 73

4. Geometrie

4.1 Geometrische Flächen und geometrisches Zeichnen

Dreiecke zeichnen (1)	75
Dreiecke zeichnen (2)	77
Besondere Linien und Punkte im Dreieck	79
Vierecke zeichnen (1)	81
Vierecke zeichnen (2)	83
Fläche und Umfang berechnen	85
Regelmäßige Vielecke zeichnen	87
Lernzielkontrolle R 9	89
Lernzielkontrolle M 9	93
Figuren vergrößern – Figuren verkleinern	97
Ähnliche Figuren (M 9)	99
Der Thaleskreis (M 9)	101
Der Satz des Pythagoras	103
Den Satz des Pythagoras anwenden	105
Neue Aufgabenformen	107
Probearbeit R 9	111

4.2 Geometrische Körper

Oberfläche und Volumen gerader Säulen	117
Oberfläche und Volumen der Pyramide	119
Oberfläche und Volumen des Kegels	121
Neue Aufgabenformen	123
Probearbeit R 9	127
Volumen und Oberfläche von Prismen mit regelmäßiger Vielecksgrundfläche (M 9)	131
Volumen und Oberfläche einfacher zusammengesetzter Körper	133

5. Terme, Gleichungen und Formeln

Grundlagen zum Rechnen mit Gleichungen: Terme umformen	135
Algebraische Gleichungen	137
Lernzielkontrolle R 9 (Algebraische Gleichungen)	139
Textgleichungen (1)	141
Textgleichungen (2)	143

Sachgleichungen (1)	145
Sachgleichungen (2)	147
Sachgleichungen (3)	149
Umgang mit Formeln	151
Bruchgleichungen – Definitionsbereich (M 9)	153
Lineare Gleichungssysteme mit zwei Variablen (M 9)	155
Das Gleichsetzungsverfahren (M 9)	157
Das Einsetzungsverfahren (M 9)	159
Das Additionsverfahren (M 9)	161
Neue Aufgabenformen	163
Probearbeit R 9 (Gleichungen)	167

6. Funktionen und beschreibende Statistik

6.1 Funktionen

Proportionale Zuordnung – Lineare Funktionen	171
Lernzielkontrolle R 9 (Zuordnungen)	173
Lineare und nichtlineare Funktionen	175
Funktionsgleichung linearer Funktionen (M 9)	177
Die Steigung von Geraden (1) (M 9)	179
Die Steigung von Geraden (2) (M 9)	181
Umgekehrt proportionale Zuordnung	183

6.2 Beschreibende Statistik

Daten sammeln und aufbereiten	185
Arithmetisches Mittel – Zentralwert – Spannweite	187
Neue Aufgabenformen	189

7. Vorschlag für die zusätzliche mündliche Prüfung im Fach Mathematik

Aufgaben und Lösungen zu den Themen 1. Kopfrechnen – 2. Geometrische Flächen – 3. Formeln – 4. Größen – 5. Schriftliches Rechnen – 6. Diagramme – 7. Prozent- und Zinsrechnung – 8. Potenzrechnung – 9. Gleichungen – 10. Geometrische Körper – 11. Funktionen – 12. Beschreibende Statistik 193

Hinweise für den Benutzer

Der vorliegende Band beinhaltet den zu behandelnden Stoff der 9. Klassen für Regelklassen und M-Klassen.

Die Kopiervorlagen decken den gesamten Lernplaninhalt für Regel- und M-Klassen ab. Arbeitsblätter, die nur den Stoff einer M-Klasse beinhalten, sind als solche gekennzeichnet.

Darüber hinaus finden sich für jeden Teilbereich Lernzielkontrollen und/oder Probearbeiten für beide Klassentypen.

Ergänzt wird jeder Themenkomplex durch neue Aufgabenformen, die auf den neuen Teil der Abschlussprüfung hinführen.

Zum Aufbau des Bandes:

Die Wiederholung des Jahresstoffes der 8. Klasse soll einen Überblick über den Kenntnisstand der Klasse ermöglichen. Die Lehrkraft und die Schüler erhalten einen Eindruck über das notwendige grundlegende Wissen, auf das weiter aufgebaut werden muss.

Im Anschluss daran werden die einzelnen Teile des Lehrplans strukturiert dargeboten, um die Ergebnisse des Unterrichts zu sichern und dem Schüler / der Schülerin die Möglichkeit zu bieten, den jeweiligen Inhalt nochmals durchzuarbeiten.

Lernzielkontrolle und Probearbeiten ergänzen die Arbeitsblätter.

Am Ende der jeweiligen Themenkomplexe ermöglichen die neuen Aufgabenformen einen vertiefenden Einblick in das Thema wie nach dem neuen mathematischen Ansatz gefordert.

Den Abschluss des Bandes bildet ein Vorschlag für die zusätzliche mündliche Prüfung im Fach Mathematik, die einige Schüler ablegen müssen, um doch noch die Prüfung zum qualifizierenden Abschluss zu bestehen. Der Vorschlag entspricht den nach der Prüfungsordnung nötigen Erfordernissen.

Wiederholung 8. Klasse

Name:

Kopfrechnen Grundwissen

1. $\frac{4}{5} =$
2. $\frac{5}{8} =$
3. $3\frac{1}{2} \cdot 6 =$
4. 4 % von 120 € =
5. 3 % = 15 €; 100 % =
6. 400 € von 2 000 € =
7. 1 000 € − 10 % − 10 % =
8. Kalkulation im Handel:

9. Nach einem Lagerschaden wird ein Möbelstück um ein Viertel billiger verkauft. Neuer PS?
10. +6 − 8 =
11. −7 − −12 =
12. −8 · 12 =
13. −9 · −10 =
14. Welche geometrische Linie halbiert eine Strecke AB in der Mitte im rechten Winkel?
15. Winkelsumme im Dreieck?
16. Winkelsumme im Viereck?
17. Fläche Kreis
18. Umfang Kreis
19. Fläche Kreisring

20. Kreissektor bei MPW α = 120°

21. Kreisring bei MPW α = 90°

22. 8 + 4 · 10 =
23. (8 + 4) · 10 =
24. Multipliziere eine Zahl mit 8
25. Addiere zu einer Zahl 4,2

26. Der Quotient aus 15 und 3
27. Die Differenz aus 77 und 9
28. Die Summe aus dem Doppelten einer Zahl und 3 wird von einer Zahl subtrahiert
29. Addiere 4 zum Produkt aus einer unbekannten Zahl und 13. Du erhältst die Differenz aus 24 und der unbekannten Zahl.
30. Volumen aller geraden Säulen
31. Volumen aller spitzen Körper
32. Die Oberfläche besteht immer
33. Fläche Parallelogramm/Raute

34. Fläche Dreieck

35. In einer Minute 30 l; in 6 min …
36. Solche Zuordnungen nennt man …
37. 2 PKW kosten 50 000 €; 5 PKW …
38. Funktionsgleichung einer pr. F.?
39. Funktionsgleichung einer lin. F.?
40. „m" gibt die …

Wiederholung 8. Klasse — Lösungsblatt

Kopfrechnen Grundwissen

1. $\frac{4}{5} =$ — $0{,}8 = 80\,\%$
2. $\frac{5}{8} =$ — $0{,}625 = 62{,}5\,\%$
3. $3\frac{1}{2} \cdot 6 =$ — 21
4. 4 % von 120 € = — 4,8 €
5. 3 % = 15 €; 100 % = — 500 €
6. 400 € von 2 000 € = — 20 %
7. 1 000 € − 10 % − 10 % = — 810 €
8. Kalkulation im Handel: — Bezugspreis + Unkosten = Selbstkostenpreis
   Selbstkostenpreis + Gewinn = Verkaufspreis
   Verkaufspreis + MwSt. = Endpreis
   Endpreis − Skonto = Barzahlungspreis
9. Nach einem Lagerschaden wird ein Möbelstück um ein Viertel billiger verkauft. Neuer PS? — 75 %
10. +6 − 8 = — −2
11. −7 − −12 = — 5
12. −8 · 12 = — −96
13. −9 · −10 = — 90
14. Welche geometrische Linie halbiert eine Strecke AB in der Mitte im rechten Winkel? — Mittelsenkrechte
15. Winkelsumme im Dreieck? — 180°
16. Winkelsumme im Viereck? — 360°
17. Fläche Kreis — $A = r^2 \cdot \pi$
18. Umfang Kreis — $U = 2\pi r$
19. Fläche Kreisring — $A = r_1^2 \cdot \pi - r_2^2 \cdot \pi$
20. Kreissektor bei MPW $\alpha = 120°$ — $A = \frac{(r^2 \cdot \pi)}{3}$
21. Kreisring bei MPW $\alpha = 90°$ — $U = \frac{2r\pi}{4}$
22. 8 + 4 · 10 = — 48
23. (8 + 4) · 10 = — 120
24. Multipliziere eine Zahl mit 8 — 8x
25. Addiere zu einer Zahl 4,2 — x + 4,2
26. Der Quotient aus 15 und 3 — $\frac{15}{3}$
27. Die Differenz aus 77 und 9 — 77 − 9
28. Die Summe aus dem Doppelten einer Zahl und 3 wird von einer Zahl subtrahiert — x − (2x + 3)
29. Addiere 4 zum Produkt aus einer unbekannten Zahl und 13. Du erhältst die Differenz aus 24 und der unbekannten Zahl. — 13x + 4 = 24 − x
30. Volumen aller geraden Säulen — A = Grundfläche · Körperhöhe
31. Volumen aller spitzen Körper — A = (Grundfläche · Körperhöhe) : 3
32. Die Oberfläche besteht immer — … aus der Summe der Teilflächen
33. Fläche Parallelogramm/Raute — $A_P = a \cdot h$ / $A_R = a \cdot h$ oder $A_R = e \cdot f$
34. Fläche Dreieck — $A = \frac{g \cdot h}{2}$
35. In einer Minute 30 l; in 6 min … — 180 l
36. Solche Zuordnungen nennt man … — proportionale Funktionen
37. 2 PKW kosten 50 000 €; 5 PKW … — 125 000 €
38. Funktionsgleichung einer pr. F.? — $y = m \cdot x$
39. Funktionsgleichung einer lin. F.? — $y = m \cdot x + t$
40. „m" gibt die … — Steigung des Graphen an.

Wiederholung 8. Klasse

Name:

Brüche und Dezimalbrüche (1)

1. Bestimme die Bruchteile! Schreibe als Bruch und als Dezimalbruch!

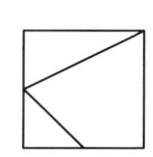

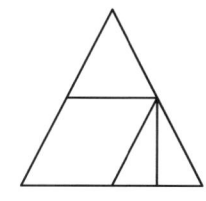

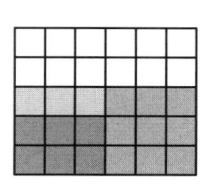

   a) $\frac{1}{2} = 0{,}5$ b) _____   c) _____   d) _____

   _____   _____   _____   _____

   _____   _____   _____   _____

   $1 = 1$ _____   _____   _____

2. Gib jeweils den Bruch bzw. den Dezimalbruch an!

   $0{,}2 =$ _____ ; $\frac{3}{5} =$ _____ ; $\frac{3}{8} =$ _____ ; $1\frac{1}{2} =$ _____ ;

   $0{,}75 =$ _____ ; $0{,}625 =$ _____ ; $1{,}4 =$ _____ ; $2{,}01 =$ _____

3. Löse im Kopf!

   $\frac{1}{2} \cdot \frac{3}{4} =$ _____ ; $2\frac{1}{2} \cdot \frac{1}{4} =$ _____ ; $\frac{9}{10} \cdot 0{,}4 =$ _____ ; $0{,}2 \cdot 3{,}5 =$ _____ ;

   $\frac{3}{4} : \frac{6}{7} =$ _____ ; $1\frac{1}{5} : 4 =$ _____ ; $8\frac{1}{2} : 10 =$ _____

4. Berechne als Dezimalbruch!

   $\frac{4}{11} = 4 : 11 = 0{,}363636\ldots = 0{,}\overline{36}$; $\frac{4}{9} = 0{,}444\ldots =$ _____ ; $\frac{7}{30} =$ _____ ;

   $\frac{2}{3} =$ _____ ; $\frac{5}{6} =$ _____

5. Ordne der Größe nach!

   a) $\frac{4}{5}$; $\frac{5}{8}$; $\frac{2}{3}$; $0{,}6$; $\frac{5}{6}$ → _____

   b) $1{,}06$; $\frac{7}{4}$; $1\frac{1}{4}$; $1\frac{5}{100}$ → _____

6. Überlege! Welches Ergebnis kann stimmen? Überschlage im Kopf!

   a) $48{,}6 \cdot 6 =$ $291{,}6$ $29{,}16$ $2{,}916$ → _____

   b) $186{,}73 \cdot 0{,}5 =$ $933{,}65$ $9{,}3365$ $93{,}365$ → _____

Wiederholung 8. Klasse — Lösungsblatt

Brüche und Dezimalbrüche (1)

1. Bestimme die Bruchteile! Schreibe als Bruch und als Dezimalbruch!

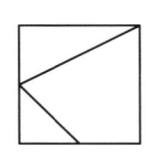

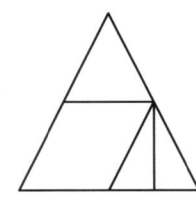

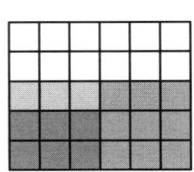

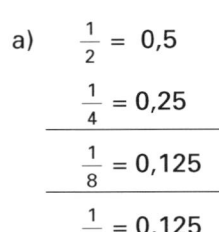

a) $\frac{1}{2} = 0{,}5$
$\frac{1}{4} = 0{,}25$
$\frac{1}{8} = 0{,}125$
$\frac{1}{8} = 0{,}125$
$1 = 1$

b) $\frac{1}{4} = 0{,}25$
$\frac{5}{8} = 0{,}625$
$\frac{1}{8} = 0{,}125$
$1 = 1$

c) $\frac{1}{4} = 0{,}25$
$\frac{2}{4} = 0{,}5$
$\frac{1}{8} = 0{,}125$
$\frac{1}{8} = 0{,}125$
$1 = 1$

d) $\frac{12}{30} = \frac{2}{5} = 0{,}4$
$\frac{3}{30} = \frac{1}{10} = 0{,}1$
$\frac{9}{30} = \frac{3}{10} = 0{,}3$
$\frac{6}{30} = \frac{2}{10} = 0{,}2$
$1 = 1 = 1$

2. Gib jeweils den Bruch bzw. den Dezimalbruch an!

$0{,}2 = \frac{2}{10} = \frac{1}{5}$; $\frac{3}{5} = \frac{6}{10} = 0{,}6$; $\frac{3}{8} = 0{,}375$; $1\frac{1}{2} = = 1{,}5$;

$0{,}75 = \frac{3}{4}$; $0{,}625 = \frac{5}{8}$; $1{,}4 = \frac{7}{5}$; $2{,}01 = 2\frac{1}{100}$

3. Löse im Kopf!

$\frac{1}{2} \cdot \frac{3}{4} = \frac{3}{8}$; $2\frac{1}{2} \cdot \frac{1}{4} = \frac{5}{8}$; $\frac{9}{10} \cdot 0{,}4 = \frac{36}{100} = \frac{9}{25}$; $0{,}2 \cdot 3{,}5 = 0{,}7$;

$\frac{3}{4} : \frac{6}{7} = \frac{21}{24} = \frac{7}{8} = 0{,}875$; $1\frac{1}{5} : 4 = \frac{3}{10} = 0{,}3$; $8\frac{1}{2} : 10 = 0{,}85$

4. Berechne als Dezimalbruch!

$\frac{4}{11} = 4 : 11 = 0{,}363636\ldots = 0{,}\overline{36}$; $\frac{4}{9} = 0{,}444\ldots = 0{,}\overline{4}$; $\frac{7}{30} = 0{,}233\ldots = 0{,}2\overline{3}$;

$\frac{2}{3} = 0{,}666\ldots = 0{,}\overline{6}$; $\frac{5}{6} = 0{,}833\ldots = 0{,}8\overline{3}$

5. Ordne der Größe nach!

a) $\frac{4}{5}$; $\frac{5}{8}$; $\frac{2}{3}$; $0{,}6$; $\frac{5}{6}$ → $0{,}6$; $\frac{5}{8}$; $\frac{2}{3}$; $\frac{4}{5}$; $\frac{5}{6}$

b) $1{,}06$; $\frac{7}{4}$; $1\frac{1}{4}$; $1\frac{5}{100}$ → $1\frac{5}{100}$; $1{,}06$; $1\frac{1}{4}$; $1\frac{6}{10}$; $\frac{7}{4}$

6. Überlege! Welches Ergebnis kann stimmen? Überschlage im Kopf!

a) $48{,}6 \cdot 6 =$ 291,6   29,16   2,916   →   291,6, weil $50 \cdot 6 = 300$

b) $186{,}73 \cdot 0{,}5 =$ 933,65   9,3365   93,365   →   93,365, weil $180 : 2 = 90$

Wiederholung 8. Klasse

Name:

Brüche und Dezimalbrüche (2)

1. Gib die Anteile in Prozent an!

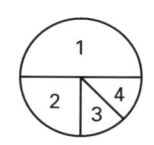

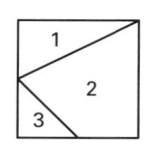

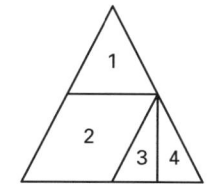

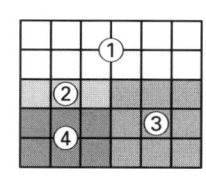

a) 1 = 50 %
   2 = _____
   3 = _____
   4 = _____
      100 %

b) 1 = _____
   2 = _____
   3 = _____

c) 1 = _____
   2 = _____
   3 = _____
   4 = _____

d) 1 = _____
   2 = _____
   3 = _____
   4 = _____

2. Löse wie im Beispiel!

Gekürzter Bruch	$\frac{13}{25}$				$\frac{17}{20}$	$\frac{2}{5}$	
Hundertstelbruch	$\frac{52}{100}$	$\frac{15}{100}$					$\frac{127}{100}$
Dezimalbruch	0,52		0,75	0,98			
Prozent	52 %			33 %			

3. Schreibe als Dezimalbruch/Prozentangabe!

0,184		0,916	2,08			8		4,38
	41,7 %			143 %	0,3 %		750 %	

4. Beschreibe das Schaubild!

DIE DEUTSCHEN WAREN SCHON MAL SPORTLICHER
Wie oft treiben Sie Sport?

- seltener oder nie: 20
- täglich: 14
- mindestens viermal pro Woche: 10
- mindestens einmal pro Monat: 8
- einmal pro Woche: 15
- mindestens zweimal pro Woche: 33

Im Vergleich zu vor 5 Jahren treiben ...

... mehr Sport	... weniger Sport	... genauso viel/ weniger Sport
28	35	37

Wiederholung 8. Klasse — Lösungsblatt

Brüche und Dezimalbrüche (2)

1. Gib die Anteile in Prozent an!

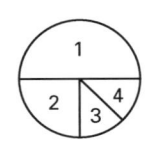

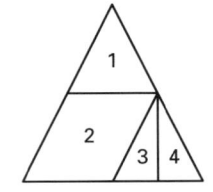

a) 1 = 50 %
2 = 25 %
3 = 12,5 %
4 = 12,5 %
100 %

b) 1 = 25 %
2 = 62,5 %
3 = 12,5 %
100 %

c) 1 = 25 %
2 = 50 %
3 = 12,5 %
4 = 12,5 %
100 %

d) 1 = 40 %
2 = 10 %
3 = 30 %
4 = 20 %
100 %

2. Löse wie im Beispiel!

Gekürzter Bruch	$\frac{13}{25}$	$\frac{3}{20}$	$\frac{3}{4}$		$\frac{49}{50}$	$\frac{17}{20}$	$\frac{2}{5}$	
Hundertstelbruch	$\frac{52}{100}$	$\frac{15}{100}$	$\frac{75}{100}$	$\frac{33}{100}$	$\frac{98}{100}$	$\frac{85}{100}$	$\frac{40}{100}$	$\frac{127}{100}$
Dezimalbruch	0,52	0,15	0,75	0,33	0,98	0,85	0,40	1,27
Prozent	52 %	15 %	75 %	33 %	98 %	85 %	40 %	127 %

3. Schreibe als Dezimalbruch/Prozentangabe!

0,184	0,417	0,916	2,08	1,43	0,003	8	7,5	4,38
18,4 %	41,7 %	91,6 %	208 %	143 %	0,3 %	800 %	750 %	438 %

4. Beschreibe das Schaubild!
(Lösung/Schülerantworten individuell)

Prozent- und Zinsrechnung

Name:

Prozentwert, Grundwert, Prozentsatz berechnen

1. Herr Bauer hat einen Pkw für 28 000 € gekauft. Wie hoch ist der Wertverlust, wenn er ihn nach einem Jahr 23 % billiger wieder verkauft?

Dreisatz	Operator	Formel

Antwort: _____

2. Von einer Obstlieferung sind 19,2 kg verdorben. Das entspricht 12 % der gesamten Lieferung.

Dreisatz	Operator	Formel

Antwort: _____

3. Von 150 überprüften Fahrrädern wiesen 36 Mängel auf. Wie hoch war der Anteil der beschädigten Fahrräder?

Dreisatz	Operator	Formel

Antwort: _____

Prozent- und Zinsrechnung — Lösungsblatt

Prozentwert, Grundwert, Prozentsatz berechnen

1. Herr Bauer hat einen Pkw für 28 000 € gekauft. Wie hoch ist der Wertverlust, wenn er ihn nach einem Jahr 23 % billiger wieder verkauft?

Dreisatz	Operator	Formel
28 000 € = 100 % 280 € = 1 % 6 440 € = 23 %	28 000 € · 0,23 = 6 440 €	$PW = \dfrac{GW \cdot PS}{100}$ $PW = \dfrac{28\,000\,€ \cdot 23}{100}$ $PW = 6\,440\,€$

Antwort: Der Wertverlust beträgt 6 440 €.

2. Von einer Obstlieferung sind 19,2 kg verdorben. Das entspricht 12 % der gesamten Lieferung.

Dreisatz	Operator	Formel
19,2 kg = 12 % 1,6 kg = 1 % 160 kg = 100 %	19,2 kg : 0,12 = 160 kg	$GW = \dfrac{PW \cdot 100}{PS}$ $GW = \dfrac{19,2\,kg \cdot 100}{12}$ $GW = 160\,kg$

Antwort: Es wurden insgesamt 160 kg Obst angeliefert.

3. Von 150 überprüften Fahrrädern wiesen 36 Mängel auf. Wie hoch war der Anteil der beschädigten Fahrräder?

Dreisatz	Operator	Formel
150 F. = 100 % 1,5 F. = 1 % 36 F. = 24 %	36 : 1,5 = 24	$PS = \dfrac{PW \cdot 100}{GW}$ $PS = \dfrac{36 \cdot 100}{150}$ $PS = 24\,\%$

Antwort: Der Anteil betrug 24 %.

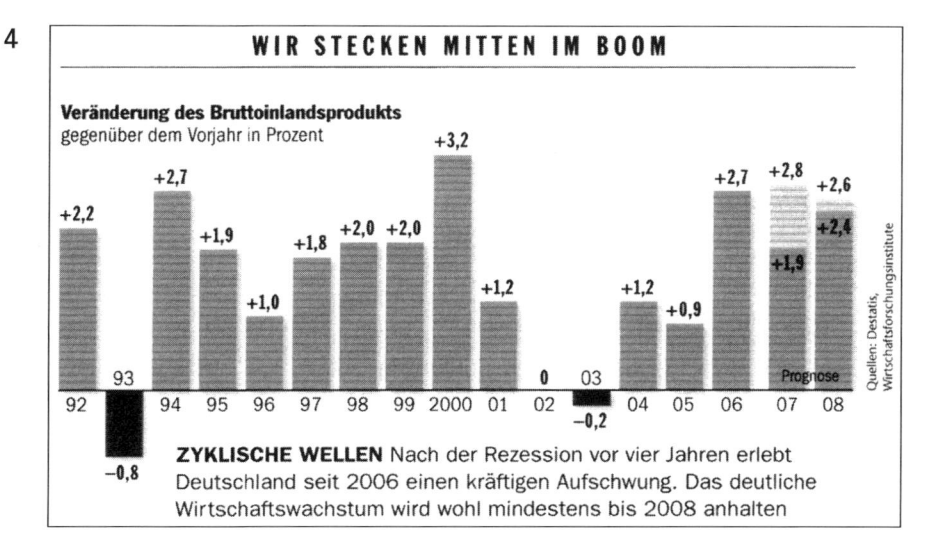

Prozent- und Zinsrechnung

Name:

Prozentsätze in Schaubildern

Beschreibe die einzelnen Darstellungsformen und beschreibe den Sachverhalt!

1 Politbarometer – 20. April
Wenn am nächsten Sonntag Bundestagswahl wäre...
Stimmenanteile in % (Prozentpunkte im Vergleich zu Mitte März)
- CDU/CSU 37 ±0
- SPD 32 +1
- B'90/Grüne 10 +1
- FDP 9 ±0
- Linkspartei.PDS 8 −1

dpa-Grafik 3752

2 Sollten der Polizei Passfotos und Fingerabdrücke aller Bürger zur Verfügung gestellt werden?
- dafür 61 %
- dagegen 37 %
- weiß nicht 2 %

3 Wo bleiben die Lotto-Milliarden?
Die durchschnittliche Aufteilung der Einnahmen
- Gewinnausschüttung an die Tipper 50 %
- Provision für Annahmestellen 7,5
- Lotto-Verwaltung 2,8
- Lotteriesteuer (Länder) 16,7
- Konzessionsabgaben* 23

*für die Förderung von Kultur, Sport, Umwelt und Jugend (über die Länderfinanzministerien)

dpa-Grafik 3006

4 WIR STECKEN MITTEN IM BOOM
Veränderung des Bruttoinlandsprodukts gegenüber dem Vorjahr in Prozent

- 92: +2,2
- 93: −0,8
- 94: +2,7
- 95: +1,9
- 96: +1,0
- 97: +1,8
- 98: +2,0
- 99: +2,0
- 2000: +3,2
- 01: +1,2
- 02: 0
- 03: −0,2
- 04: +1,2
- 05: +0,9
- 06: +2,7
- 07: +2,8 / +1,9 (Prognose)
- 08: +2,6 / +2,4 (Prognose)

Quellen: Destatis, Wirtschaftsforschungsinstitute

ZYKLISCHE WELLEN Nach der Rezession vor vier Jahren erlebt Deutschland seit 2006 einen kräftigen Aufschwung. Das deutliche Wirtschaftswachstum wird wohl mindestens bis 2008 anhalten

5 32 % | 23 % | 22 % | 11 % | 7 % | 3 % | 2 %

1 _____
2 _____
3 _____
4 _____
5 _____

Prozent- und Zinsrechnung — Lösungsblatt

Prozentsätze in Schaubildern

Beschreibe die einzelnen Darstellungsformen und beschreibe den Sachverhalt!

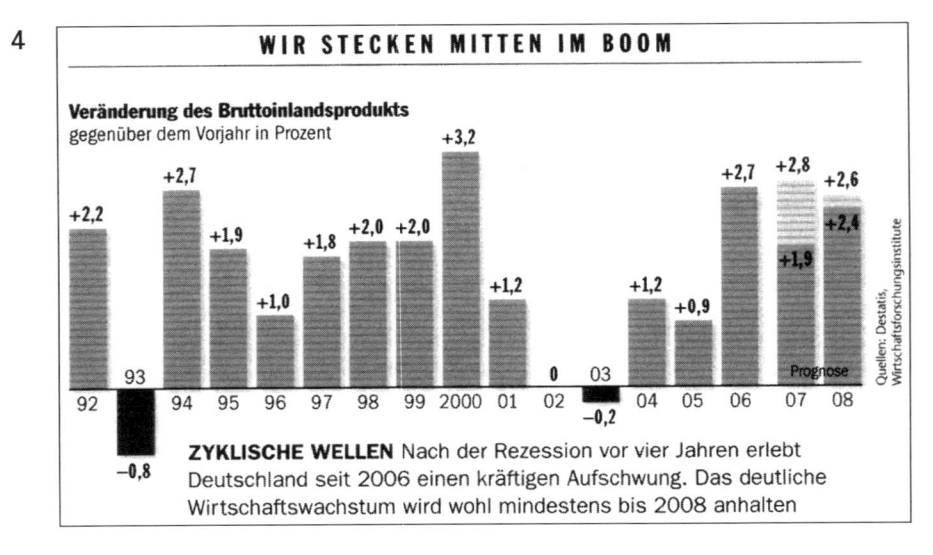

1 Balkendiagramm

2 Säulendiagramm

3 Kreisdiagramm

4 Liniendiagramm

5 Streifendiagramm

Prozent- und Zinsrechnung

Name:

Wie zeichne ich einen Prozentkreis?

Darf Ihr Kind während des Unterrichts trinken?
(Umfrage unter Eltern schulpflichtiger Kinder im Alter von 6–18 Jahren)

Nein, ist nicht erlaubt	228
Ja, ist erlaubt	192
Nur in den Pausen	144
Teilweise, bei einigen Lehrern	372
Weiß nicht	264

Stelle diesen Sachverhalt in Form eines Prozentkreises dar! Gehe dabei wie unten beschrieben vor!

1. Werte/Daten zusammenzählen

   228 + _____

2. a) Einzelwerte/-daten als Prozentanteile berechnen
   b) Prozentanteile als Sektorengrößen berechnen (Kreis = 360°; somit 1 % = 3,6°); gegebenenfalls runden, damit die Summe der Anteile 360° ergibt!

   a) $228 = \frac{228}{1\,200} = 0{,}19 = 19\,\%$ →   b) $19 \cdot 3{,}6 = 68{,}4 \approx 68°$

   192 =

3. Prozentkreis zeichnen
   (Sektoren einzeichnen; Überschrift; die Aussage muss für den Leser verständlich sein; ordentliche grafische Aufbereitung)

Prozent- und Zinsrechnung — Lösungsblatt

Wie zeichne ich einen Prozentkreis?

Darf Ihr Kind während des Unterrichts trinken?
(Umfrage unter Eltern schulpflichtiger Kinder im Alter von 6–18 Jahren)

Nein, ist nicht erlaubt	228
Ja, ist erlaubt	192
Nur in den Pausen	144
Teilweise, bei einigen Lehrern	372
Weiß nicht	264

Gesundheit in Zahlen

Schüler auf dem Trockenen

Ausreichend trinken ist wichtig für Groß und Klein. In vielen Schulen ist diese Tatsache noch nicht bekannt, wie eine Umfrage von TNS Emnid im Auftrag des Forums Trinkwasser zeigt: Die meisten Schüler dürfen nach Auskunft ihrer Eltern gar nicht (19 %), nur bei bestimmten Lehrern (12 %) oder ausschließlich in den Pausen (31 %) im Klassenzimmer trinken. Auch im Sportunterricht ist die kleine Erfrischung zwischendurch längst nicht an allen Schulen erlaubt.

Darf Ihr Kind während des Unterrichts trinken?
Umfrage unter 1002 Eltern schulpflichtiger Kinder im Alter von 6-18 Jahren, in Prozent

Stelle diesen Sachverhalt in Form eines Prozentkreises dar!
Gehe dabei wie unten beschrieben vor!

1. Werte/Daten zusammenzählen

$228 + 192 + 144 + 372 + 264 = 1\,200 \rightarrow 1\,200 =$ Grundwert $= 100\,\%$

2. a) Einzelwerte/-daten als Prozentanteile berechnen
   b) Prozentanteile als Sektorengrößen berechnen (Kreis = 360°; somit 1 % = 3,6°); gegebenenfalls runden, damit die Summe der Anteile 360° ergibt!

a) $228 = \dfrac{228}{1\,200} = 0{,}19 = 19\,\%$ → b) $19 \cdot 3{,}6 = 68{,}4 \approx 68°$

$192 = \dfrac{192}{1\,200} = 0{,}16 = 16\,\%$ → $16 \cdot 3{,}6 = 57{,}6 \approx 58°$

$144 = \dfrac{144}{1\,200} = 0{,}12 = 12\,\%$ → $12 \cdot 3{,}6 = 43{,}2 \approx 43°$

$372 = \dfrac{372}{1\,200} = 0{,}31 = 31\,\%$ → $31 \cdot 3{,}6 = 111{,}6 \approx 112°$

$264 = \dfrac{264}{1\,200} = 0{,}22 = 22\,\%$ → $22 \cdot 3{,}6 = 79{,}2 \approx 79°$

$360°$

3. Prozentkreis zeichnen

Darf Ihr Kind während des Unterrichts trinken?

- Nein, ist nicht erlaubt — 19 %
- Ja, ist erlaubt — 16 %
- Nur in den Pausen — 12 %
- Teilweise – bei einigen Lehrern — 31 %
- Weiß nicht — 22 %

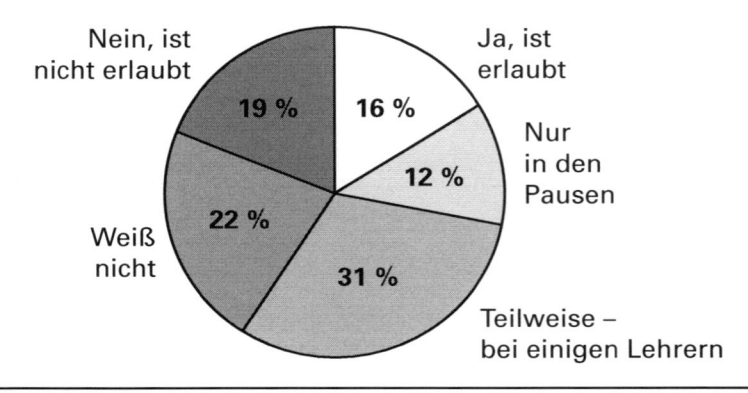

Prozent- und Zinsrechnung

Name:

Lernzielkontrolle R 9 (Prozentrechnen: Grundaufgaben)

1. Berechne jeweils den fehlenden Wert!

Grundwert	224 l	850 m		hl
Prozentsatz	25 %		84 %	12 %
Prozentwert		442 m	546 km	4 320 l

2. Die Mitarbeiter einer Firma erhalten eine Lohnerhöhung von 3,5 %. Herr Bauer verdiente 2 380 €. Wie hoch ist sein Gehalt, wenn zu seiner Lohnerhöhung noch ein Wochenendzuschlag von 236,70 € hinzukommt?

3. Gebrauchtwagenhändler Kurz gewährt bei Abnahme von fünf Fahrzeugen 8 % Rabatt. Es werden fünf Fahrzeuge zu je 14 300 € bestellt.
Wie viel muss der Käufer zahlen?

4. Immobilienmakler Braun verkauft ein Haus und erhält dafür 5 250 € Maklerprovision. Das sind 3 % des Verkaufspreises. Wie teuer war das Haus?

5. Ein Fahrradgeschäft gewährt bei Barzahlung Skonto. Wie hoch war der Preisnachlass, wenn Dominik 436,10 € bezahlt hat, das Fahrrad ohne den Preisnachlass 445 € gekostet hat?

6. Bei einer Umfrage unter Schülern stellte sich heraus, dass 5 Schüler das Internet nicht nutzten, 12 Schüler weniger als eine halbe Stunde im Internet surften, 20 Schüler eine halbe Stunde bis eine Stunde sich im Internet aufhielten und 17 Schüler länger als eine Stunde surften.
Stelle diesen Sachverhalt in einem Kreisdiagramm dar (r = 2,5 cm)! Achte darauf, dass der Betrachter verstehen soll, worum es sich bei der Darstellung handelt!

Prozent- und Zinsrechnung | **Lösungsblatt**

Lernzielkontrolle R 9 (Prozentrechnen: Grundaufgaben)

1. Berechne jeweils den fehlenden Wert!

Grundwert	224 l	850 m	650 km **1**	360 hl**! 2**
Prozentsatz	25 %	52 % **1**	84 %	12 %
Prozentwert	56 l **1**	442 m	546 km	4 320 l

5 P

2. $2\,380\,€ \triangleq 100\,\%$ $PW = \dfrac{GW \cdot PS}{100}$

   $23{,}8\,€ \triangleq 1\,\%$ $PW = \dfrac{2\,380 \cdot 103{,}50}{100}$

   $\underline{2\,463{,}30\,€}\,\triangleq 103{,}5\,\%$ $PW = \underline{2\,463{,}30}$ **(2)**

   **2**

   $2\,463{,}30\,€ + 236{,}70\,€ = \underline{2\,700\,€}$ **1**   3 P

3. $14\,300\,€ \cdot 5 = \underline{71\,500\,€}$ **1**

   $71\,500\,€ \triangleq 100\,\%$ $PW = \dfrac{71\,500 \cdot 92}{100}$

   $715\,€ \triangleq 1\,\%$ $PW = \underline{65\,780\,€}$ **(2)**

   $\underline{65\,780\,€} \triangleq 92\,\%$ **2**   3 P

4. $5\,250\,€ \triangleq 3\,\%$ $GW = \dfrac{PW \cdot 100}{PS}$

   $1\,750\,€ \triangleq 1\,\%$ $GW = \dfrac{5\,250 \cdot 100}{3}$

   $\underline{175\,000\,€} \triangleq 100\,\%$ $GW = \underline{175\,000}$ **(2)**

   **2**

   2 P

5. $445\,€ \triangleq 100\,\%$ $PS = \dfrac{PW \cdot 100}{GW}$

   $4{,}45\,€ \triangleq 1\,\%$ $PS = \dfrac{436{,}10 \cdot 100}{445}$

   $\underline{436{,}10\,€} \triangleq 98\,\%$ $PS = \underline{98}$ **(2)**

   **2**

   → Skonto: 2 % **1**   3 P

6. GW: $5 + 12 + 20 + 17 = \underline{54\text{ Schüler}}$ **1**

   $\dfrac{5}{54} \approx 9{,}25\,\%$ → $33°$ **1**

   $\dfrac{12}{54} \approx 22{,}22\,\%$ → $80°$ **1**

   $\dfrac{20}{54} \approx 37{,}03\,\%$ → $133°$ **1**

   $\dfrac{17}{54} \approx 31{,}48\,\%$ → $114°$ **1**

   $\underline{360°}$ **1**

Internet-Nutzung:

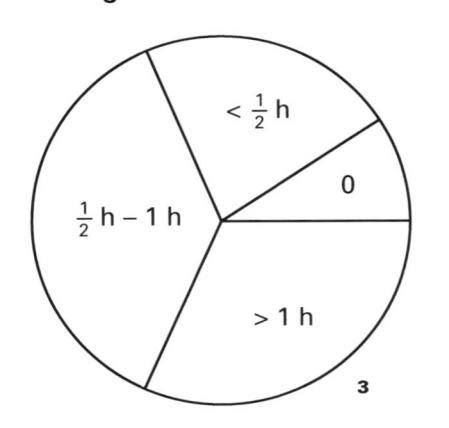

[Kreisdiagramm mit Sektoren: $< \tfrac{1}{2}$ h; 0; > 1 h; $\tfrac{1}{2}$ h – 1 h]   **3**

9 P

Gesamtpunktzahl: $\underline{25}$

Prozent- und Zinsrechnung

Name:

Lernzielkontrolle M 9 (Prozentrechnen: Grundaufgaben)

1. Berechne jeweils den fehlenden Wert!

Grundwert	640 l	850 m	m³	hl
Prozentsatz	7,5 %		84 %	12 %
Prozentwert		0,357 km	546 dm	4 320 l

2. Die Mitarbeiter einer Firma erhalten eine Lohnerhöhung von 3,5 %. Herr Bauer verdiente das Eineinhalbfache seines jüngeren Kollegen, der einen Monatsverdienst von 1 860 € bezog.
   Wie hoch ist sein Gehalt, wenn zu seiner Lohnerhöhung noch ein Wochenendzuschlag von 236,70 € hinzukommt?

3. Die Autofirma Kurz gewährt bei Abnahme von mehreren Fahrzeugen Rabatt. Bei der Abnahme von wenigstens fünf Neuwagen gewährt sie 8 % Rabatt, bei jedem weiteren PKW 10 %. Eine große Firma erneuert ihren Firmenwagenbestand und bestellt 7 Fahrzeuge, die einen Listenpreis von 22 800 € aufweisen.
   Wie viel muss der Käufer zahlen?

4. Immobilienmakler Braun verkauft ein Haus und berechnet seinem Kunden dafür 5 250 €. In dieser Summe enthalten ist seine Maklerprovision und eine Unkostenpauschale von 150 €. Die Maklergebühr beträgt 3 %.
   Wie teuer war das Haus?

5. Dominik kauft ein Fahrrad. Um den Preis bezahlen zu können, hebt er vom seinem Sparbuch 280 € ab. 100 € spendieren ihm seine Eltern, 50 € erhält er von seiner Oma. Er selbst legt von seinem Taschengeld noch 6,10 € drauf und kann damit das neue Rad nach Abzug des Rabatts bezahlen.
   Wie hoch war der Preisnachlass, wenn das Fahrrad mit einem Listenpreis von 445 € ausgezeichnet war?

6. Bei einer Umfrage unter Schülern stellte sich heraus, dass 5 Schüler das Internet nicht nutzten, 12 Schüler weniger als eine halbe Stunde im Internet surften, 20 Schüler eine halbe Stunde bis eine Stunde sich im Internet aufhielten und 17 Schüler länger als eine Stunde surften.
   Stelle diesen Sachverhalt in einem Kreisdiagramm dar (r = 2,5 cm)! Achte darauf, dass der Betrachter verstehen soll, worum es sich bei der Darstellung handelt!
   Verwende bei der Benennung der einzelnen Sektoren auch die Formen < und >!

Prozent- und Zinsrechnung — Lösungsblatt

Lernzielkontrolle M 9 (Prozentrechnen: Grundaufgaben)

1. Berechne jeweils den fehlenden Wert!

Grundwert	640 l	850 m	0,65 m³ ₁	360 hl ₁
Prozentsatz	7,5 %	42 % ₁	84 %	12 %
Prozentwert	48 l ₁	0,357 km	546 dm	4 320 l

4 P

2. 1 860 € · 1,5 = __2 790 €__ ₁

    2 790 € ≙ 100 % | $PW = \frac{GW \cdot PS}{100}$
    27,9 € ≙ 1 % | $PW = \frac{2\,790 \cdot 103{,}50}{100}$
    __2 887,65 €__ ≙ 103,5 % | PW = __2 4887,65__
          ₂
    2 887,65 € + 236,70 € = __3 124,35 €__ ₁   4 P

3. 22 800 € · 5 = __114 000 €__ ₁

    114 000 € ≙ 100 % | $PW = \frac{114\,000 \cdot 92}{100}$
    1 140 € ≙ 1 % | PW = __104 880 €__
    __104 880 €__ ≙ 92 %
          ₂
    22 800 € · 2 = __45 600 €__ ₁

    45 600 € ≙ 100 % | $PW = \frac{45\,600 \cdot 90}{100}$
    456 € ≙ 1 % | PW = __41 040 €__
    __41 040 €__ ≙ 90 %
          ₂
    104 880 € + 41 040 € = __145 920 €__ ₁   7 P

4. 5 250 € − 150 € = __5 100 €__ ₁

    5 100 € ≙ 3 % | $GW = \frac{PW \cdot 100}{PS}$
    1 700 € ≙ 1 % | $GW = \frac{5\,100 \cdot 100}{3}$
    __170 000 €__ ≙ 100 % | GW = __170 000__
          ₂
    3 P

5. 280 € + 100 € + 50 € + 6,10 € = __436,10 €__ ₁

    445 € ≙ 100 % | $PS = \frac{PW \cdot 100}{GW}$
    4,45 € ≙ 1 % | $PS = \frac{436{,}10 \cdot 100}{445}$
    __436,10 €__ ≙ 98 % | PS = __98__
          ₂
    → Skonto: 2 % ₁   4 P

6. GW: 5 + 12 + 20 + 17 = __54 Schüler__ ₁   **Internet-Nutzung:**

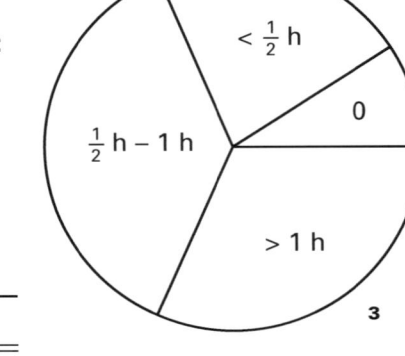

    $\frac{5}{54}$ ≈ 9,25 %   → 33° ₁
    $\frac{12}{54}$ ≈ 22,22 % → 80° ₁
    $\frac{20}{54}$ ≈ 37,03 % → 133° ₁
    $\frac{17}{54}$ ≈ 31,48 % → 114° ₁
                              __360°__ ₁

Gesamtpunktzahl: __31__   9 P

Prozent- und Zinsrechnung

Name:

Vermehrter und verminderter Grundwert

1. Der Preis eines Pkw ist gegenüber dem vorigen Jahr um 3 % gestiegen. Er kostet jetzt 18 952 €.

    Frage: _____

    Dreisatz　　　　　**Operator**　　　　　**Formel**

    Antwort: _____

2. Beim Kauf eines Schlafzimmers stellt der Käufer leichte Mängel fest. Er erhält 15 % Preisnachlass und bezahlt noch 7 720 €.

    Frage: _____

    Dreisatz　　　　　**Operator**　　　　　**Formel**

    Antwort: _____

3. Entscheide: Vermehrter GW (e), verminderter GW (i) oder „normale Prozentrechnung" (o)?

    ____　– Der Vereinsbeitrag wurde um 10 % erhöht und beträgt jetzt 66 €.

    ____　– Der Vereinsbeitrag in Höhe von 80 € wird um 10 % erhöht.

    ____　– Der Vereinsbeitrag wurde um 10 % gesenkt und beträgt jetzt 63 €.

    ____　– Inklusive 3,5 % Grunderwerbsteuer zahlt Herr Brunner für sein neues Haus 289 800 €.

    ____　– Familie Hofer spart durch den Einbau eines neuen Brenners nun 17 % Heizöl. Der Verbrauch sank gegenüber dem letzten Jahr auf 3 486 Liter.

    ____　– Beim Kauf eines Hauses fiel die Grunderwerbsteuer (3,5 %) in Höhe von 8 050 € an.

Prozent- und Zinsrechnung — Lösungsblatt

Vermehrter und verminderter Grundwert

1. Der Preis eines Pkw ist gegenüber dem vorigen Jahr um 3 % gestiegen. Er kostet jetzt 18 952 €.

Frage: Was kostete der Pkw im letzten Jahr?

Dreisatz	Operator	Formel
18 952 € = 103 %	18 952 € : 1,03 =	$GW = \dfrac{PW \cdot 100}{PS}$
184 € = 1 %	18 400 €	$GW = \dfrac{18\,952\,€ \cdot 100}{103}$
18 400 € = 100 %		$GW = 18\,400\,€$

Antwort: Der Pkw kostete im letzten Jahr 18 400 €.

2. Beim Kauf eines Schlafzimmers stellt der Käufer leichte Mängel fest. Er erhält 15 % Preisnachlass und bezahlt noch 7 720 €.

Frage: Wie teuer war das Schlafzimmer ursprünglich?

Dreisatz	Operator	Formel
7 820 € = 85 %	7 820 € : 0,85 =	$GW = \dfrac{PW \cdot 100}{PS}$
92 € = 1 %	9 200 €	$GW = \dfrac{7\,820\,€ \cdot 100}{85}$
9 200 € = 100 %		$GW = 9\,200\,€$

Antwort: Das Schlafzimmer kostete ursprünglich 9 200 €.

3. Entscheide: Vermehrter GW (e), verminderter GW (i) oder „normale Prozentrechnung" (o)?

- e — Der Vereinsbeitrag wurde um 10 % erhöht und beträgt jetzt 66 €.
- o — Der Vereinsbeitrag in Höhe von 80 € wird um 10 % erhöht.
- i — Der Vereinsbeitrag wurde um 10 % gesenkt und beträgt jetzt 63 €.
- e — Inklusive 3,5 % Grunderwerbsteuer zahlt Herr Brunner für sein neues Haus 289 800 €.
- i — Familie Hofer spart durch den Einbau eines neuen Brenners nun 17 % Heizöl. Der Verbrauch sank gegenüber dem letzten Jahr auf 3 486 Liter.
- o — Beim Kauf eines Hauses fiel die Grunderwerbsteuer (3,5 %) in Höhe von 8 050 € an.

Prozent- und Zinsrechnung

Name:

Kalkulation im Handel

Bevor ein Geschäftsmann eine Ware zum Kauf anbietet, stellt er die Kalkulation auf. Zum Bezugspreis kommen zunächst die _____ ; dann will/muss er einen _____ erzielen. Bei größeren Abnahmemengen gewährt er einen _____ , an den Staat muss er die _____ _____ entrichten. Dem Kunden wird bei Barzahlung oder bei Bezahlung innerhalb einer Woche _____ gewährt.

1. Stelle ein Kalkulationsmodell anhand folgender Daten auf:
   Unkosten: 10 %, Gewinn 20 %; Rabatt 10 %; Mehrwertsteuer 19 %; Skonto 2 %.

Bezugspreis	10 000,00 €	100 %
+ Kosten (10 %)		+ 10 %
Selbstkostenpreis		110 % → 100 %
+ Gewinn 20 %		+ 20 %
Verkaufspreis		120 % → 100 %
– Rabatt (10 %)		– 10 %
Ermäßigter Vk-Preis		90 % → 100 %
+ MwSt. (19 %)		+ 19 %
Endpreis		119 % → 100 %
– Skonto (2 %)		– 2 %
Barzahlungspreis		98 %

   Beachte: Nach jedem Rechenschritt wird der neue Preis wieder mit _____ angesetzt.

2. Berechne den Barzahlungspreis einer Ware (keine Lebensmittel, keine Bücher) unter folgenden Bedingungen: Bezugspreis 4 000 €; Kosten 15 %; Rabatt 20 %; Gewinn 50 %; Skonto und Mehrwertsteuer wie üblich.

   Schreibe als Operatormodell (ohne Benennung, fortlaufend berechnet)!

Prozent- und Zinsrechnung — Lösungsblatt

Kalkulation im Handel

Bevor ein Geschäftsmann eine Ware zum Kauf anbietet, stellt er die Kalkulation auf. Zum Bezugspreis kommen zunächst die __Kosten__ ; dann will/muss er einen __Gewinn__ erzielen. Bei größeren Abnahmemengen gewährt er einen __Rabatt__, an den Staat muss er die __Mehrwertsteuer (19 %, auf Bücher und Lebensmittel 7 %)__ entrichten. Dem Kunden wird bei Barzahlung oder bei Bezahlung innerhalb einer Woche __Skonto__ gewährt.

1. Stelle ein Kalkulationsmodell anhand folgender Daten auf:
   Unkosten: 10 %, Gewinn 20 %; Rabatt 10 %; Mehrwertsteuer 19 %; Skonto 2 %.

Bezugspreis	10 000,00 €	100 %
+ Kosten (10 %)	1 000,00 €	+ 10 %
Selbstkostenpreis	11 000,00 €	110 % → 100 %
+ Gewinn 20 %	2 200,00 €	+ 20 %
Verkaufspreis	13 200,00 €	120 % → 100 %
– Rabatt (10 %)	1 320,00 €	– 10 %
Ermäßigter Vk-Preis	11 880,00 €	90 % → 100 %
+ MwSt. (19 %)	2 257,20 €	+ 19 %
Endpreis	14 137,20 €	119 % → 100 %
– Skonto (2 %)	282,74 €	– 2 %
Barzahlungspreis	13 854,46 €	98 %

Beachte: Nach jedem Rechenschritt wird der neue Preis wieder mit __100 %__ angesetzt.

2. Berechne den Barzahlungspreis einer Ware (keine Lebensmittel, keine Bücher) unter folgenden Bedingungen: Bezugspreis 4 000 €; Kosten 15 %; Rabatt 20 %; Gewinn 50 %; Skonto und Mehrwertsteuer wie üblich.

   Schreibe als Operatormodell (ohne Benennung, fortlaufend berechnet)!

   $4\,000 \cdot 1{,}15 = 4\,600 \cdot 1{,}5 = 6\,900 \cdot 0{,}8 = 5\,520 \cdot 1{,}19 = 6\,568{,}80 \cdot 0{,}98 = 6\,437{,}42$ (€)

Prozent- und Zinsrechnung

Name:

Prozentuales Wachstum (M 9)

1. In einem Waldgebiet wird der Holzbestand von ca. 4 000 m³ in den nächsten fünf Jahren jährlich um 2 % vergrößert.

   Frage: _____

   _____ (Runde jeweils auf ganze m³!)

   Beschreibe diesen Gedankengang:

   4 000 + 2 % = Δ + 2 % = Δ + 2 % = Δ + 2 % = Δ + 2 % = Δ

   Berechne:

   4 000 · 1,02 = _____

   Beachte: Nach jedem Rechenschritt wird das Ergebnis wieder mit _____ angesetzt.

   Es wird immer mit einem neuen _____ weitergerechnet.

   Deshalb kann man nicht „2 % · 5 = 10 %" rechnen, weil dabei das _____ unberücksichtigt bleiben würde. Das sieht man auch daran, dass das Ergebnis aus dieser Berechung falsch ist: Mit 10 % gerechnet würde die Rechnung lauten: 4 000 · _____ !
   – aber nicht 4 417 (ohne Rundung 4 416)!

2. Die Einwohnerzahl einer Stadt mit 60 000 Einwohnern wird in den nächsten drei Jahren jeweils um 5 % sinken.

   Frage: _____

   _____ (Runde auf Ganze!)

   60 000 · _____

   oder im Dreisatz:

   60 000 E. = 100 %

Prozent- und Zinsrechnung — **Lösungsblatt**

Prozentuales Wachstum (M 9)

1. In einem Waldgebiet wird der Holzbestand von ca. 4 000 m^3 in den nächsten fünf Jahren jährlich um 2 % vergrößert.

   Frage: Wie groß ist der Holzbestand in fünf Jahren?

   (Runde jeweils auf ganze m^3!)

   Beschreibe diesen Gedankengang:

   4 000 + 2 % = Δ + 2 % = Δ + 2 % = Δ + 2 % = Δ + 2 % = Δ

   Berechne:

   4 000 · 1,02 = 4 080 · 1,02 ≈ 4 162 · 1,02 ≈ 4 245 · 1,02 ≈ 4 330 · 1,02 ≈ 4 417 (m^3)

   Beachte: Nach jedem Rechenschritt wird das Ergebnis wieder mit 100 % angesetzt.

   Es wird immer mit einem neuen Grundwert weitergerechnet.

   Deshalb kann man nicht „2 % · 5 = 10 %" rechnen, weil dabei das jährliche Wachstum unberücksichtigt bleiben würde. Das sieht man auch daran, dass das Ergebnis aus dieser Berechung falsch ist: Mit 10 % gerechnet würde die Rechnung lauten: 4 000 · 1,1 = 4 400 ! – aber nicht 4 417 (ohne Rundung 4 416)!

2. Die Einwohnerzahl einer Stadt mit 60 000 Einwohnern wird in den nächsten drei Jahren jeweils um 5 % sinken.

   Frage: Wie viele Einwohner hat die Stadt in fünf Jahren? (Runde auf Ganze!)

   60 000 · 0,95 = 57 000 · 0,95 = 54 150 · 0,95 = 51 443

   oder im Dreisatz:

60 000 E. = 100 %	57 000 E. = 100 %	54 150 E. = 100 %
600 E. = 1 %	570 E. = 1 %	541,5 E. = 1 %
57 000 E. = 95 %	54 150 E. = 95 %	51 443 E. ≈ 95 %

Prozent- und Zinsrechnung

Name:

Promillewert, Grundwert, Promillesatz berechnen

> Das Promillerechnen ist eine Erweiterung des Prozentrechnens. Vergleich:
> 1 % = ein Hundertstel des Grundwertes; 1 ‰ = ein Tausendstel des Grundwertes
> Die grundsätzlichen Aufgabenarten und Lösungswege bleiben gleich.

1. Ein Juwelier versichert seinen Warenbestand gegen Diebstahl. Wie hoch ist die Prämie bei einem Prämiensatz von 3 ‰ und einer Versicherungssumme von 1 000 000 €?

   Dreisatz   **Operator**   **Formel**

   Antwort: _____

2. Ein Fluss ist zwischen zwei Städten um 80 m gefallen. Das entspricht einem Promillesatz von 4 ‰. Wie weit sind die beiden Städte voneinander entfernt?

   Dreisatz   **Operator**   **Formel**

   Antwort: _____

3. Ein Schmuckstück weist einen Goldanteil von 22,5 g auf. Wie groß ist dieser Anteil in Promille, wenn das Schmuckstück insgesamt 30 g wiegt?

   Dreisatz   **Operator**   **Formel**

   Antwort: _____

Prozent- und Zinsrechnung — Lösungsblatt

Promillewert, Grundwert, Promillesatz berechnen

> Das Promillerechnen ist eine Erweiterung des Prozentrechnens. Vergleich:
> 1 % = ein Hundertstel des Grundwertes; 1 ‰ = ein Tausendstel des Grundwertes
> Die grundsätzlichen Aufgabenarten und Lösungswege bleiben gleich.

1. Ein Juwelier versichert seinen Warenbestand gegen Diebstahl. Wie hoch ist die Prämie bei einem Prämiensatz von 3 ‰ und einer Versicherungssumme von 1 000 000 €?

Dreisatz	Operator	Formel
1 000 000 € = 1 000 ‰	1 000 000 € · 0,003 =	$PW = \dfrac{GW \cdot PS}{1\,000}$
1 000 € = 1 ‰	3 000 €	$PW = \dfrac{1\,000\,000\,€ \cdot 3}{1\,000}$
3 000 € = 3 ‰		$PW = 3\,000\,€$

   Antwort: Die Versicherungsprämie beträgt 3 000 €.

2. Ein Fluss ist zwischen zwei Städten um 80 m gefallen. Das entspricht einem Promillesatz von 4 ‰. Wie weit sind die beiden Städte voneinander entfernt?

Dreisatz	Operator	Formel
80 m = 4 ‰	80 m : 0,004 =	$GW = \dfrac{PW \cdot 1\,000}{PS}$
20 m = 1 ‰	20 000 m	$GW = \dfrac{80\,m \cdot 1\,000}{4}$
20 000 m = 1 000 ‰		$GW = 20\,000\,m$

   Antwort: Die beiden Städte sind 20 km voneinander entfernt.

3. Ein Schmuckstück weist einen Goldanteil von 22,5 g auf. Wie groß ist dieser Anteil in Promille, wenn das Schmuckstück insgesamt 30 g wiegt?

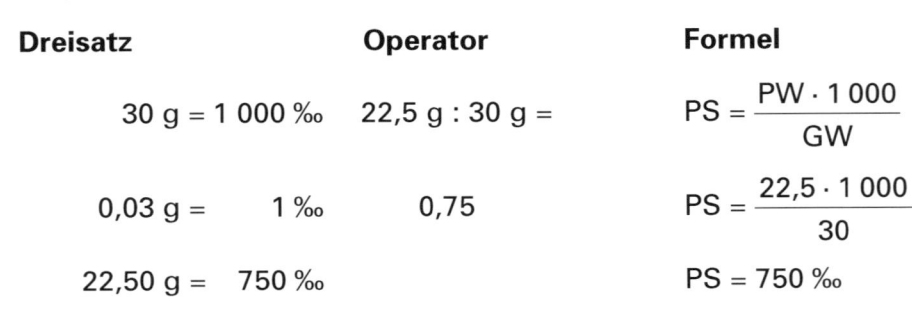

Dreisatz	Operator	Formel
30 g = 1 000 ‰	22,5 g : 30 g =	$PS = \dfrac{PW \cdot 1\,000}{GW}$
0,03 g = 1 ‰	0,75	$PS = \dfrac{22,5 \cdot 1\,000}{30}$
22,50 g = 750 ‰		$PS = 750\,‰$

   Antwort: Der Anteil beträgt 750 ‰.

Prozent- und Zinsrechnung

Name:

Probearbeit R 9 (Prozentrechnen)

1. Bevölkerungsverteilung der Welt im Jahr 2000:

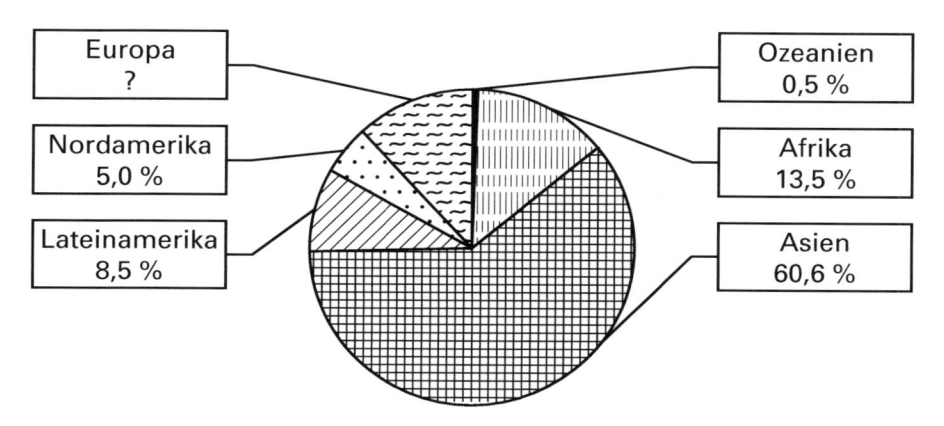

   Europa ?
   Nordamerika 5,0 %
   Lateinamerika 8,5 %
   Ozeanien 0,5 %
   Afrika 13,5 %
   Asien 60,6 %

   Quelle: Informationen zur politischen Bildung

   a) Berechne den prozentualen Anteil Europas an der Weltbevölkerung!

   b) In Nord- und Lateinamerika lebten im Jahr 2000 insgesamt 830 Millionen Menschen. Berechne die damalige Weltbevölkerung in Milliarden! Runde das Ergebnis auf zwei Kommastellen!

   c) Im Jahr 1950 betrug die Weltbevölkerung 2,52 Milliarden Menschen. Um wie viel Prozent wuchs die Weltbevölkerung bis zum Jahr 2000 an?

2. Berechne den Barzahlungspreis auf folgender Basis:
   Bezugspreis 580 €, 19 % MwSt., 2 % Skonto, 30 % Gewinn, 10 % Rabatt, 25 % Unkosten.

3. Ein Festmeter Eichenholz verlor durch Lufttrocknung 28 % seines Gewichts und wiegt nun 576 kg. Wie viele Festmeter Eichenholz darf ein Lkw mit 25 t transportieren, wenn das Holz frisch geschlagen ist?

4. Die Einwohnerzahl einer Stadt stieg in den letzten 5 Jahren von 22 400 Einwohnern auf 23 072 Einwohner an.

   a) Berechne die Zunahme in Prozent!

   b) Wie viele Einwohner hat die Stadt in 20 Jahren, wenn die Zuwachsrate gleich bleibt? Runde jeweils auf ganze Zahlen!

Prozent- und Zinsrechnung

Name:

Probearbeit R 9 (Prozentrechnen)

5. Ort A liegt auf einer Höhe von 340 m über N.N. an einem Fluss.
   Dieser Fluss weist auf einer Strecke von 20 km ein Gefälle von 4,8 ‰ auf.
   Wie hoch liegt der Ort B nach diesen 20 km flussabwärts?

6. Herr Gerhard hat für seine Wohnung eine Hausratsversicherung abgeschlossen.
   Bei einem Prämiensatz von 2,75 ‰ verlangt die Versicherung einen Beitrag von 48,68 €
   im Jahr. In diesem Beitrag ist die Versicherungssteuer von 18 % bereits enthalten.

   a) Wie hoch ist die Prämie ohne Versicherungssteuer?

   b) Berechne die Höhe der abgeschlossenen Versicherungssumme!

   c) Nach einem Wassereinbruch entsteht in der Wohnung ein Schaden von 20 000 €.
      Die Versicherungssumme deckt nur 40 % des aktuellen Wertes des Hausrats ab.
      Deshalb zahlt die Versicherung auch nur 40 % des entstandenen Schadens.
      Wie viel Euro Schadensersatz erhält Herr Gerhard?

   d) Nachdem sich Herr Gerhard neu eingerichtet hat, möchte er seinen Hausrat besser ver-
      sichern und wählt eine Versicherungssumme von 50 000 €. Er zahlt dafür einen Beitrag
      von 160,48 € im Jahr, in dem die Versicherungssteuer von 24,48 € enthalten ist.
      Berechne den Promillesatz der Prämie!

Prozent- und Zinsrechnung | Lösungsblatt

Probearbeit R 9 (Prozentrechnen)

1. a) 100 % − (60,6 + 13,5 + 0,5 + 8,5 + 5) % =
   = 100 % − 88,1 % =
   = 11,9 % ₁

   b) 830 Mill. ≙ 13,5 %
   61,48 Mill. ≙ 1 %
   6 148 Mill. ≙ 100 % ₂ → 6,15 Mrd. ₁

   c) 2,52 Mrd. ≙ 100 %
   0,0252 Mrd. ≙ 1 %
   6,15 Mrd. ≙ 244 % ₂ → Steigerung 144 % ₁

   [7 P]

2. **Kalkulation:**

Bezugspreis:	580
+ Unkosten 25 %	145
Selbstkostenpreis:	725 ₁
+ 30 % Gewinn	217,50
Verkaufspreis:	942,50 ₁
− 10 % Rabatt	94,25
ermäßigter Verkaufspreis:	848,25 ₁
+ 19 % Mehrwertsteuer	161,17
Endpreis:	1 009,42 ₁
− 2 % Skonto	20,19
Barzahlungspreis:	989,23 ₁

   [5 P]

3. 576 kg ≙ 72 %   25 000 kg : 800 kg = 31,25 ₁
   8 kg ≙ 1 %
   800 kg ≙ 100 % ₂

   [4 P]

Prozent- und Zinsrechnung — Lösungsblatt

Probearbeit R 9 (Prozentrechnen)

4. a) 22 400 E. ≙ 100 %
   224 E. ≙ 1 %
   23 072 E. ≙ <u>103 %</u> 2 → <u>Zunahme 3 %</u> 1

   b) 23 072 · 1,03 ≈ 23 764 · 1,03 ≈ 24 477
   24 477 · 1,03 ≈ 25 211 · 1,03 ≈ <u>25 967</u> 2

   [5 P]

5. 20 000 m ≙ 1 000 ‰   340 m − 96 m = <u>244 m</u> 2
   20 m ≙ 1 ‰
   <u>96 m</u> ≙ <u>4,8 ‰</u> 2

   [4 P]

6. a) 48,68 € ≙ 118 %
   0,4125 € ≙ 1 %
   <u>41,25 €</u> ≙ 100 % 2

   b) 41,25 € ≙ 2,75 ‰
   15 € ≙ 1 ‰
   <u>15 000 €</u> ≙ 1 000 ‰ 2

   c) 20 000 € ≙ 100 %
   200 € ≙ 1 %
   <u>8 000 €</u> ≙ 40 % 2

   d) 160,48 € − 24,48 € = <u>136 €</u> 1
   50 000 € ≙ 1 000 ‰
   50 € ≙ 1 ‰
   136 € ≙ <u>2,72 ‰</u> 2

   [9 P]

Gesamtpunktzahl: <u>34</u>

Prozent- und Zinsrechnung

Name:

Probearbeit M 9 (Prozentrechnen)

1. Bevölkerungsverteilung der Welt im Jahr 2000:

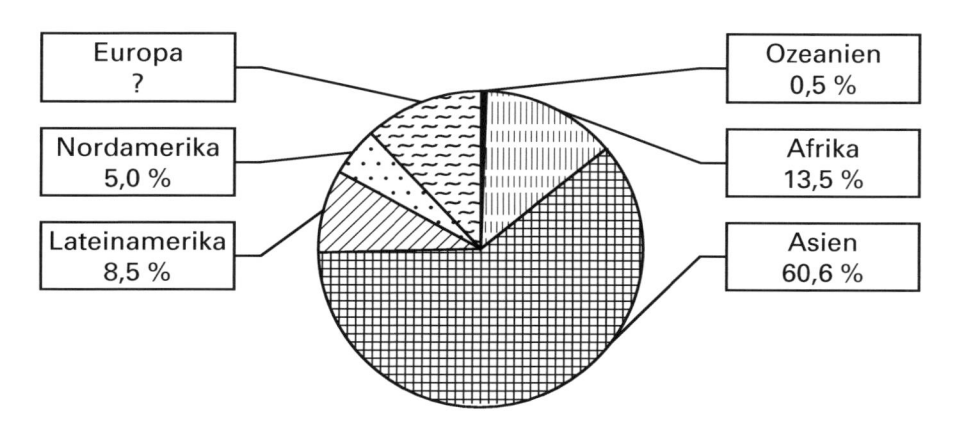

   Europa ?
   Nordamerika 5,0 %
   Lateinamerika 8,5 %
   Ozeanien 0,5 %
   Afrika 13,5 %
   Asien 60,6 %

   Quelle: Informationen zur politischen Bildung

   a) Berechne den prozentualen Anteil Europas an der Weltbevölkerung (der Anteil Afrikas entspricht den Anteilen Nord- und Lateinamerikas, der Anteil Ozeaniens entspricht dem zehnten Teil Nordamerikas)!

   b) In Nord- und Lateinamerika lebten im Jahr 2000 insgesamt 830 Millionen Menschen. Berechne die damalige Weltbevölkerung in Milliarden!
   Runde das Ergebnis auf zwei Kommastellen!

   c) Im Jahr 1950 betrug die Weltbevölkerung 2,52 Milliarden Menschen. Um wie viel Prozent wuchs die Weltbevölkerung bis zum Jahr 2000 an?

2. Berechne den Bezugspreis auf folgender Basis:
   Barzahlungspreis 37 784,88 €, 19 % MwSt., 2 % Skonto, 50 % Gewinn, 10 % Rabatt, 20 % Unkosten.

3. Ein Festmeter Eichenholz verlor durch Lufttrocknung ein Viertel seines Gewichts und wiegt nun 0,615 t. Wie viele Festmeter Eichenholz darf ein Lkw mit 25 000 kg Ladegewicht transportieren, wenn das Holz frisch geschlagen ist?

Prozent- und Zinsrechnung

Name:

Probearbeit M 9 (Prozentrechnen)

4. Die Einwohnerzahl einer Stadt stieg in den letzten 5 Jahren von 22 400 Einwohnern auf 23 072 Einwohner an.

   a) Berechne die Zunahme in Prozent!

   b) Wie viele Einwohner hat die Stadt in 20 Jahren, wenn die Zuwachsrate gleich bleibt? Runde jeweils auf ganze Zahlen!

   c) Berechne die Zunahme in Prozent für die gesamte Zeit (runde auf ganze Prozent!)

5. Ort A liegt auf einer Höhe von 340 m über N.N. an einem Fluss.
   Dieser Fluss weist auf einer Strecke von 20 km ein Gefälle von 4,8 ‰ auf.
   Wie hoch liegt der Ort B nach diesen 20 km flussabwärts?

6. Herr Gerhard hat für seine Wohnung eine Hausratsversicherung abgeschlossen.
   Bei einem Prämiensatz von 2,75 ‰ verlangt die Versicherung einen Beitrag von 48,68 € im Jahr. In diesem Beitrag ist die Versicherungssteuer von 18 % bereits enthalten.

   a) Wie hoch ist die Prämie ohne Versicherungssteuer?

   b) Berechne die Höhe der abgeschlossenen Versicherungssumme!

   c) Nach einem Wassereinbruch entsteht in der Wohnung ein Schaden von 20 000 €.
      Die Versicherungssumme deckt nur 40 % des aktuellen Wertes des Hausrats ab.
      Deshalb zahlt die Versicherung auch nur 40 % des entstandenen Schadens.
      Wie viel Euro Schadensersatz erhält Herr Gerhard?

   d) Nachdem sich Herr Gerhard neu eingerichtet hat, möchte er seinen Hausrat besser versichern und wählt eine Versicherungssumme von 50 000 €. Er zahlt dafür einen Beitrag von 160,48 € im Jahr, in dem die Versicherungssteuer von 24,48 € enthalten ist.
      Berechne den Promillesatz der Prämie!

7. Einem Autofahrer werden nach einem Verkehrsunfall 4 cm³ Blut zur Feststellung der Alkoholkonzentration abgenommen. Es wird ein Alkoholanteil von 4,4 mm³ festgestellt.
   Wie lautet das Untersuchungsergebnis in ‰?

Prozent- und Zinsrechnung — Lösungsblatt

Probearbeit M 9 (Prozentrechnen)

1. a) $100\% - (60{,}6 + 13{,}5 + 0{,}5 + 8{,}5 + 5)\% =$

   $= 100\% - \quad\quad 88{,}1\% \quad =$

   $= \quad\quad \underline{\underline{11{,}9\%}}$ ₂

   b) 830 Mill. ≙ 13,5 %

   61,48 Mill. ≙ 1 %

   6 148 Mill. ≙ 100 % ₂ → $\underline{\underline{6{,}15\text{ Mrd.}}}$ ₁

   c) 2,52 Mrd. ≙ 100 %

   0,0252 Mrd. ≙ 1 %

   6,15 Mrd. ≙ $\underline{\underline{244\%}}$ ₂ → $\underline{\underline{\text{Steigerung } 144\%}}$ ₁

   [8 P]

2. **Kalkulation:**

	37 784,88 €	Barzahlungspreis
: 0,98 (Skonto)	38 556,00 € ₁	Endpreis
: 1,19 (Mwst)	32 400,00 € ₁	Verkaufspreis
: 0,90 (Rabatt)	36 000,00 € ₁	ermäßigter Verkaufspreis
: 1,50 (Gewinn)	24 000,00 € ₁	Selbstkostenpreis
: 1,20 (Unkosten)	$\underline{\underline{20\,000{,}00\text{ €}}}$ ₁	Bezugspreis

   [5 P]

3. 615 kg ≙ 75 %   25 000 kg : 820 kg = $\underline{\underline{30}}$ ₁

   8,2 kg ≙ 1 %

   $\underline{\underline{820\text{ kg}}}$ ≙ 100 % ₂

   [3 P]

Otto Mayr: Mathematik komplett 9. Klasse © Brigg Pädagogik Verlag GmbH, Augsburg

Prozent- und Zinsrechnung — Lösungsblatt

Probearbeit M 9 (Prozentrechnen)

4. a) 22 400 E. ≙ 100 %
   224 E. ≙ 1 %
   23 072 E. ≙ <u>103 %</u> 2 → Zunahme <u>3 %</u> 1

   b) 23 072 · 1,03 ≈ 23 764 · 1,03 ≈ 24 477
   24 477 · 1,03 ≈ 25 211 · 1,03 ≈ <u>25 967</u> 2

   [5 P]

5. 20 000 m ≙ 1 000 ‰   340 m − 96 m = <u>244 m</u> 2
   20 m ≙ 1 ‰
   <u>96 m</u> ≙ <u>4,8 ‰</u> 2

   [4 P]

6. a) 48,68 € ≙ 118 %
   0,4125 € ≙ 1 %
   <u>41,25 €</u> ≙ 100 % 2

   b) 41,25 € ≙ 2,75 ‰
   15 € ≙ 1 ‰
   <u>15 000 €</u> ≙ 1 000 ‰ 2

   c) 20 000 € ≙ 100 %
   200 € ≙ 1 %
   <u>8 000 €</u> ≙ 40 % 2

   d) 160,48 € − 24,48 € = <u>136 €</u> 1
   50 000 € ≙ 1 000 ‰
   50 € ≙ 1 ‰
   136 € ≙ <u>2,72 ‰</u> 2

   [9 P]

7. 4 000 mm^3 ≙ 1 000 ‰
   4 mm^3 ≙ 1 ‰
   4,4 mm^3 ≙ <u>1,1 ‰</u> 3

   [3 P]

Gesamtpunktzahl: <u>37</u>

Prozent- und Zinsrechnung

Name:

Zinsrechnen

Begriffe, die man beim Zinsrechnen kennen muss:

*Kapital   Netto   Habenzinsen   Tara   Brutto
Kredit   Tageszinsen   Gebühr   Laufzeit
Guthaben   Zinsertrag   Darlehen   Sollzinsen
Zinsfuß   Restschuld   Hypothek   Skonto
Tilgung   Rabatt   Frist   Rückzahlung   Zinsen*

Vergleiche:

Prozentrechnen	Zinsrechnen
Grundwert	_____
Prozentsatz	_____
Prozentwert	_____
–	_____

Beim Zinsrechnen kommt als neues Element die **Zeit** dazu. Dabei handelt es sich um die Zeitspanne, in der ein bestimmtes Kapital (ein Kredit) verzinst wird.

Die Zinsformeln:

$$Z = \frac{K \cdot p \cdot t}{100 \cdot 360} \qquad K = \frac{Z \cdot 100 \cdot 360}{p \cdot t}$$

$$p = \frac{Z \cdot 100 \cdot 360}{K \cdot t} \qquad t = \frac{Z \cdot 100 \cdot 360}{K \cdot p}$$

Besonderheiten:

1. Ein Zinsjahr hat _____ Zinstage.

2. Ein Zinsmonat hat _____ Tage.

3. Es werden nur _____ verzinst.

4. Bei der Berechnung der Zinsen für Guthaben wie für Schulden (bzw. Darlehen) werden

   _____ .

Zinszeit berechnen (Tageszinsen):

13. Januar – 20. April: Unter der Voraussetzung, dass ich den ersten Tag nicht mitrechne,

sind es im Januar noch _____ Tage; dazu kommen Februar und März als volle Monate

(= _____ Tage) und weitere _____ Tage im April (letzter Tag wird jetzt mitgerechnet),

insgesamt also _____ Tage.

Prozent- und Zinsrechnung

Lösungsblatt

Zinsrechnen

Begriffe, die man beim Zinsrechnen kennen muss:

*Kapital   Netto   Habenzinsen   Tara   Brutto
Kredit   Tageszinsen   Gebühr   Laufzeit
Guthaben   Zinsertrag   Darlehen   Sollzinsen
Zinsfuß   Restschuld   Hypothek   Skonto
Tilgung   Rabatt   Frist   Rückzahlung   Zinsen*

Vergleiche:

Prozentrechnen	Zinsrechnen
Grundwert	Kapital (K)
Prozentsatz	Zinssatz/Zinsfuß (p)
Prozentwert	Zinsen (Z)
–	Zeit (t)

Beim Zinsrechnen kommt als neues Element die **Zeit** dazu. Dabei handelt es sich um die Zeitspanne, in der ein bestimmtes Kapital (ein Kredit) verzinst wird.

Die Zinsformeln:

$$Z = \frac{K \cdot p \cdot t}{100 \cdot 360} \qquad K = \frac{Z \cdot 100 \cdot 360}{p \cdot t}$$

$$p = \frac{Z \cdot 100 \cdot 360}{K \cdot t} \qquad t = \frac{Z \cdot 100 \cdot 360}{K \cdot p}$$

Besonderheiten:

1. Ein Zinsjahr hat __360__ Zinstage.

2. Ein Zinsmonat hat __30__ Tage.

3. Es werden nur __ganze €-Beträge__ verzinst.

4. Bei der Berechnung der Zinsen für Guthaben wie für Schulden (bzw. Darlehen) werden __der erste und der letzte Tag zusammen als ein Zinstag gerechnet__.

Zinszeit berechnen (Tageszinsen):

13. Januar – 20. April: Unter der Voraussetzung, dass ich den ersten Tag nicht mitrechne, sind es im Januar noch __17__ Tage; dazu kommen Februar und März als volle Monate (= __60__ Tage) und weitere __20__ Tage im April (letzter Tag wird jetzt mitgerechnet), insgesamt also __97__ Tage.

Prozent- und Zinsrechnung

Name:

Grundaufgaben der Zinsrechnung

1. Markus hat auf seinem Sparbuch 620 € eingezahlt.
   Vier Monate und 24 Tage lang wird nun dieser Betrag verzinst.
   Der Zinssatz beträgt 2 %.
   Wie hoch sind die Zinsen am Ende der Laufzeit?

   Antwort: _____

2. Herr Link hat einen größeren Geldbetrag bei einer Bank
   angelegt und erhält nach einer Laufzeit von 250 Tagen
   1 250 € Zinsen. Der Zinssatz beträgt 4 %.
   Welchen Betrag hat Herr Link angelegt?

   Antwort: _____

3. Frau Möller muss für einen Kredit in Höhe von 9 000 €
   für die Zeit vom 1. Januar bis 31. Oktober 356,25 € Zinsen
   bezahlen.
   Mit welchem Zinsfuß rechnet die Bank?

   Antwort: _____

4. Herr Maurer muss für ein Darlehen in Höhe von 20 000 €
   320 € Zinsen bezahlen. Die Bank rechnet mit einem Zinssatz
   von 4 %. Wann zahlte er das Darlehen samt den Zinsen
   wieder zurück, wenn er es am 14. April aufgenommen hatte?

   Antwort: _____

Prozent- und Zinsrechnung — Lösungsblatt

Grundaufgaben der Zinsrechnung

1. Markus hat auf seinem Sparbuch 620 € eingezahlt.
   Vier Monate und 24 Tage lang wird nun dieser Betrag verzinst.
   Der Zinssatz beträgt 2 %.
   Wie hoch sind die Zinsen am Ende der Laufzeit?

   $$Z = \frac{K \cdot p \cdot t}{100 \cdot 360} = \frac{620 \cdot 2 \cdot 144}{100 \cdot 360} = 4{,}96$$

   Antwort: Markus erhält am Ende der Laufzeit 4,96 € Zinsen.

2. Herr Link hat einen größeren Geldbetrag bei einer Bank angelegt und erhält nach einer Laufzeit von 250 Tagen 1 250 € Zinsen. Der Zinssatz beträgt 4 %.
   Welchen Betrag hat Herr Link angelegt?

   $$K = \frac{Z \cdot 100 \cdot 360}{p \cdot t} = \frac{1\,250 \cdot 100 \cdot 360}{4 \cdot 250} = 45\,000$$

   Antwort: Herr Link hat einen Betrag von 45 000 € angelegt.

3. Frau Möller muss für einen Kredit in Höhe von 9 000 € für die Zeit vom 1. Januar bis 31. Oktober 356,25 € Zinsen bezahlen.
   Mit welchem Zinsfuß rechnet die Bank?

   $$p = \frac{Z \cdot 100 \cdot 360}{K \cdot t} = \frac{356{,}25 \cdot 100 \cdot 12}{9\,000 \cdot 10} = 4{,}75$$

   Antwort: Die Bank rechnet mit einem Zinssatz von 4,75 %.

4. Herr Maurer muss für ein Darlehen in Höhe von 20 000 € 320 € Zinsen bezahlen. Die Bank rechnet mit einem Zinssatz von 4 %. Wann zahlte er das Darlehen samt den Zinsen wieder zurück, wenn er es am 14. April aufgenommen hatte?

   $$t = \frac{Z \cdot 100 \cdot 360}{K \cdot p} = \frac{320 \cdot 100 \cdot 360}{20\,000 \cdot 4} = 144$$

   Rückzahlungstermin: 14. April + 144 Tage → 8. September

   Antwort: Er hat das Darlehen am 8. September zurückgezahlt.

Prozent- und Zinsrechnung

Name:

Zinsrechnen – Tilgungspläne (M 9)

Wenn man von einer Schuldsumme _____ immer nur die Zinsen zurückzahlen würde, bliebe jedoch die Schuld selbst immer _____.
Damit man nun nach einiger Zeit schuldenfrei wird, muss man regelmäßig außer den Zinsen auch einen Teil seiner Schulden zurückzahlen. Diesen Teil der Rückzahlung nennt man _____. Dabei bleibt der Betrag aus Zinsen + Tilgung stets gleich.

Im Laufe der Zeit bedeutet das für die Anteile „Zinsen" und „Tilgung":

_____

1. Erstelle einen Tilgungsplan für ein Bauspardarlehen!

Zeit	Schuld (in €)	Zins (5 %)	Tilgung	Rückzahlung (12 %)
1. Jahr	48 000,–	2 400,–		
2. Jahr				
3. Jahr				
4. Jahr				
5. Jahr				
6. Jahr				

Achtung bei der Berechnung der Zinsen ab dem 4. Jahr: Nur ganze €-Beträge werden verzinst, dies wirkt sich beim 4. und beim 6. Jahr auf die Höhe des Zinsbetrages aus, beim 5. Jahr nicht!

2. Erstelle einen Tilgungsplan für eine Hypothek!

Zeit	Schuld (in €)	Zins (6,5 %)	Tilgung	Rückzahlung (8 %)
1. Jahr	80 000,–			
2. Jahr				
3. Jahr				
4. Jahr				
5. Jahr				
6. Jahr				

Prozent- und Zinsrechnung — Lösungsblatt

Zinsrechnen – Tilgungspläne (M 9)

Wenn man von einer Schuldsumme __(Darlehen, Kredit, Hypothek)__ immer nur die Zinsen zurückzahlen würde, bliebe jedoch die Schuld selbst immer __gleich groß__. Damit man nun nach einiger Zeit schuldenfrei wird, muss man regelmäßig außer den Zinsen auch einen Teil seiner Schulden zurückzahlen. Diesen Teil der Rückzahlung nennt man __Tilgung__. Dabei bleibt der Betrag aus Zinsen + Tilgung stets gleich.

Im Laufe der Zeit bedeutet das für die Anteile „Zinsen" und „Tilgung":

__Die Zinsen sinken, die Tilgung wird größer.__

1. Erstelle einen Tilgungsplan für ein Bauspardarlehen!

Zeit	Schuld (in €)	Zins (5 %)	Tilgung	Rückzahlung (12 %)
1. Jahr	48 000,–	2 400,–	3 360,–	5 760,–
2. Jahr	44 640,–	2 232,–	3 528,–	5 760,–
3. Jahr	41 112,–	2 055,60	3 704,40	5 760,–
4. Jahr	37 407,60	1 870,35 (!)	3 889,65	5 760,–
5. Jahr	33 517,95	1 675,85 (!)	4 084,15	5 760,–
6. Jahr	29 433,80	1 471,65 (!)	4 288,35	5 760,–

Achtung bei der Berechnung der Zinsen ab dem 4. Jahr: Nur ganze €-Beträge werden verzinst, dies wirkt sich beim 4. und beim 6. Jahr auf die Höhe des Zinsbetrages aus, beim 5. Jahr nicht!

2. Erstelle einen Tilgungsplan für eine Hypothek!

Zeit	Schuld (in €)	Zins (6,5 %)	Tilgung	Rückzahlung (8 %)
1. Jahr	80 000,–	5 200,–	1 200,–	6 400,–
2. Jahr	78 800,–	5 122,–	1 278,–	6 400,–
3. Jahr	77 522,–	5 038,93	1 361,07	6 400,–
4. Jahr	76 160,93	4 950,40	1 449,60	6 400,–
5. Jahr	74 711,33	4 856,22	1 543,78	6 400,–
6. Jahr	73 167,55	4 755,86	1 644,14	6 400,–

Prozent- und Zinsrechnung

Name:

Neue Aufgabenformen

Beachte: Diese Aufgaben sind ohne Taschenrechner und ohne Formelsammlung zu bearbeiten!

1. In welchem Kreis ist ungefähr der gleiche Bruchteil gekennzeichnet wie im Rechteck?

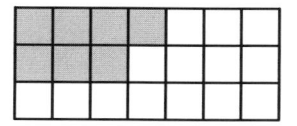

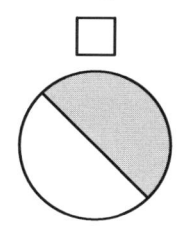

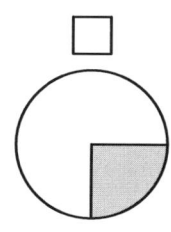

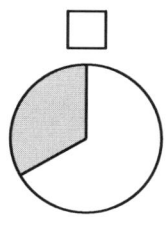

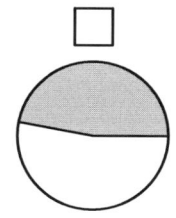

2. Berichtige, wenn nötig, die enthaltenen Fehler!

   $0,28 = 28\ \%$ (_____); $\frac{1}{8} = 0,225$ (_____); $10\ s = \frac{1}{6}\ min$ (_____);

   $\frac{2}{5} = 40\ \%$ (_____); $0,75\ h = 75\ min$ (_____); $\frac{1}{4}\ v.\ 1\ 000$ (_____) $kg = 300\ kg$

3. Ratenkauf oder Barzahlung? Wie hoch ist die Ersparnis bei der günstigeren Variante?

   | 6 Raten zu je 160 € | Preis 1 000 € Bei Barzahlung 2 % Skonto |

4. Ergänze die fehlenden Angaben der Dreisatzrechnung!

   $1\ 400\ l = 100\ \%$ $240\ kg = 30\ \%$ $250,00\ € = 100\ \%$

   _____ $= 1\ \%$ $8\ kg =$ _____ $2,50\ € =$ _____

   _____ $= 5\ \%$ $48\ kg =$ _____ $22,50\ € =$ _____

5. Welcher Wert wird hier berechnet? „Erfinde" eine kurze Aufgabenstellung!

   $? = \dfrac{PW \cdot 100}{PS}$

   _____

   _____

   _____

   _____

   _____

Prozent- und Zinsrechnung

Name:

Neue Aufgabenformen

6. Zeichne einen Prozentkreis nach folgenden Angaben:

   Gewählte Sportarten:

   Fußball: 50 %
   Basketball: 25 %
   Volleyball: 20 %
   Handball: 5 %

7. Nach einer Preiserhöhung von 5 % kostet ein Elektroartikel jetzt 210 €.
   Welcher Ansatz ist der richtige? Gib eine kurze Begründung!

   ○ 210 € = 95 %   ○ 210 € = 100 %   ○ 210 € = 105 %

8. Streiche die Begriffe, die nicht im Kalkulationsmodell des Handels enthalten sind, durch!

   Bezugspreis – Brutto – Rabatt – Endpreis – Kapital – Kosten – Zinsfuß – Verkaufspreis – Zinsen – Gewinn – Mehrwertsteuer – Versicherung

9. Der Umsatz einer Firma (200 000 €) wächst drei Jahre lang um jeweils 10 % pro Jahr. Welchen Umsatz erzielt die Firma nach diesen drei Jahren?

10. Schreibe als Überschlagrechnung: 4,7 ‰ von 5 978 €

11. Schreibe zwei Aussagen auf, die sich aus der folgenden Grafik herauslesen lassen!

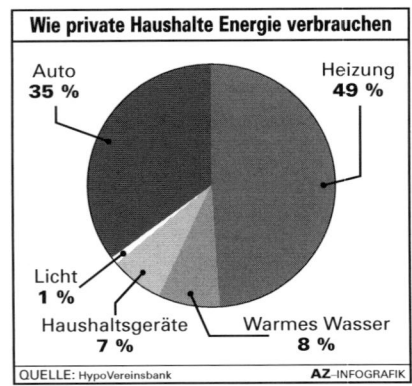

    Wie private Haushalte Energie verbrauchen

    Auto 35 %
    Heizung 49 %
    Licht 1 %
    Haushaltsgeräte 7 %
    Warmes Wasser 8 %

    QUELLE: HypoVereinsbank   AZ-INFOGRAFIK

Prozent- und Zinsrechnung — Lösungsblatt

Neue Aufgabenformen

Beachte: Diese Aufgaben sind ohne Taschenrechner und ohne Formelsammlung zu bearbeiten!

1. In welchem Kreis ist ungefähr der gleiche Bruchteil gekennzeichnet wie im Rechteck?

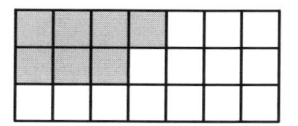

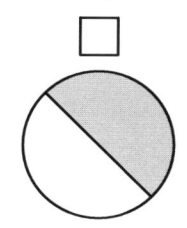

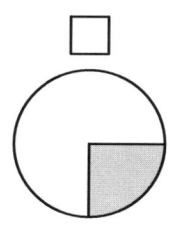

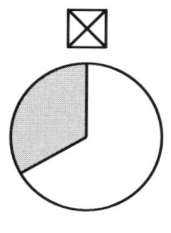

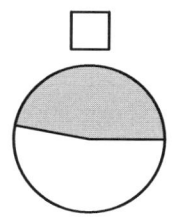

   (Der dritte Kreis ist angekreuzt.)

2. Berichtige, wenn nötig, die enthaltenen Fehler!

   $0,28 = 28\ \%$ (_____); $\frac{1}{8} = 0,225$ $(0,125)$; $10\ s = \frac{1}{6}\ min$ (_____);

   $\frac{2}{5} = 40\ \%$ (_____); $0,75\ h = 75\ min$ $(45\ min)$; $\frac{1}{4}$ v. $1\,000$ $(1\,200)$ kg $= 300\ kg$

3. Ratenkauf oder Barzahlung? Wie hoch ist die Ersparnis bei der günstigeren Variante?

6 Raten zu je 160 €	Preis 1 000 € Bei Barzahlung 2 % Skonto

   Ratenkauf: $6 \cdot 160\ € = 960\ €$ Barzahlung: $1\,000\ € - 2\ \%$ Skonto $(20\ €) = 980\ €$

   Ersparnis: $980\ € - 960\ € = 20\ €$

4. Ergänze die fehlenden Angaben der Dreisatzrechnung!

1 400 l = 100 %	240 kg = 30 %	250,00 € = 100 %
14 l = 1 %	8 kg = 1 %	2,50 € = 1 %
70 l = 5 %	48 kg = 6 %	22,50 € = 9 %

5. Welcher Wert wird hier berechnet? „Erfinde" eine kurze Aufgabenstellung!

   $? = \dfrac{PW \cdot 100}{PS}$

   Gesucht ist der Grundwert.

   Beispiel:

   Auf dem Hof eines Fahrradhändlers stehen 14 Fahrräder. Das sind 7 Prozent aller Räder, die er vorrätig hat.

Prozent- und Zinsrechnung — Lösungsblatt

Neue Aufgabenformen

6. Zeichne einen Prozentkreis nach folgenden Angaben:

   Gewählte Sportarten:

   Fußball: 50 %
   Basketball: 25 %
   Volleyball: 20 %
   Handball: 5 %

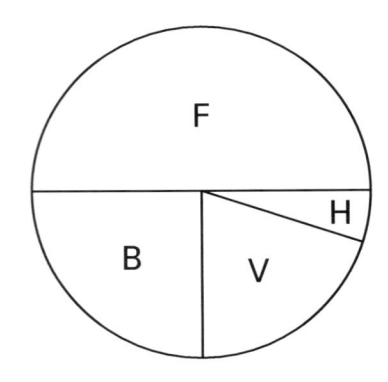

7. Nach einer Preiserhöhung von 5 % kostet ein Elektroartikel jetzt 210 €. Welcher Ansatz ist der richtige? Gib eine kurze Begründung!

   ○ 210 € = 95 %   ○ 210 € = 100 %   ⊠ 210 € = 105 %

   Der Elektroartikel kostet nach der Preiserhöhung 5 % mehr als vorher. Der „alte" Preis betrug 100 % (Grundwert), der „neue" Preis entspricht somit 105 %.

8. Streiche die Begriffe, die nicht im Kalkulationsmodell des Handels enthalten sind, durch!

   Bezugspreis – Brutto – Rabatt – Endpreis – ~~Kapital~~ – Kosten – ~~Zinsfuß~~ – Verkaufspreis – ~~Zinsen~~ – Gewinn – Mehrwertsteuer – ~~Versicherung~~

9. Der Umsatz einer Firma (200 000 €) wächst drei Jahre lang um jeweils 10 % pro Jahr. Welchen Umsatz erzielt die Firma nach diesen drei Jahren?

   200 000 · 1,1 = 220 000 · 1,1 = 242 000 · 1,1 = 266 200

10. Schreibe als Überschlagrechnung: 4,7 ‰ von 5 978 €

    5 ‰ von 6 000 € = 30 €

11. Schreibe zwei Aussagen auf, die sich aus der folgenden Grafik herauslesen lassen!

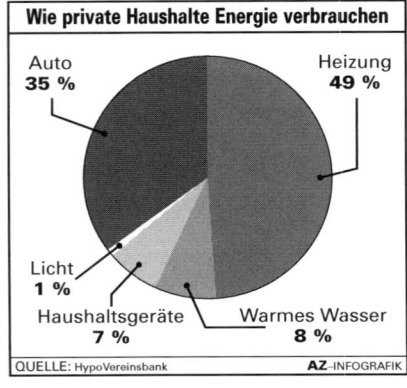

    Wie private Haushalte Energie verbrauchen
    Auto 35 %
    Heizung 49 %
    Licht 1 %
    Haushaltsgeräte 7 %
    Warmes Wasser 8 %
    QUELLE: HypoVereinsbank   AZ-INFOGRAFIK

    – Die Heizung ist mit einem Anteil von 49 % der größte Energieverbraucher.
    – Das Auto ist mit 35 % der zweitgrößte Energieverbraucher privater Haushalte.
    – Die Haushaltsgeräte spielen beim Energieverbrauch privater Haushalte nur eine kleine Rolle: 7 %.
    – Das Licht ist nur mit einem Prozentsatz von 1 % am Energieverbrauch beteiligt.
    ...

Prozent- und Zinsrechnung	Name:

Lernzielkontrolle M 9 (Zinsrechnung)

1. Berechne folgende Zinstage:

   a) 02. 04. – 05. 10.   b) 18. 04. – 29. 11.

   c) 03. 06. – 31. 10.   d) 31. 01. – 17. 10.

2. Herr Bauer nimmt bei seiner Bank ein Darlehen über 50 000 € zu 6,5 % Zinsen auf. Wie hoch sind die Zinsen in einem halben Jahr?

3. Herr Schwarz erhält für seine Ersparnisse bei der Bank in 120 Tagen 675 € Zinsen. Als Zinssatz sind 2,5 % festgesetzt worden. Wie hoch ist sein Kapital?

4. Herr Lehmann nimmt bei seiner Bank ein Darlehen über 135 000 € auf. Vom 12. 4. bis zum 2. 11. muss er dafür 3 375 € Zinsen bezahlen. Wie hoch ist der Zinssatz?

5. Eine Geschäftsfrau nahm am 22. 8. eines Jahres bei einer Bank einen Kredit in Höhe von 79 200 € zu 6,5 % Zinsen auf.
   Als Rückzahlungstermin wurde der 2. 12. des gleichen Jahres vereinbart. Da die Schuldnerin zu diesem Termin aber nicht bezahlen konnte, kam es zu einer Fristverlängerung bis zum 15. 3. des folgenden Jahres.
   In der Verlängerungszeit musste dann allerdings für den am 2. 12. fällig gewesenen Gesamtbetrag ein um 0,5 % erhöhter Zinssatz bezahlt werden.

   a) Welcher Betrag wäre am 2. 12. fällig gewesen?

   b) Welcher Betrag musste am 15. 3. bezahlt werden?

   c) Wie groß wäre die Ersparnis bei ursprünglich vereinbarter Rückzahlung gewesen?

Prozent- und Zinsrechnung

Name:

Lernzielkontrolle M 9 (Zinsrechnung)

6. Herr Kunze möchte sich ein gebrauchtes Auto für 4 300 € kaufen.
   Der Händler bietet ihm zwei Alternativen an:
   A: 2 % Rabatt bei Barzahlung
   B: 9 Monatsraten zu je 490 € (ohne Anzahlung)

   a) Berechne den Barzahlungsrabatt in €!

   b) Um das Barzahlungsangebot nützen zu können, würde ihm sein Bruder die benötigte Summe ein halbes Jahr zu einem Zinssatz von 2,5 % leihen.
      Würde sich das für Herrn Kunze lohnen?

   c) Herr Kunze verdient monatlich 1 750 € netto und könnte $\frac{2}{7}$ davon jeweils für den Autokauf verwenden.
      Wäre damit ein Ratenkauf möglich?

   d) Mit welchem Zinssatz kalkuliert der Autohändler beim Ratenkauf?

7. Erstelle einen Tilgungsplan für die Dauer von 6 Jahren unter folgenden Bedingungen: Darlehen über 30 000 € – Zinssatz 6 % – Rückzahlung 11 %

Zeit	Schuld	Zinsen	Tilgung	Rückzahlung
1. Jahr	30 000 €			
2. Jahr				
3. Jahr				
4. Jahr				
5. Jahr				
6. Jahr				

Achtung bei der Berechnung der Zinsen ab dem 4. Jahr: Nur ganze €-Beträge werden verzinst, dies wirkt sich beim 4. und beim 6. Jahr auf die Höhe des Zinsbetrages aus, beim 5. Jahr nicht!

Prozent- und Zinsrechnung — Lösungsblatt

Lernzielkontrolle M 9 (Zinsrechnung)

1. a) 183 Tage ₁   b) 221 Tage ₁

   c) 147 Tage ₁   d) 257 Tage ₁   [4 P]

---

2. $Z = \dfrac{K \cdot p \cdot t}{100 \cdot 360}$ ₁ $= \dfrac{50\,000 \cdot 6{,}5 \cdot 180}{100 \cdot 360}$ ₁ $= \underline{\underline{1\,625}}$ ₁   [3 P]

---

3. $K = \dfrac{Z \cdot 100 \cdot 360}{p \cdot t}$ ₁ $= \dfrac{675 \cdot 100 \cdot 360}{2{,}5 \cdot 120}$ ₁ $= \underline{\underline{81\,000}}$ ₁   [3 P]

---

4. $p = \dfrac{Z \cdot 100 \cdot 360}{K \cdot t}$ ₁ $= \dfrac{3\,375 \cdot 100 \cdot 360}{135\,000 \cdot 200}$ ₁ $= \underline{\underline{4{,}5}}$ ₁   [3 P]

---

5. a) *Geg.:* K = 79 200

   p = 6,5 %

   t = 22. 08. – 02. 12. = $\underline{100 \text{ Tage}}$ ₁

   Ges.: $Z = \dfrac{K \cdot p \cdot t}{100 \cdot 360} = \dfrac{79\,200 \cdot 6{,}5 \cdot 100}{100 \cdot 360}$ ₁ $= \underline{\underline{1\,430}}$ ₁

   b) *Geg.:* K = 80 630 ₁ (79 200 + 1 430)

   p = 7 %

   t = 03. 12. – 15. 03. = $\underline{103 \text{ Tage}}$ ₁

   Ges.: $Z = \dfrac{K \cdot p \cdot t}{100 \cdot 360} = \dfrac{80\,630 \cdot 7 \cdot 103}{100 \cdot 360}$ ₁ $\approx \underline{\underline{1\,614{,}84}}$ ₁

   → 80 630 € + 1 614,84 € = $\underline{\underline{82\,244{,}84}}$ ₁

   c) $\underline{\underline{1\,614{,}84 \text{ €}}}$ ₁   [9 P]

Otto Mayr: Mathematik komplett 9. Klasse © Brigg Pädagogik Verlag GmbH, Augsburg

Prozent- und Zinsrechnung — Lösungsblatt

Lernzielkontrolle M 9 (Zinsrechnung)

6. a) 4 300 € · 0,02 = __86__ ₁

b) $Z = \dfrac{K \cdot p \cdot t}{100 \cdot 360} = \dfrac{\overset{1}{4\,214} \cdot 2,5 \cdot 180}{100 \cdot 360}$ ₁ $= \underline{\underline{52{,}68}}$ ₁

86 € − 52,68 € = __33,32 €__ ₁

Es würde sich lohnen → 33,32 € billiger!

c) $1\,750\,€ \cdot \dfrac{2}{7} = \underline{\underline{500\,€}}$ ₁

Ratenkauf möglich

d) *Geg.:* K = 4 300 €

t = 270 Tage $\left(\dfrac{270}{360} \rightarrow \dfrac{9}{12}\right)$

Z = 110 € (490 · 9 − 4 300) ₁

Ges.: $p = \dfrac{Z \cdot 100 \cdot 360}{K \cdot t}$

$p = \dfrac{110 \cdot 100 \cdot 360}{4\,300 \cdot 270}$ ₁ ≈ $\underline{\underline{3{,}4}}$ ₁

[9 P]

---

7. Erstelle einen Tilgungsplan für die Dauer von 6 Jahren unter folgenden Bedingungen: Darlehen über 30 000 € – Zinssatz 6 % – Rückzahlung 11 %

Zeit	Schuld	Zinsen	Tilgung	Rückzahlung	
1. Jahr	30 000 €	1 800	1 500	3 300	₁
2. Jahr	28 500	1 710	1 590	3 300	₁
3. Jahr	26 910	1 614,60	1 685,40	3 300	₁
4. Jahr	25 224,60	1 513,44 (!)	1 786,56	3 300	₁
5. Jahr	23 438,04	1 406,28	1 893,72	3 300	₁
6. Jahr	21 544,32	1 292,64 (!)	2 007,36	3 300	₁

Achtung bei der Berechnung der Zinsen ab dem 4. Jahr: Nur ganze €-Beträge werden verzinst, dies wirkt sich beim 4. und beim 6. Jahr auf die Höhe des Zinsbetrages aus, beim 5. Jahr nicht!

[6 P]

Gesamtpunktzahl: __37__

Potenzen und Wurzeln

Name:

Zehnerpotenzen bei großen Zahlen

Potenzen:

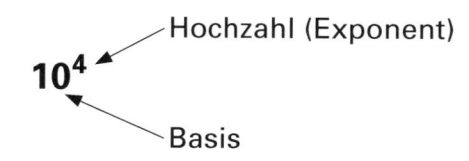

10^4 — Hochzahl (Exponent) / Basis

Größe	Stufen	Produkt aus Zehnern	Zehnerpotenz
Deka	10	10	_____
Hekto	100	10 · 10	_____
Kilo	1 000	10 · 10 · 10	_____
Mega	1 000 000	10 · 10 · 10 · 10 · 10 · 10	_____
Giga	1 000 000 000	10 · 10 · 10 · 10 · 10 · 10 · 10 · 10 · 10	_____
Tera	1 000 000 000 000	10 · 10 · 10 · 10 · 10 · 10 · 10 · 10 · 10 …	_____

Positive Hochzahlen: $4{,}28 \cdot 10^7$ („4,28 mal zehn hoch 7")

> Die positive Hochzahl der Zehnerpotenz gibt an, um wie viele Stellen man das Komma nach _____ rücken muss, um die Zahl auszuschreiben.
>
> In der Standardschreibweise wählt man eine Zahl _____.

Schreibe als Zehnerpotenz:

4 600 = _____ ; 77 000 = _____ ; 8 040 000 = _____

Schreibe in Standardschreibweise:

$2{,}24 \cdot 10^9$ = _____ ; $41{,}7 \cdot 10^5$ = _____ ;

$3{,}8 \cdot 10^4$ = _____ ; $0{,}23 \cdot 10^4$ = _____

Achtung: Wenn ein Faktor um eine Zehnerstelle größer wird, muss der andere Faktor um eine Zehnerstelle kleiner werden und umgekehrt!
Beispiel: $0{,}23 \rightarrow 2{,}3$ (um eine Zehnerstelle größer),
deshalb $10^4 \rightarrow 10^3$ (um eine Zehnerstelle kleiner!)

Eingabe mit dem Taschenrechner ($3{,}2 \cdot 10^6$):
- mit der x^y-Taste: 3,2 × 10 x^y 6 = $3{,}2^{06}$
- mit der EXP-Taste: 3,2 EXP 6 = $3{,}2^{06}$
- mit der EE-Taste: 3,2 EE 6 = $3{,}2^{06}$

Potenzen und Wurzeln — Lösungsblatt

Zehnerpotenzen bei großen Zahlen

Potenzen:

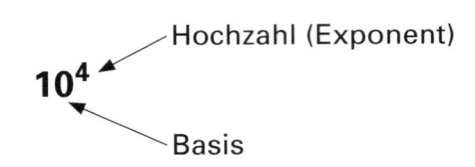

10^4 — Hochzahl (Exponent) / Basis

Größe	Stufen	Produkt aus Zehnern	Zehnerpotenz
Deka	10	10	10^1
Hekto	100	10 · 10	10^2
Kilo	1 000	10 · 10 · 10	10^3
Mega	1 000 000	10 · 10 · 10 · 10 · 10 · 10	10^6
Giga	1 000 000 000	10 · 10 · 10 · 10 · 10 · 10 · 10 · 10 · 10	10^9
Tera	1 000 000 000 000	10 · 10 · 10 · 10 · 10 · 10 · 10 · 10 · 10 …	10^{12}

Positive Hochzahlen: $4{,}28 \cdot 10^7$ („4,28 mal zehn hoch 7")

> Die positive Hochzahl der Zehnerpotenz gibt an, um wie viele Stellen man das Komma nach __rechts__ rücken muss, um die Zahl auszuschreiben.
>
> In der Standardschreibweise wählt man eine Zahl __zwischen 1 und 10__.

Schreibe als Zehnerpotenz:

$4\,600 = \underline{\;4{,}6 \cdot 10^3\;}$; $\quad 77\,000 = \underline{\;7{,}7 \cdot 10^4\;}$; $\quad 8\,040\,000 = \underline{\;8{,}04 \cdot 10^6\;}$

Schreibe in Standardschreibweise:

$2{,}24 \cdot 10^9 = \underline{\;2\,240\,000\,000\;}$; $\quad 41{,}7 \cdot 10^5 = \underline{\;4{,}17 \cdot 10^6 = 4\,170\,000\;}$;

$3{,}8 \cdot 10^4 = \underline{\;38\,000\;}$; $\quad 0{,}23 \cdot 10^4 = \underline{\;2{,}3 \cdot 10^3 = 2\,300\;}$

Achtung: Wenn ein Faktor um eine Zehnerstelle größer wird, muss der andere Faktor um eine Zehnerstelle kleiner werden und umgekehrt!
Beispiel: $0{,}23 \rightarrow 2{,}3$ (um eine Zehnerstelle größer),
deshalb $10^4 \rightarrow 10^3$ (um eine Zehnerstelle kleiner!)

Eingabe mit dem Taschenrechner ($3{,}2 \cdot 10^6$):

- mit der x^y-Taste: $\quad 3{,}2 \;\times\; 10 \;\; x^y \;\; 6 \;=\; \quad 3{,}2^{06}$
- mit der EXP-Taste: $\quad 3{,}2 \;\; \text{EXP} \;\; 6 \;=\; \quad 3{,}2^{06}$
- mit der EE-Taste: $\quad 3{,}2 \;\; \text{EE} \;\; 6 \;=\; \quad 3{,}2^{06}$

Potenzen und Wurzeln

Name:

Zehnerpotenzen bei kleinen Zahlen

Potenzen:

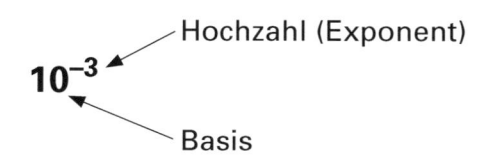

10^{-3} — Hochzahl (Exponent) / Basis

Größe	Stufen	Produkt aus Zehnern	Zehnerpotenz
	1	1	_____
Dezi	0,1	$\frac{1}{10}$	_____
Zenti	0,01	$\frac{1}{10} \cdot \frac{1}{10}$	_____
Milli	0,001	$\frac{1}{10} \cdot \frac{1}{10} \cdot \frac{1}{10}$	_____
Mikro	0,000001	$\frac{1}{10} \cdot \frac{1}{10} \cdot \frac{1}{10} \cdot \frac{1}{10} \cdot \frac{1}{10} \cdot \frac{1}{10}$	_____
Nano	0,000000001	$\frac{1}{10} \cdot \frac{1}{10} \cdot \frac{1}{10} \cdot \frac{1}{10} \cdot \frac{1}{10} \cdot \frac{1}{10} \cdot \frac{1}{10} \cdot \frac{1}{10}$	_____
Piko	0,000000000001	$\frac{1}{10} \cdot \frac{1}{10} \cdot \frac{1}{10} \cdot \frac{1}{10} \cdot \frac{1}{10} \cdot \frac{1}{10} \cdot \frac{1}{10} \cdot \frac{1}{10} \cdot \frac{1}{10} \cdot \frac{1}{10}$ ...	_____

Negative Hochzahlen: $6{,}8 \cdot 10^{-5}$ („6,8 mal zehn hoch minus 5")

> Die negative Hochzahl der Zehnerpotenz gibt an, um wie viele Stellen man das Komma
> nach _____ rücken muss, um die Zahl auszuschreiben.
>
> In der Standardschreibweise wählt man eine Zahl _____.

Schreibe als Zehnerpotenz:

$\frac{3}{1000}$ = _____ ; 0,0073 = _____ ; 0,00000006 = _____

Schreibe in Standardschreibweise:

$2{,}24 \cdot 10^{-9}$ = _____ ; $41{,}7 \cdot 10^{-5}$ = _____ ;

$3{,}8 \cdot 10^{-4}$ = _____ ; $0{,}23 \cdot 10^{-4}$ = _____

Achtung: Wenn ein Faktor um eine Zehnerstelle größer wird, muss der andere Faktor um eine Zehnerstelle kleiner werden und umgekehrt!
Beispiel: 0,23 → 2,3 (um eine Zehnerstelle größer),
deshalb 10^{-4} → 10^{-5} (um eine Zehnerstelle kleiner!)

Eingabe mit dem Taschenrechner ($5 \cdot 10^{-8}$):

– mit der x^y-Taste:	5 × 10 x^y 8 +/– =	5^{-08}
– mit der EXP-Taste:	5 EXP 8 +/– =	5^{-08}
– mit der EE-Taste:	5 EE 8 +/– =	5^{-08}

Potenzen und Wurzeln — Lösungsblatt

Zehnerpotenzen bei kleinen Zahlen

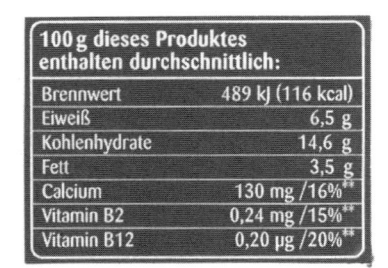

100 g dieses Produktes enthalten durchschnittlich:
- Brennwert: 489 kJ (116 kcal)
- Eiweiß: 6,5 g
- Kohlenhydrate: 14,6 g
- Fett: 3,5 g
- Calcium: 130 mg / 16%**
- Vitamin B2: 0,24 mg / 15%**
- Vitamin B12: 0,20 µg / 20%**

Potenzen:

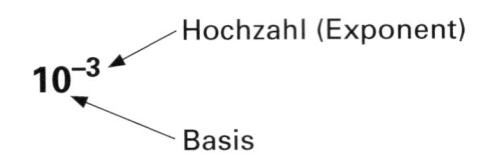

10^{-3} — Hochzahl (Exponent) / Basis

Größe	Stufen	Produkt aus Zehnern	Zehnerpotenz
	1	1	10^0
Dezi	0,1	$\frac{1}{10}$	10^{-1}
Zenti	0,01	$\frac{1}{10} \cdot \frac{1}{10}$	10^{-2}
Milli	0,001	$\frac{1}{10} \cdot \frac{1}{10} \cdot \frac{1}{10}$	10^{-3}
Mikro	0,000001	$\frac{1}{10} \cdot \frac{1}{10} \cdot \frac{1}{10} \cdot \frac{1}{10} \cdot \frac{1}{10} \cdot \frac{1}{10}$	10^{-6}
Nano	0,000000001	$\frac{1}{10} \cdot \frac{1}{10} \cdot \frac{1}{10} \cdot \frac{1}{10} \cdot \frac{1}{10} \cdot \frac{1}{10} \cdot \frac{1}{10} \cdot \frac{1}{10}$	10^{-9}
Piko	0,000000000001	$\frac{1}{10} \cdot \frac{1}{10} \cdot \frac{1}{10} \cdot \frac{1}{10} \cdot \frac{1}{10} \cdot \frac{1}{10} \cdot \frac{1}{10} \cdot \frac{1}{10} \cdot \frac{1}{10} \cdot \frac{1}{10} \ldots$	10^{-12}

Negative Hochzahlen: $6{,}8 \cdot 10^{-5}$ („6,8 mal zehn hoch minus 5")

> Die negative Hochzahl der Zehnerpotenz gibt an, um wie viele Stellen man das Komma nach __links__ rücken muss, um die Zahl auszuschreiben.
>
> In der Standardschreibweise wählt man eine Zahl __zwischen 1 und 10__.

Schreibe als Zehnerpotenz:

$\frac{3}{1000} = $ __$3 \cdot 10^{-3}$__ ; $0{,}0073 = $ __$7{,}3 \cdot 10^{-3}$__ ; $0{,}00000006 = $ __$6 \cdot 10^{-8}$__

Schreibe in Standardschreibweise:

$2{,}24 \cdot 10^{-9} = $ __0,00000000224__ ; $41{,}7 \cdot 10^{-5} = $ __$4{,}17 \cdot 10^{-4} = 0{,}000417$__ ;

$3{,}8 \cdot 10^{-4} = $ __0,00038__ ; $0{,}23 \cdot 10^{-4} = $ __$2{,}3 \cdot 10^{-5} = 0{,}000023$__

Achtung: Wenn ein Faktor um eine Zehnerstelle größer wird, muss der andere Faktor um eine Zehnerstelle kleiner werden und umgekehrt!
Beispiel: $0{,}23 \to 2{,}3$ (um eine Zehnerstelle größer), deshalb $10^{-4} \to 10^{-5}$ (um eine Zehnerstelle kleiner!)

Eingabe mit dem Taschenrechner ($5 \cdot 10^{-8}$):

- mit der x^y-Taste: 5 × 10 x^y 8 +/− = $\quad 5^{-08}$
- mit der EXP-Taste: 5 EXP 8 +/− = $\quad 5^{-08}$
- mit der EE-Taste: 5 EE 8 +/− = $\quad 5^{-08}$

Potenzen und Wurzeln

Name:

Quadratzahlen und Quadratwurzeln

Berechne die Fläche des Quadrats!

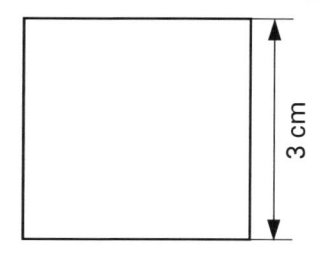

3 cm

A = _____
A = _____
A = _____

Berechne die Seite des Quadrats!

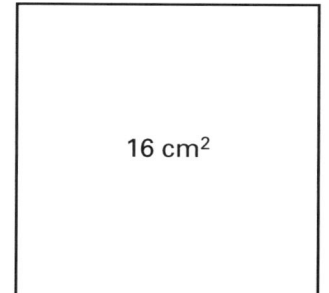

16 cm²

a = _____
a = _____
a = _____

Eine Zahl zu quadrieren heißt, die Zahl _____ zu multiplizieren. Man erhält das _____ einer Zahl.

$4 \cdot 4 = 4^2 = 16$
(„Vier hoch zwei ist gleich 16.")

Die Quadratwurzel einer Zahl ist diejenige Zahl, die mit sich selbst multipliziert wieder die _____ ergibt.

$\sqrt{49} = \sqrt{7^2} = \sqrt{7 \cdot 7} = 7$
(„Die Wurzel aus 49 ist gleich 7.")

Bestimme die Quadratzahlen und lerne sie auswendig!

1 ___	6 ___	11 ___	16 ___	21 ___
2 ___	7 ___	12 ___	17 ___	22 ___
3 ___	8 ___	13 ___	18 ___	23 ___
4 ___	9 ___	14 ___	19 ___	24 ___
5 ___	10 ___	15 ___	20 ___	25 ___

Bestimme die Quadratwurzel!

$\sqrt{324}=$ ___ ; $\sqrt{0{,}09}=$ ___ ; $\sqrt{2{,}25}=$ ___ ; $\sqrt{\frac{9}{100}}=$ ___

Bestimme x!

$\sqrt{x} = 1{,}7$; x = ___ ; $\sqrt{x} = 11{,}4$; x = ___ ; $\sqrt{x} = 3{,}5$; x = ___ ;

$\sqrt{x} = \frac{8}{10}$; x = ___ ; $\sqrt{x} = 1$; x = ___ ; $\sqrt{x} = a$; x = ___

Potenzen und Wurzeln — Lösungsblatt

Quadratzahlen und Quadratwurzeln

Berechne die Fläche des Quadrats! (3 cm)

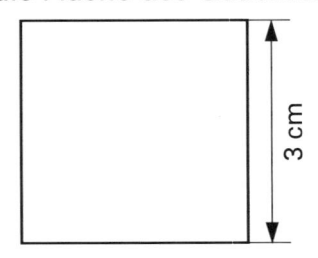

A = __a · a__
A = __3 cm · 3 cm__
A = __9 cm²__

Berechne die Seite des Quadrats! (16 cm²)

a = __$\sqrt{a^2}$__
a = __$\sqrt{16\ cm^2}$__
a = __4 cm__

Eine Zahl zu quadrieren heißt, die Zahl __mit sich selbst__ zu multiplizieren. Man erhält das __Quadrat__ einer Zahl.

4 · 4 = 4² = 16
(„Vier hoch zwei ist gleich 16.")

Die Quadratwurzel einer Zahl ist diejenige Zahl, die mit sich selbst multipliziert wieder die __Ausgangszahl__ ergibt.

$\sqrt{49} = \sqrt{7^2} = \sqrt{7 \cdot 7} = 7$
(„Die Wurzel aus 49 ist gleich 7.")

Bestimme die Quadratzahlen und lerne sie auswendig!

1 (1)	6 (36)	11 (121)	16 (256)	21 (441)
2 (4)	7 (49)	12 (144)	17 (289)	22 (484)
3 (9)	8 (64)	13 (169)	18 (324)	23 (529)
4 (16)	9 (81)	14 (196)	19 (361)	24 (576)
5 (25)	10 (100)	15 (225)	20 (400)	25 (625)

Bestimme die Quadratwurzel!

$\sqrt{324} = $ __18__ ; $\sqrt{0{,}09} = $ __0,3__ ; $\sqrt{2{,}25} = $ __1,5__ ; $\sqrt{\frac{9}{100}} = $ __$\frac{3}{10}$__

Bestimme x!

$\sqrt{x} = 1{,}7;\ x = $ __2,89__ ; $\sqrt{x} = 11{,}4;\ x = $ __129,96__ ; $\sqrt{x} = 3{,}5;\ x = $ __12,25__ ;

$\sqrt{x} = \frac{8}{10};\ x = $ __$\frac{64}{100}$__ ; $\sqrt{x} = 1;\ x = $ __1__ ; $\sqrt{x} = a;\ x = $ __a^2__

Potenzen und Wurzeln

Name:

Neue Aufgabenformen

Beachte: Diese Aufgaben sind ohne Taschenrechner und ohne Formelsammlung zu bearbeiten!

1. Welche Zahl nennt die Entfernung Sonne – Erde?

    ○ $1{,}49 \cdot 10^3$ km
    ○ $1{,}49 \cdot 10^6$ km
    ○ $1{,}49 \cdot 10^8$ km

    E   S

2. Ergänze mit den dazugehörigen Potenzangaben!

Zahl	Potenzdarstellung
14 000	_____
126 000	_____
4 001 000 000	_____

3. Setze ein: = , < , >

    a) $2{,}8 \cdot 10^3$ ____ $7{,}3 \cdot 10^2$ b) $4{,}6 \cdot 10^8$ ____ $46 \cdot 10^7$
    c) $7{,}1 \cdot 10^{-4}$ ____ $7{,}1 \cdot 10^{-5}$ d) $20 \cdot 10^3$ ____ $2{,}2 \cdot 10^4$

4. Schreibe in Standardschreibweise!

    a) $3{,}7 \cdot 10^6 =$ _____   b) $5{,}1 \cdot 10^{-4} =$ _____
    c) $4{,}98 \cdot 10^8 =$ _____   d) $20 \cdot 10^{-6} =$ _____

5. Ordne den Zehnerpotenzen die richtigen Begriffe zu!

    Kilo _____
    Mikro _____
    Giga _____
    Nano _____
    Tera _____
    Milli _____

Potenzen und Wurzeln

Name:

Neue Aufgabenformen

6. Ergänze die fehlenden Werte!

Quadratzahl	Wurzel
49	_____
_____	14
400	_____
81	_____
_____	25

7. Zwischen welchen Quadratzahlen liegen die angegebenen Zahlen?

   a) _____ < 40 < _____   b) _____ < 110 < _____

   c) _____ < 230 < _____   d) _____ < 334 < _____

8. Berechne Volumen und Seite!

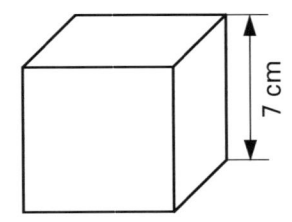

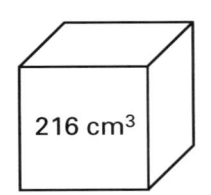

   7 cm

   216 cm³

9. In jeder Aufgabe ist ein Fehler versteckt. Rechne ab der Zeile weiter, in der der Fehler zu finden ist!

   $2x^2 - 4(3x + 5) = -12x + 30$
   $2x^2 - 12x - 20 = -12x + 30$
   $2x^2 - 12x + 12x = 30 + 20$
   $2x^2 \qquad\qquad = 50 \quad | \sqrt{}$
   $\qquad\qquad x \approx 7{,}07$

   $4x^2 + 100 = -3\,500$
   $4x^2 \qquad = -3\,500 - 100$
   $4x^2 \qquad = -3\,600 \qquad | :4$
   $x^2 \qquad = -900 \qquad | \sqrt{}$
   $x^2 \qquad = 30$

Potenzen und Wurzeln — Lösungsblatt

Neue Aufgabenformen

Beachte: Diese Aufgaben sind ohne Taschenrechner und ohne Formelsammlung zu bearbeiten!

1. Welche Zahl nennt die Entfernung Sonne – Erde?

   ○ $1{,}49 \cdot 10^3$ km
   ○ $1{,}49 \cdot 10^6$ km
   ⊠ $1{,}49 \cdot 10^8$ km

   (E)   (S)

2. Ergänze mit den dazugehörigen Potenzangaben!

Zahl	Potenzdarstellung
14 000	$1{,}4 \cdot 10^4$
126 000	$1{,}26 \cdot 10^5$
4 001 000 000	$4{,}001 \cdot 10^9$

3. Setze ein: $=, <, >$

   a) $2{,}8 \cdot 10^3 \underline{\ >\ } 7{,}3 \cdot 10^2$ b) $4{,}6 \cdot 10^8 \underline{\ =\ } 46 \cdot 10^7$

   c) $7{,}1 \cdot 10^{-4} \underline{\ >\ } 7{,}1 \cdot 10^{-5}$ d) $20 \cdot 10^3 \underline{\ <\ } 2{,}2 \cdot 10^4$

4. Schreibe in Standardschreibweise!

   a) $3{,}7 \cdot 10^6 = \underline{\ 3\ 700\ 000\ }$ b) $5{,}1 \cdot 10^{-4} = \underline{\ 0{,}00051\ }$

   c) $4{,}98 \cdot 10^8 = \underline{\ 498\ 000\ 000\ }$ d) $20 \cdot 10^{-6} = \underline{\ 0{,}000002\ }$

5. Ordne den Zehnerpotenzen die richtigen Begriffe zu!

Begriff	Zehnerpotenz
Kilo	10^3
Mikro	10^{-6}
Giga	10^9
Nano	10^{-9}
Tera	10^{12}
Milli	10^{-3}

Potenzen und Wurzeln — Lösungsblatt

Neue Aufgabenformen

6. Ergänze die fehlenden Werte!

Quadratzahl	Wurzel
49	7
196	14
400	20
81	9
625	25

7. Zwischen welchen Quadratzahlen liegen die angegebenen Zahlen?

a) $36 < 40 < 49$ b) $100 < 110 < 121$

c) $225 < 230 < 256$ d) $324 < 334 < 361$

8. Berechne Volumen und Seite!

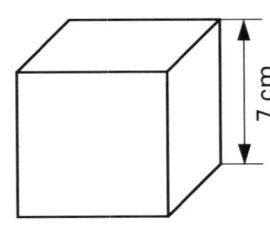

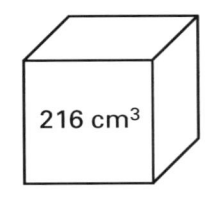

(Würfel mit 7 cm Seitenlänge)

$V = (7\,cm)^3 = 343\,cm^3$

(Würfel mit 216 cm³)

$a = \sqrt[3]{216} = 6\,cm$

9. In jeder Aufgabe ist ein Fehler versteckt. Rechne ab der Zeile weiter, in der der Fehler zu finden ist!

$2x^2 - 4(3x + 5) = -12x + 30$
$2x^2 - 12x - 20 = -12x + 30$
$2x^2 - 12x + 12x = 30 + 20$
$2x^2 = 50 \quad | \sqrt{}$
$x \approx 7{,}07$

$2x^2 = 50 \quad | :2$
$x^2 = 25 \quad | \sqrt{}$
$x_{1/2} = +/- 5$

$4x^2 + 100 = -3\,500$
$4x^2 = -3\,500 - 100$
$4x^2 = -3\,600 \quad | :4$
$x^2 = -900 \quad | \sqrt{}$
$x^2 = 30$

Keine Lösung!

Potenzen und Wurzeln

Name:

Näherungswerte von Quadratwurzeln

| 16 cm² | 20 cm² | 25 cm² |

Nur bei zwei dieser Quadrate sind die Seitenlängen sofort zu bestimmen. Erkläre!

Wie kann man die Seitenlänge des dritten Quadrates schätzen?
Folgende Vorgehensweise bietet sich an:

1. Schritt: Benachbarte Quadratzahlen ganzer Zahlen suchen!
$\sqrt{16} = 4$, $\sqrt{25} = 5$ →

_____

2. Schritt: Den mittleren Wert beider Zahlen quadrieren!
$4,5 \cdot 4,5 = 20,25$ →

_____

3. Schritt: Den mittleren Wert zwischen beiden Zehntelzahlen quadrieren!
$4,45 \cdot 4,45 = 19,8025$

_____

4. Schritt: Den Hundertstelwert suchen, der quadriert möglichst nahe an die gesuchte Zahl heranreicht.
$4,47 \cdot 4,47 = 19,9809$

_____
_____

Zwischen welchen ganzen Quadratzahlen liegen jeweils die Zahlen?

_____ < 55 < _____ ;   _____ < 250 < _____ ;   _____ < 371 < _____

Die Seite eines Quadrats ist 6 cm lang. Wie viele Möglichkeiten gibt es, dieses Quadrat in ein flächengleiches Rechteck umzuwandeln, wenn nur ganzzahlige Seitenlängen erlaubt sind?

_____

Potenzen und Wurzeln — Lösungsblatt

Näherungswerte von Quadratwurzeln

| 16 cm² | 20 cm² | 25 cm² |

Nur bei zwei dieser Quadrate sind die Seitenlängen sofort zu bestimmen. Erkläre!

Wie kann man die Seitenlänge des dritten Quadrates schätzen?
Folgende Vorgehensweise bietet sich an:

1. Schritt: Benachbarte Quadratzahlen ganzer Zahlen suchen!
   $\sqrt{16} = 4$, $\sqrt{25} = 5$ →

   Die Länge einer Seite liegt zwischen 4 und 5 cm.

2. Schritt: Den mittleren Wert beider Zahlen quadrieren!
   $4{,}5 \cdot 4{,}5 = 20{,}25$ →

   Die Länge einer Seite muss etwas kleiner als 4,5 cm sein!

3. Schritt: Den mittleren Wert zwischen beiden Zehntelzahlen quadrieren!
   $4{,}45 \cdot 4{,}45 = 19{,}8025$

   Die Länge muss noch etwas größer als 4,45 cm sein!

4. Schritt: Den Hundertstelwert suchen, der quadriert möglichst nahe an die gesuchte Zahl heranreicht.
   $4{,}47 \cdot 4{,}47 = 19{,}9809$

   Wenn man mit Hundertstel rechnet, ist dies die größtmögliche Annäherung.

Zwischen welchen ganzen Quadratzahlen liegen jeweils die Zahlen?

   49 < 55 < 64 ;   225 < 250 < 256 ;   361 < 371 < 400

Die Seite eines Quadrats ist 6 cm lang. Wie viele Möglichkeiten gibt es, dieses Quadrat in ein flächengleiches Rechteck umzuwandeln, wenn nur ganzzahlige Seitenlängen erlaubt sind?

Vier Möglichkeiten: 1 cm · 36 cm;   2 cm · 18 cm;   3 cm · 12 cm;   4 cm · 9 cm

Potenzen und Wurzeln

Name:

Dritte Potenz und dritte Wurzel (M 9)

Berechne das Volumen des Würfels!

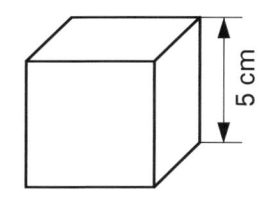

5 cm

V = _____
V = _____
V = _____

Berechne eine Seite des Würfels!

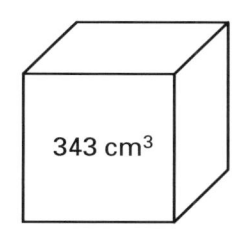

343 cm³

a = _____
a = _____
a = _____

Die dritte Potenz einer Zahl zu bilden heißt, die Zahl dreimal _____ zu multiplizieren.

$4 \cdot 4 \cdot 4 = 4^3 = 64$

(„Vier hoch drei ist gleich 64.")

Dritte Wurzeln lassen sich einfach mit der _____ des Taschenrechners berechnen.

Die dritte Wurzel einer Zahl ist diejenige Zahl, die dreimal mit sich selbst multipliziert wieder die _____ ergibt.

$\sqrt[3]{343} = \sqrt[3]{7^3} = \sqrt[3]{7 \cdot 7 \cdot 7} = 7$

(„Die dritte Wurzel aus 343 ist gleich 7.")

Bestimme jeweils die dritte Potenz und lerne sie auswendig!

1 _____   3 _____   5 _____   7 _____   9 _____
2 _____   4 _____   6 _____   8 _____   10 _____

Bestimme die dritte Wurzel!

$\sqrt[3]{512} =$ _____ ; $\sqrt[3]{0,027} =$ _____ ; $\sqrt[3]{2,744} =$ _____ ; $\sqrt[3]{\dfrac{64}{1000}} =$ _____

Bestimme x!

$\sqrt[3]{x} = 10$; x = _____ ; $\sqrt[3]{x} = 2,7$; x = _____ ; $\sqrt[3]{x} = 42,875$; x = _____ ;

$\sqrt[3]{x} = \dfrac{1}{2}$; x = _____ ; $\sqrt[3]{x} = 1$; x = _____ ; $\sqrt[3]{x} = a$; x = _____

Potenzen und Wurzeln — Lösungsblatt

Dritte Potenz und dritte Wurzel (M 9)

Berechne das Volumen des Würfels!

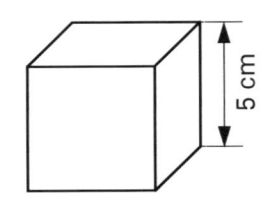

$V = $ _____ $a \cdot a \cdot a$ _____

$V = $ _____ $5\,cm \cdot 5\,cm \cdot 5\,cm$ _____

$V = $ _____ $125\,cm^2$ _____

Berechne eine Seite des Würfels!

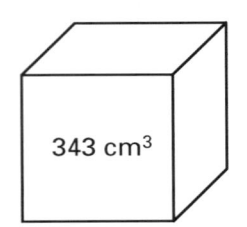

$a = $ _____ $\sqrt[3]{V}$ _____

$a = $ _____ $\sqrt[3]{343\,cm^3}$ _____

$a = $ _____ $7\,cm$ _____

Die dritte Potenz einer Zahl zu bilden heißt, die Zahl dreimal __mit sich selbst__ zu multiplizieren.

$4 \cdot 4 \cdot 4 = 4^3 = 64$
(„Vier hoch drei ist gleich 64.")

Die dritte Wurzel einer Zahl ist diejenige Zahl, die dreimal mit sich selbst multipliziert wieder die __Ausgangszahl__ ergibt.

$\sqrt[3]{343} = \sqrt{7^3} = \sqrt{7 \cdot 7 \cdot 7} = 7$
(„Die dritte Wurzel aus 343 ist gleich 7.")

Dritte Wurzeln lassen sich einfach mit der $\sqrt[3]{}$-Taste des Taschenrechners berechnen.

Bestimme jeweils die dritte Potenz und lerne sie auswendig!

1 __(1)__   3 __(27)__   5 __(125)__   7 __(343)__   9 __(729)__

2 __(8)__   4 __(64)__   6 __(216)__   8 __(512)__   10 __(1 000)__

Bestimme die dritte Wurzel!

$\sqrt[3]{512} = $ __8__ ; $\sqrt[3]{0{,}027} = $ __0,3__ ; $\sqrt[3]{2{,}744} = $ __1,4__ ; $\sqrt[3]{\frac{64}{1000}} = $ __$\frac{4}{10}$__

Bestimme x!

$\sqrt[3]{x} = 10$; $x = $ __1 000__ ; $\sqrt[3]{x} = 2{,}7$; $x = $ __19,683__ ; $\sqrt[3]{x} = 42{,}875$; $x = $ __3,5__ ;

$\sqrt[3]{x} = \frac{1}{2}$; $x = $ __$\frac{1}{8}$__ ; $\sqrt[3]{x} = 1$; $x = $ __1__ ; $\sqrt[3]{x} = a$; $x = $ __a^3__

Potenzen und Wurzeln

Name:

Reinquadratische Gleichungen lösen (M 9)

$x^2 = 400$
$x^2 - 3 = 6$
$4x^2 + 600 = 4\,200$

Gleichungen in dieser Form nennt man reinquadratische Gleichungen.
Eine reinquadratische Gleichung besteht aus der Variablen x^2 und einer Zahl.

Löse die folgenden reinquadratischen Gleichungen!

$x^2 = 400$ $\qquad$ $x^2 - 3 = 6$ $\qquad$ $4x^2 + 600 = 4\,200$

Beachte folgende Lösungsschritte:
1. Zunächst die Gleichung in die Normalform (z. B. $x^2 = 250$) bringen!
2. Wurzel ziehen
3. Lösung angeben (bei positiven Zahlen zwei Lösungen!)

Reinquadratische Gleichungen können **zwei** oder **keine** Lösung haben!

$x^2 = 42{,}25 \mid \sqrt{}$ $\qquad$ $x^2 + 8 = 4$

Löse die folgenden reinquadratischen Gleichungen im Kopf!

$x^2 = 196$ $\qquad$ $x^2 - 300 = 2\,200$ $\qquad$ $x^2 + 20 = 4$

Potenzen und Wurzeln — Lösungsblatt

Reinquadratische Gleichungen lösen (M 9)

$$x^2 = 400$$
$$x^2 - 3 = 6$$
$$4x^2 + 600 = 4\,200$$

Gleichungen in dieser Form nennt man reinquadratische Gleichungen. Eine reinquadratische Gleichung besteht aus der Variablen x^2 und einer Zahl.

Löse die folgenden reinquadratischen Gleichungen!

$x^2 = 400 \quad |\sqrt{}$

$x_{1/2} = \pm 20$

$x^2 - 3 = 6$
$x^2 = 6 + 3$
$x^2 = 9 \quad |\sqrt{}$
$x_{1/2} = \pm 3$

$4x^2 + 600 = 4\,200$
$4x^2 = 4\,200 - 600$
$4x^2 = 3\,600 \quad | : 4$
$x^2 = 900 \quad |\sqrt{}$
$x_{1/2} = \pm 30$

Beachte folgende Lösungsschritte:

1. Zunächst die Gleichung in die Normalform (z. B. $x^2 = 250$) bringen!
2. Wurzel ziehen
3. Lösung angeben (bei positiven Zahlen zwei Lösungen!)

Reinquadratische Gleichungen können **zwei** oder **keine** Lösung haben!

$x^2 = 42{,}25 \quad |\sqrt{}$

$x_{1/2} = 6{,}5$

Probe:
$6{,}5 \cdot 6{,}5 = 42{,}25$
$42{,}25 = 42{,}25$

$x^2 + 8 = 4$
$x^2 = 4 - 8$
$x^2 = -4$
Keine Lösung!
(Eine Wurzel aus einer negativen Zahl ist nicht möglich!)

Löse die folgenden reinquadratischen Gleichungen im Kopf!

$x^2 = 196 \quad |\sqrt{}$

$x_{1/2} = 14$

$x^2 - 300 = 2\,200$
$x^2 = 2\,200 + 300$
$x^2 = 2\,500 \quad |\sqrt{}$
$x_{1/2} = \pm 50$

$x^2 + 20 = 4$
$x^2 = 4 - 20$
$x^2 = -16 \quad |\sqrt{}$
Keine Lösung!

Potenzen und Wurzeln

Name:

Probearbeit R 9 (Rationale Zahlen, Potenzen, Wurzeln)

1. Berechne folgende Terme!

   a) $(-4,2) \cdot 9 =$

   b) $(35,7) + (-16,5) \cdot (-5,6) =$

   c) $(-22,5) + (43,6) \cdot 5 - (-4,5) =$

2. Stelle einen Term auf und berechne!

   a) Die Summe aus 15,2 und (–7,4) vermehrt um den Quotienten aus –32 und 8.

   b) Subtrahiere von der Summe aus (–35,1) und (–12,8) die Differenz aus 24,5 und (–21,4)!

   c) Dividiere das Produkt aus (–68) und (–4) durch die Wurzel aus 1 156!

3. Gib den Wert in Potenzschreibweise an!

   a) 100 Millionen
   b) 7 630 000
   c) 0,000003

4. Schreibe als Dezimalzahl!

   a) $4,7 \cdot 10^4$
   b) $8 \cdot 10^{-6}$
   c) $7,003 \cdot 10^{-4}$

5. Gib den Wert in Potenzschreibweise an!

   a) $3,4 \cdot 10^6 + 0,6 \cdot 10^9 =$

   b) $11,9 \cdot 10^{-5} + 4,5 \cdot 10^{-3} =$

   c) $8,2 \cdot 10^{-7} : (7,9 \cdot 10^2) =$

6. Die größten Bakterien sind $2 \cdot 10^{-5}$ m lang, die kleinsten Viren haben nur ca. $0,02 \cdot 10^{-6}$ m Durchmesser. Wie viele Viren ergeben aneinandergereiht die Länge einer dieser Bakterien?

7. Die Sonne hat eine Masse von $19,89 \cdot 10^{26}$ t, die Venus eine von $4,869 \cdot 10^{21}$ t. Um wie viele Male ist die Masse der Sonne größer als die der Venus?

Potenzen und Wurzeln

Name:

Probearbeit R 9 (Rationale Zahlen, Potenzen, Wurzeln)

8. Wie lange braucht das Licht von der Sonne zur Erde (Entfernung: $1{,}496 \cdot 10^8$ km), wenn es in einer Sekunde 300 000 km zurücklegt? Rechne in Zehnerpotenzen! Gib das Ergebnis in Minuten an!

9. Alle bekannten Stoffe sind aus einzelnen Atomen aufgebaut. Die Stoffe unterscheiden sich nur durch die unterschiedliche Anzahl der Kernteilchen. Der Kern ist aus elektrisch positiven Protonen (Masse ca. $1{,}673 \cdot 10^{24}$ g) und etwa gleich schweren Neutronen aufgebaut.

   a) Berechne die Masse eines Elektrons! Es wiegt den 1 836sten Teil eines Protons.

   b) Der Kern eines Uran-Atoms besteht aus 92 Protonen und 146 Neutronen. Berechne die Masse des Atomkerns!

10. Welche Seitenlänge hat ein Vierkantholz mit einem Volumen von 23 040 cm³ und einer Höhe von 40 cm?

Potenzen und Wurzeln — Lösungsblatt

Probearbeit R 9 (Rationale Zahlen, Potenzen, Wurzeln)

1. a) $\underline{\underline{-37,8}}$ ₁

   b) $(35,7) + (-16,5) \cdot (-5,6) =$
   $= 35,7 + \quad 92,4 \quad =$
   $= \underline{\underline{128,1}}$ ₂

   c) $(-22,5) + (43,6) \cdot 5 - (-4,5) =$
   $= -22,5 + \quad 218 \quad + 4,5 =$
   $= \underline{\underline{200}}$ ₂

   $\boxed{5\ P}$

2. a) $(15,2) + (-7,4) + (-32) : 8 =$
   $= \quad 7,8 \quad - \quad 4 \quad =$
   $= \underline{\underline{3,8}}$ ₂

   b) $[(-35,1) + (-12,8)] - [24,5 - (-21,4)] =$
   $\quad -47,9 \quad - \quad 45,9 \quad =$
   $= \underline{\underline{-93,8}}$ ₃

   c) $\dfrac{(-68) \cdot (-4)}{\sqrt{1\,156}} = \dfrac{272}{34} = \underline{\underline{8}}$ ₂

   $\boxed{7\ P}$

3. a) $\underline{\underline{10^8}}$ ₁ b) $\underline{\underline{7,63 \cdot 10^6}}$ ₁ c) $\underline{\underline{3 \cdot 10^{-6}}}$ ₁

   $\boxed{3\ P}$

4. a) $\underline{\underline{47\,000}}$ ₁ b) $\underline{\underline{0,000008}}$ ₁ c) $\underline{\underline{0,0007003}}$ ₁

   $\boxed{3\ P}$

5. a) $\underline{\underline{6,034 \cdot 10^8}}$ ₁

   b) $\underline{\underline{4,619 \cdot 10^{-3}}}$ ₁

   c) $\underline{\underline{1,037974684 \cdot 10^{-9}}}$ ₁

   $\boxed{3\ P}$

Potenzen und Wurzeln | Lösungsblatt

Probearbeit R 9 (Rationale Zahlen, Potenzen, Wurzeln)

6. $\dfrac{2 \cdot 10^{-5}\,m}{0{,}02 \cdot 10^{-6}\,m} = \underline{\underline{1\,000}}$ ³ $\boxed{3\,P}$

7. $\dfrac{19{,}89 \cdot 10^{26}\,t}{4{,}869 \cdot 10^{21}\,t} = \underline{\underline{408\,500}}$ ³ $\boxed{3\,P}$

8. $\dfrac{1{,}496 \cdot 10^{8}\,km}{3 \cdot 10^{5}\,\frac{km}{s}}$ ² $\approx \underline{\underline{498{,}67\,s}}$ ¹ $\rightarrow$ $\underline{\underline{8\,min\ 18\,s}}$ ¹ $\boxed{4\,P}$

9. a) $\dfrac{1{,}673 \cdot 10^{-24}\,g}{1\,836} \approx \underline{\underline{9{,}1122 \cdot 10^{-28}\,g}}$ ²

   b) $(92 + 146) \cdot 1{,}673 \cdot 10^{-24}\,g = \underline{\underline{3{,}98174 \cdot 10^{-22}\,g}}$ ² $\boxed{4\,P}$

10. $23\,040\,cm^3 : 40\,cm = 576\,cm^2$ ² $\rightarrow$ $\sqrt{576\,cm^2} = \underline{\underline{24\,cm}}$ ² $\boxed{4\,P}$

Gesamtpunktzahl: $\underline{\underline{39}}$

Potenzen und Wurzeln

Name:

Probearbeit M 9 (Rationale Zahlen, Potenzen, Wurzeln)

1. In 1 mm³ Blut befinden sich ca. $5 \cdot 10^6$ rote Blutkörperchen. Ein Erwachsener besitzt ca. 6 Liter Blut.

    a) Wie viele rote Blutkörperchen besitzt er?

    b) Ein rotes Blutkörperchen hat einen Durchmesser von $7 \cdot 10^{-3}$ mm. Wie viele Kilometer lang wäre das Band, wenn man alle roten Blutkörperchen eines Menschen aneinanderlegen würde?

    c) Die durchschnittliche Lebensdauer eines roten Blutkörperchens beträgt 120 Tage. Wie viele Blutkörperchen werden im Laufe von 50 Jahren gebildet? Rechne mit 360 Tagen für ein Jahr.

2. a) Ein Kohlenstoff-Atom hat eine Masse von $1{,}993 \cdot 10^{-23}$ g. Die sogenannte atomare Masseneinheit u ist der zwölfte Teil davon.
    Berechne u.

    b) Ein Wasserteilchen setzt sich aus zwei Wasserstoff-Atomen und einem Sauerstoff-Atom zusammen.

Element:	Masse des Atoms:
Wasserstoff	$1{,}674 \cdot 10^{-24}$ g
Sauerstoff	$2{,}656 \cdot 10^{-23}$ g

    Berechne die Masse eines Wasserteilchens.

    c) Ein Blei-Atom hat eine Masse von $3{,}44 \cdot 10^{-22}$ g. Aus wie vielen Atomen bestehen 50 g Blei?

3. Im Weltraum sind die Entternungen für uns Menschen unfassbar groß.

    a) Das Licht der Sonne legt auf seinem Weg zur Erde rund $1{,}5 \cdot 10^8$ km zurück. Wie lange benötigt es für diese Reise, wenn die Lichtgeschwindigkeit etwa 300 000 $\frac{km}{s}$ beträgt?

    b) Die Raumsonde Voyager 2 sendete vom Neptun ein Funksignal zur Erde. Dieses Signal wurde mit Lichtgeschwindigkeit übertragen und erreichte die Erde nach 4 Stunden und 6 Minuten. Welche Entfernung legte es dabei zurück? Gib das Ergebnis als große Zahl und als Zehnerpotenz an.

Potenzen und Wurzeln — Lösungsblatt

Probearbeit M 9 (Rationale Zahlen, Potenzen, Wurzeln)

1. a) 6 Liter = 6 dm^3 = 6 000 000 mm^3 = $6 \cdot 10^6$ mm^3
   $5 \cdot 10^6 \cdot 6 \cdot 10^6 = 5 \cdot 6 \cdot 10^6 \cdot 10^6 = 30 \cdot 10^{12}$ = $\underline{\underline{3 \cdot 10^{13}}}$ **2**
   Ein Erwachsener besitzt $3 \cdot 10^{13}$ rote Blutkörperchen.

   b) $3 \cdot 10^{13} \cdot 7 \cdot 10^{-3}$ mm = $3 \cdot 7 \cdot 10^{13} \cdot 10^{-3}$ mm
   $\qquad\qquad\qquad\qquad = 21 \cdot 10^{10}$ mm
   $\qquad\qquad\qquad\qquad = 2{,}1 \cdot 10^{11}$ mm

   $\underbrace{1 \text{ km} = 1\,000 \text{ m} \qquad 1 \text{ m} = 1\,000 \text{ mm}}$
   1 km = 1 000 · 1 000 mm
   1 km = 10^6 mm

   $2{,}1 \cdot 10^{11}$ mm : 10^6 = $\underline{\underline{2{,}1 \cdot 10^5 \text{ km}}}$ **2**
   Das Band wäre $2{,}1 \cdot 10^5$ km lang.

   c) 50 Jahre = 50 · 360 Tage = 18 000 Tage
   18 000 Tage : 120 Tage = 150
   $150 \cdot 3 \cdot 10^{13} = 450 \cdot 10^{13} = 4{,}5 \cdot 10^2 \cdot 10^{13}$ = $\underline{\underline{4{,}5 \cdot 10^{15}}}$ **2**
   Es werden $4{,}5 \cdot 10^{15}$ Blutkörperchen gebildet. $\boxed{6\text{ P}}$

2. a) Atomare Masseneinheit u in g:
   u = $1{,}993 \cdot 10^{-23}$: 12 = $1{,}6608\ldots \cdot 10^{-24}$ ≈ $\underline{\underline{1{,}661 \cdot 10^{-24}}}$ **2**

   b) Masse eines Wasserteilchens in g:
   m = $(2 \cdot 1{,}674 \cdot 10^{-24}) + (2{,}656 \cdot 10^{-23})$ = $2{,}9908 \cdot 10^{-23}$ ≈ $\underline{\underline{2{,}991 \cdot 10^{-23}}}$ **2**

   c) Anzahl der Blei-Atome in 50 g Blei:
   50 : $(3{,}44 \cdot 10^{-22})$ = $1{,}453\ldots \cdot 10^{23}$ ≈ $\underline{\underline{1{,}45 \cdot 10^{23}}}$ **2** $\boxed{6\text{ P}}$

3. a) Zeit in s:
   $1{,}5 \cdot 10^8$: 300 000 = $\underline{\underline{500}}$ **1**

   b) Zeit:
   4 h 6 min = 246 min = $\underline{\underline{14\,760 \text{ s}}}$ **1**
   Entfernung in km:
   300 000 · 14 760 = 4 428 000 000 = $\underline{\underline{4{,}428 \cdot 10^9}}$ **2** $\boxed{4\text{ P}}$

Gesamtpunktzahl: $\underline{\underline{16}}$

Geometrische Flächen

Name:

Dreiecke zeichnen (1)

1. Zeichne ein Dreieck mit den folgenden Maßen:

   Geg.: a = 6 cm
            b = 7 cm
            c = 8 cm

   Planfigur:

   Konstruktionsbeschreibung:

   1.
   2.
   3.
   4.

2. Zeichne ein Dreieck mit den folgenden Maßen:

   Geg.: c = 8 cm
            b = 7 cm
            $\alpha = 60°$

   Planfigur:

   Konstruktionsbeschreibung:

   1.
   2.
   3.
   4.

Geometrische Flächen

Lösungsblatt

Dreiecke zeichnen (1)

1. Zeichne ein Dreieck mit den folgenden Maßen:

   Geg.: a = 6 cm
   b = 7 cm
   c = 8 cm

   Planfigur:

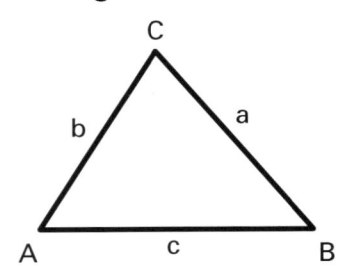

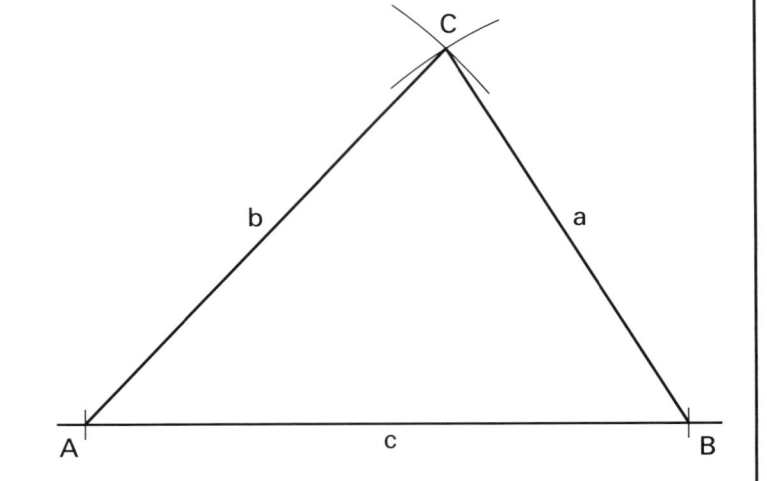

   Konstruktionsbeschreibung:

   1. Seite c antragen (→ A und B)
   2. Kreisbogen um A mit b = 7 cm
   3. Kreisbogen um B mit a = 6 cm (→ C)
   4. Punkte verbinden

2. Zeichne ein Dreieck mit den folgenden Maßen:

   Geg.: c = 8 cm
   b = 7 cm
   α = 60°

   Planfigur:

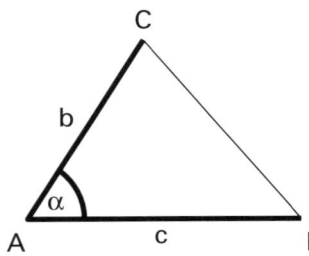

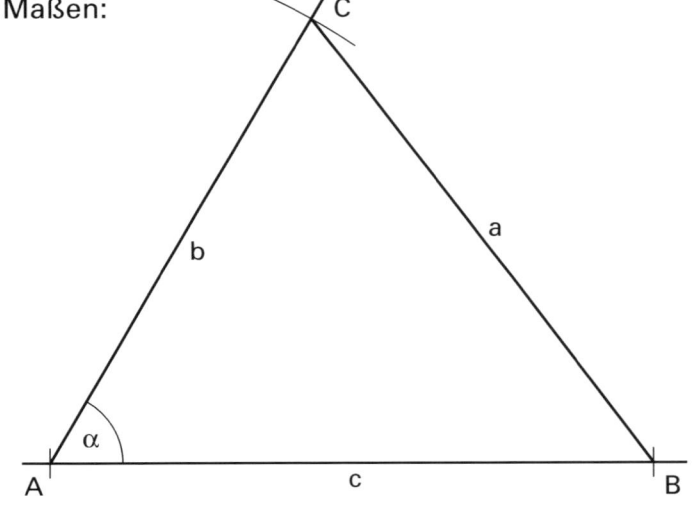

   Konstruktionsbeschreibung:

   1. Seite c antragen (→ A und B)
   2. Winkel α antragen
   3. Kreisbogen um A mit b = 7 cm (→ C)
   4. Punkte verbinden

Geometrische Flächen

Name:

Dreiecke zeichnen (2)

3. Zeichne ein Dreieck mit den folgenden Maßen:

   Geg.: c = 8 cm
   α = 50°
   β = 70°

   Planfigur:

   Konstruktionsbeschreibung:

   1.
   2.
   3.

4. Zeichne ein Dreieck mit den folgenden Maßen:

   Geg.: c = 8 cm
   β = 50°
   b = 7 cm

   Planfigur:

   Konstruktionsbeschreibung:

   1.
   2.
   3.
   4.

Geometrische Flächen

Lösungsblatt

Dreiecke zeichnen (2)

3. Zeichne ein Dreieck mit den folgenden Maßen:

   Geg.: c = 8 cm
   α = 50°
   β = 70°

   Planfigur:

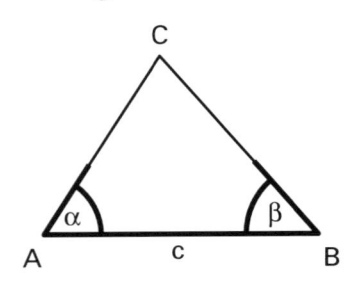

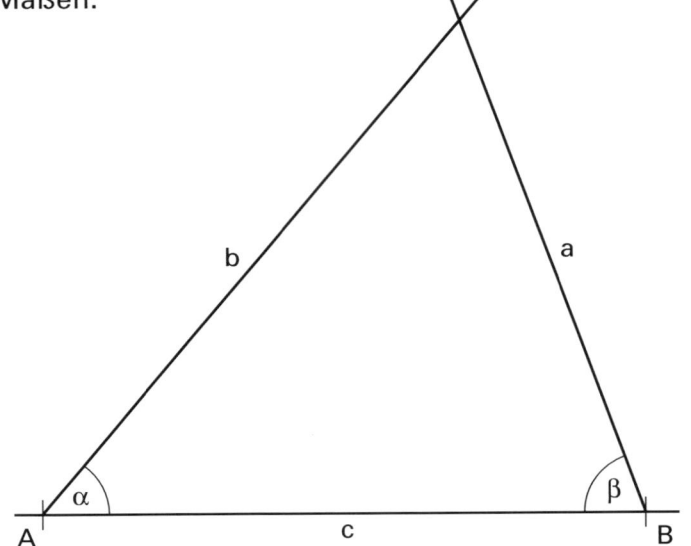

   Konstruktionsbeschreibung:

   1. Seite c antragen (→ A und B)
   2. Winkel α antragen
   3. Winkel β antragen (→ C)

4. Zeichne ein Dreieck mit den folgenden Maßen:

   Geg.: c = 8 cm
   β = 50°
   b = 7 cm

   Planfigur:

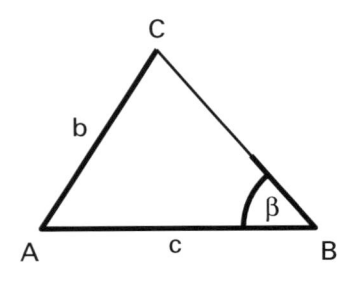

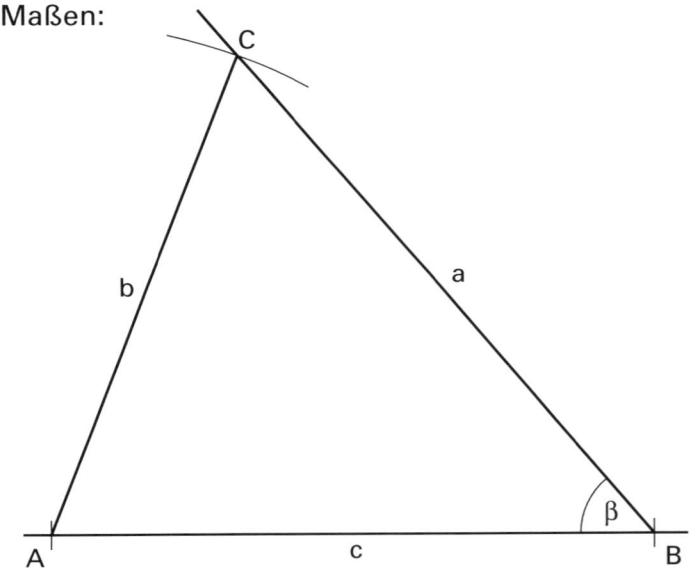

   Konstruktionsbeschreibung:

   1. Seite c antragen (→ A und B)
   2. Winkel β antragen
   3. Kreisbogen um A mit b = 7 cm (→ C)
   4. Punkte verbinden

Geometrische Flächen

Name:

Besondere Linien und Punkte im Dreieck

1. Winkelhalbierende im Dreieck
Konstruiere die Winkelhalbierenden im Dreieck! Was fällt dir auf?

Die Winkelhalbierenden schneiden sich _____.

Dieser Schnittpunkt ist zugleich der _____.

2. Mittelsenkrechte im Dreieck
Konstruiere die Mittelsenkrechten der Dreiecksseiten! Was fällt dir auf?

Die Mittelsenkrechten schneiden sich _____.

Dieser Schnittpunkt ist zugleich der _____.

3. Seitenhalbierende im Dreieck
Konstruiere die Seitenhalbierenden des Dreiecks! Was fällt dir auf?

Die Seitenhalbierenden schneiden sich _____.

Dieser Schnittpunkt ist zugleich der _____.

Geometrische Flächen — Lösungsblatt

Besondere Linien und Punkte im Dreieck

1. Winkelhalbierende im Dreieck
Konstruiere die Winkelhalbierenden im Dreieck! Was fällt dir auf?

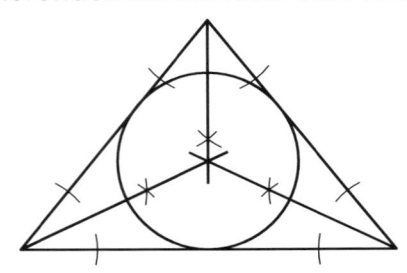

Die Winkelhalbierenden schneiden sich _____in einem Punkt_____.

Dieser Schnittpunkt ist zugleich der _____Mittelpunkt des Inkreises_____.

2. Mittelsenkrechte im Dreieck
Konstruiere die Mittelsenkrechten der Dreiecksseiten! Was fällt dir auf?

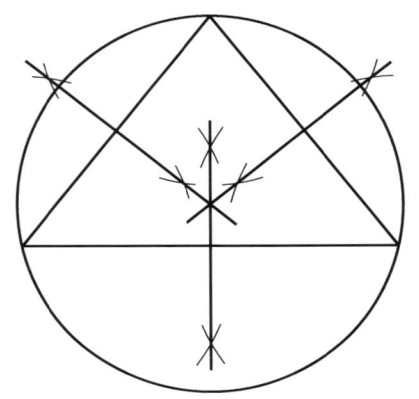

Die Mittelsenkrechten schneiden sich _____in einem Punkt_____.

Dieser Schnittpunkt ist zugleich der _____Mittelpunkt des Umkreises_____.

3. Seitenhalbierende im Dreieck
Konstruiere die Seitenhalbierenden des Dreiecks! Was fällt dir auf?

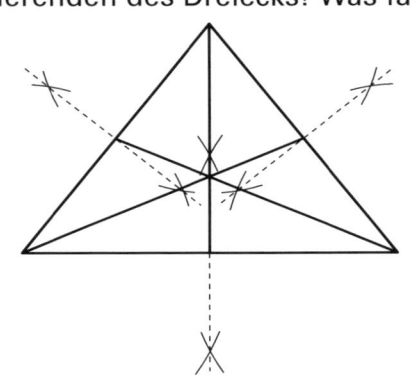

Die Seitenhalbierenden schneiden sich _____in einem Punkt_____.

Dieser Schnittpunkt ist zugleich der _____Schwerpunkt des Dreiecks_____.

Geometrische Flächen

Name:

Viercke zeichnen (1)

1. Zeichne eine Raute mit den folgenden Maßen:

   Geg.: a = 5 cm
           f = 3 cm

   Planfigur:

   Konstruktionsbeschreibung:

   1. Seite a antragen (→ A und B)
   2. Kreisbogen um A mit d = 5 cm
   3. Kreisbogen um B mit f = 3 cm (→ D)
   4. Kreisbogen um D mit c = 5 cm
   5. Kreisbogen um B mit b = 5 cm (→ C)

2. Zeichne ein Parallelogramm mit den folgenden Maßen:

   Geg.: a = 6 cm
           β = 120°
           e = 8 cm

   Planfigur:

   Konstruktionsbeschreibung:

   1. Seite a antragen (→ A und B)
   2. Winkel β antragen
   3. Kreisbogen um A mit e = 8 cm (→ C)
   4. Seite AB durch C parallel verschieben
   5. Seite BC durch A parallel verschieben (→ D)

Geometrische Flächen — Lösungsblatt

Vierecke zeichnen (1)

1. Zeichne eine Raute mit den folgenden Maßen:

   Geg.: a = 5 cm
   　　　　f = 3 cm

   Planfigur:

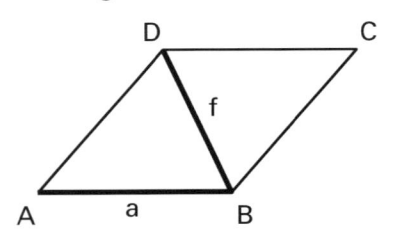

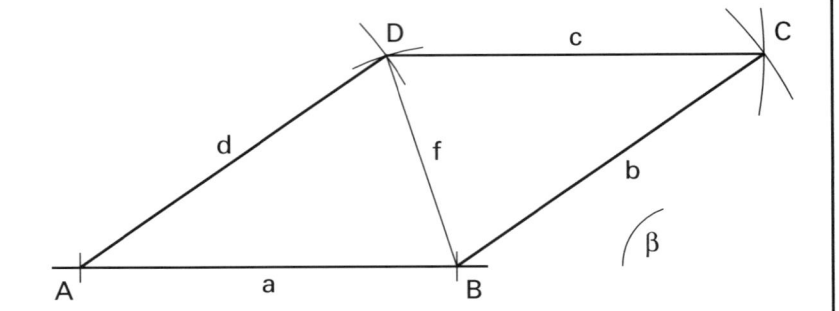

   Konstruktionsbeschreibung:

   1. Seite a antragen (→ A und B)
   2. Kreisbogen um A mit d = 5 cm
   3. Kreisbogen um B mit f = 3 cm (→ D)
   4. Kreisbogen um D mit c = 5 cm
   5. Kreisbogen um B mit b = 5 cm (→ C)

2. Zeichne ein Parallelogramm mit den folgenden Maßen:

   Geg.: a = 6 cm
   　　　　β = 120°
   　　　　e = 8 cm

   Planfigur:

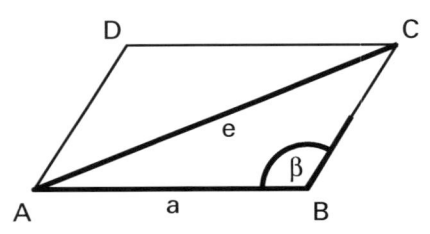

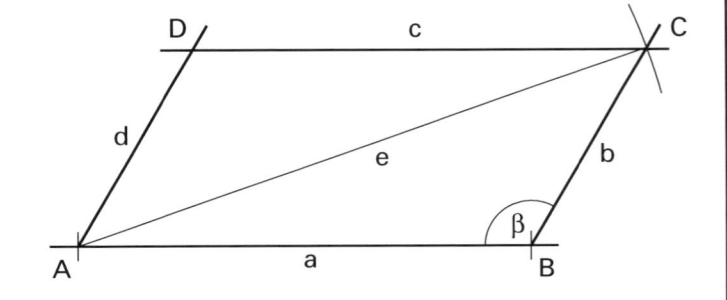

   Konstruktionsbeschreibung:

   1. Seite a antragen (→ A und B)
   2. Winkel β antragen
   3. Kreisbogen um A mit e = 8 cm (→ C)
   4. Seite AB durch C parallel verschieben
   5. Seite BC durch A parallel verschieben (→ D)

Geometrische Flächen

Name:

Vierecke zeichnen (2)

3. Zeichne einen Drachen mit den folgenden Maßen:

   Geg.: a = 3 cm
   β = 110°
   b = 6 cm

   Planfigur:

   Konstruktionsbeschreibung:

   1. Seite a antragen (→ A und B)
   2. Winkel β antragen
   3. Kreisbogen um B mit b = 6 cm (→ C)
   4. Kreisbogen um A mit d = 3 cm
   5. Kreisbogen um C mit c = 6 cm (→ D)

4. Zeichne ein unregelmäßiges Trapez mit den folgenden Maßen:

   Geg.: a = 7 cm
   α = 70°
   β = 50°
   b = 5 cm

   Planfigur:

   Konstruktionsbeschreibung:

   1. Seite a antragen (→ A und B)
   2. Winkel α antragen
   3. Winkel β antragen
   4. Kreisbogen um B mit b = 5 cm (→ C)
   5. Strecke $\overline{AB}$ durch C parallel verschieben (→ D)

Otto Mayr: Mathematik komplett 9. Klasse © Brigg Pädagogik Verlag GmbH, Augsburg

Geometrische Flächen — Lösungsblatt

Vierecke zeichnen (2)

3. Zeichne einen Drachen mit den folgenden Maßen:

   Geg.: a = 3 cm
   β = 110°
   b = 6 cm

   Planfigur:

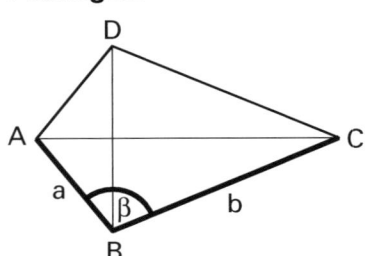

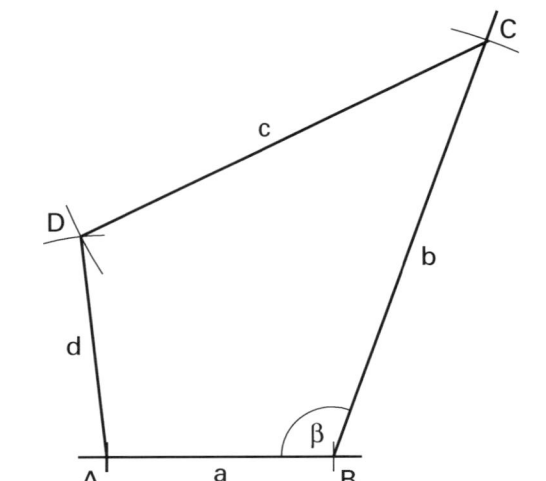

   Konstruktionsbeschreibung:

   1. Seite a antragen (→ A und B)
   2. Winkel β antragen
   3. Kreisbogen um B mit b = 6 cm (→ C)
   4. Kreisbogen um A mit d = 3 cm
   5. Kreisbogen um C mit c = 6 cm (→ D)

4. Zeichne ein unregelmäßiges Trapez mit den folgenden Maßen:

   Geg.: a = 7 cm
   α = 70°
   β = 50°
   b = 5 cm

   Planfigur:

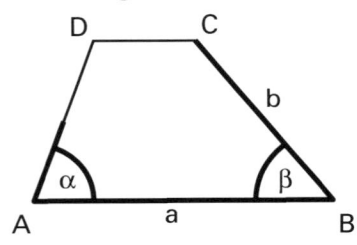

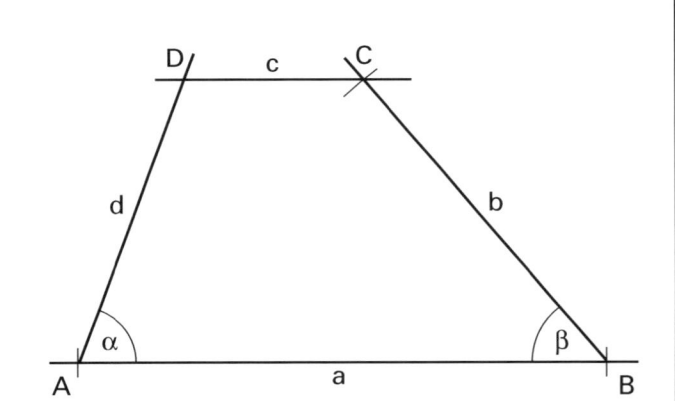

   Konstruktionsbeschreibung:

   1. Seite a antragen (→ A und B)
   2. Winkel α antragen
   3. Winkel β antragen
   4. Kreisbogen um B mit b = 5 cm (→ C)
   5. Strecke $\overline{AB}$ durch C parallel verschieben (→ D)

Geometrische Flächen

Name:

Fläche und Umfang berechnen

Berechne jeweils Fläche und Umfang!

Geometrische Flächen — Lösungsblatt

Fläche und Umfang berechnen

Berechne jeweils Fläche und Umfang!

$A = a \cdot a$

$A = 4{,}5 \text{ cm} \cdot 4{,}5 \text{ cm}$

$A = \underline{\underline{\ 20{,}25 \text{ cm}^2\ }}$

$U = 4{,}5 \text{ cm} \cdot 4$

$U = \underline{\underline{\ 18 \text{ cm}\ }}$

$A = a \cdot b$

$A = 6 \text{ cm} \cdot 3{,}5 \text{ cm}$

$A = \underline{\underline{\ 21 \text{ cm}^2\ }}$

$U = 2(a + b)$

$U = 2(6 \text{ cm} + 3{,}5 \text{ cm})$

$U = 2 \cdot 9{,}5 \text{ cm}$

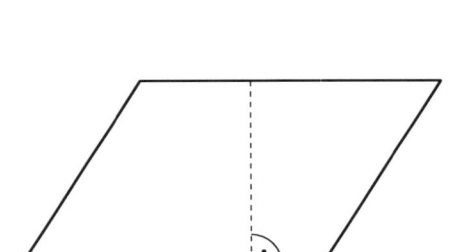

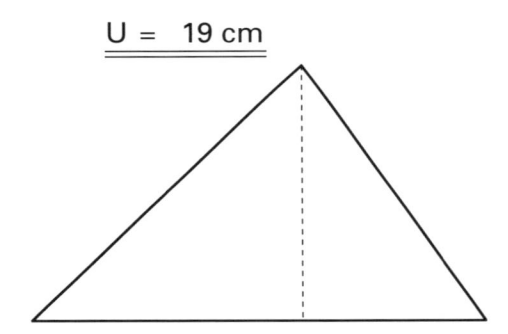

$U = \underline{\underline{\ 19 \text{ cm}\ }}$

$A = a \cdot h$

$A = 4 \text{ cm} \cdot 2{,}5 \text{ cm}$

$A = \underline{\underline{\ 10 \text{ cm}^2\ }}$

$U = 2(a + b)$

$U = 2(4 \text{ cm} + 3 \text{ cm})$

$U = 2 \cdot 7 \text{ cm}$

$U = \underline{\underline{\ 14 \text{ cm}\ }}$

$A = \dfrac{g \cdot h}{2}$

$A = \dfrac{6 \text{ cm} \cdot 3{,}5}{2}$

$A = \underline{\underline{\ 10{,}5 \text{ cm}^2\ }}$

$U = a + b + c$

$U = 6 \text{ cm} + 5 \text{ cm} + 4{,}2 \text{ cm}$

$U = \underline{\underline{\ 15{,}2 \text{ cm}\ }}$

Geometrische Flächen

Name:

Regelmäßige Vielecke zeichnen

1. Zeichne ein regelmäßiges Achteck mit r = 4 cm!

   Konstruktionsbeschreibung:

   1. Radius antragen (→ M und P_1)
   2. Kreis mit r = 4 cm zeichnen
   3. Mittelpunktswinkel (MW) an den Radius antragen (→ P_2)

      Berechnung MW:

      $$MW = \frac{360°}{\text{Anzahl der Ecken}}$$

      $$MW = \frac{360°}{8} = 45°$$

   4. Die Strecke $\overline{P_1P_2}$ weitere 7-mal auf der Kreislinie antragen
   5. Eckpunkte miteinander verbinden

2. Zeichne ein regelmäßiges Fünfeck mit s = 5 cm!

   Konstruktionsbeschreibung:

   1. Seite s antragen (P_1 und P_2)
   2. Basiswinkel BW antragen (→ M)

      Berechnung BW:

      $$BW = \frac{180° - MW}{2} = \frac{180° - 72°}{2}$$

      $$\left(MW = \frac{360°}{5} = 72°\right)$$

      $$BW = \frac{108°}{2} = 54°$$

   3. Kreis mit erhaltenem Radius r zeichnen
   4. Die Seite s weitere 4-mal auf der Kreislinie abtragen
   5. Eckpunkte miteinander verbinden

Geometrische Flächen — Lösungsblatt

Regelmäßige Vielecke zeichnen

1. Zeichne ein regelmäßiges Achteck mit r = 4 cm!

Konstruktionsbeschreibung:

1. Radius antragen (→ M und P_1)
2. Kreis mit r = 4 cm zeichnen
3. Mittelpunktswinkel (MW) an den Radius antragen (→ P_2)

   Berechnung MW:

   $$MW = \frac{360°}{\text{Anzahl der Ecken}}$$

   $$MW = \frac{360°}{8} = 45°$$

4. Die Strecke $\overline{P_1P_2}$ weitere 7-mal auf der Kreislinie antragen
5. Eckpunkte miteinander verbinden

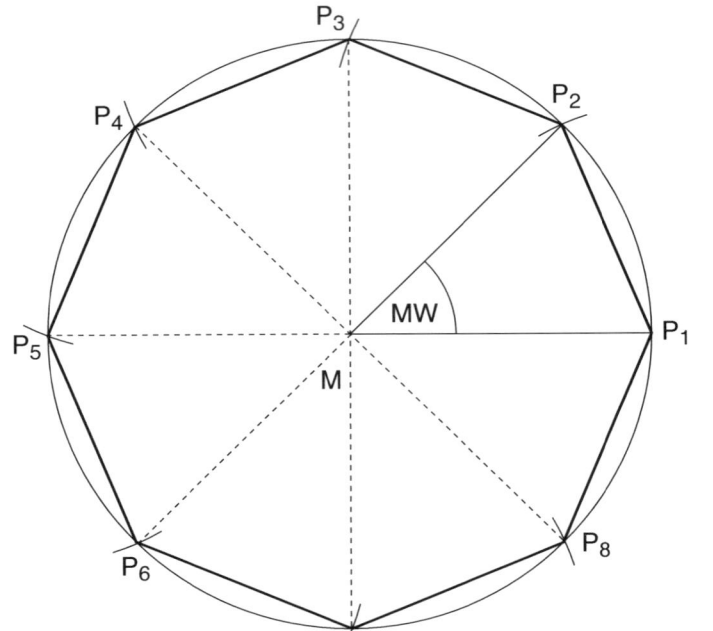

2. Zeichne ein regelmäßiges Fünfeck mit s = 5 cm!

Konstruktionsbeschreibung:

1. Seite s antragen (P_1 und P_2)
2. Basiswinkel BW antragen (→ M)

   Berechnung BW:

   $$BW = \frac{180° - MW}{2} = \frac{180° - 72°}{2}$$

   $$\left(MW = \frac{360°}{5} = 72°\right)$$

   $$BW = \frac{108°}{2} = 54°$$

3. Kreis mit erhaltenem Radius r zeichnen
4. Die Seite s weitere 4-mal auf der Kreislinie abtragen
5. Eckpunkte miteinander verbinden

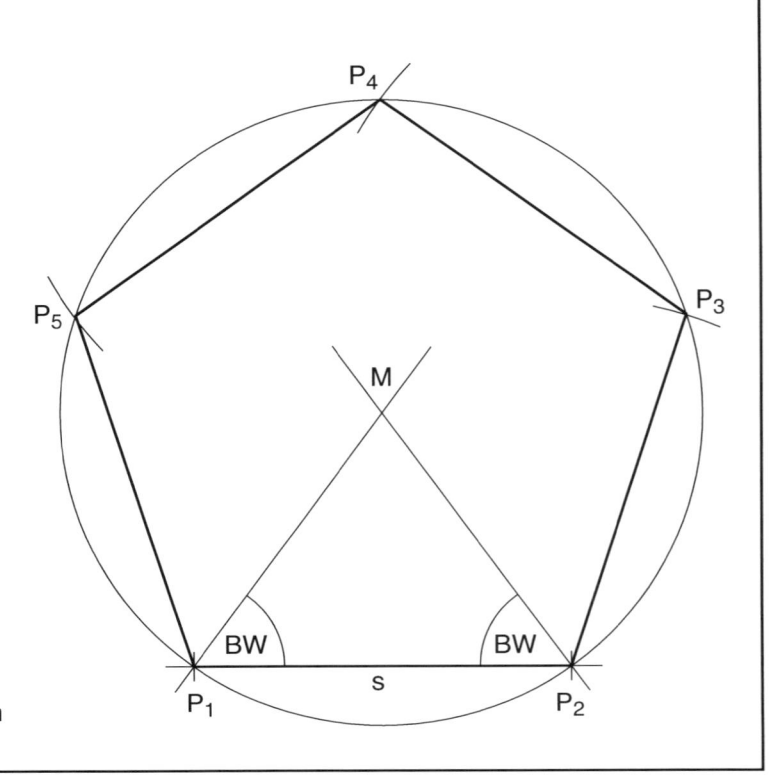

Geometrische Flächen	Name:

Lernzielkontrolle R 9

1. Die Strecke $\overline{AB}$ (= 10 cm) ist Durchmesser eines Kreises k um den Mittelpunkt M.

   a) Bestimme den Mittelpunkt M und zeichne den Kreis!

   b) Der Punkt C liegt auf der Kreislinie von k und bildet zusammen mit den Punkten A und B das Dreieck ABC. Zeichne das Dreieck ABC mit der Strecke $\overline{BC}$ = 3 cm!

   c) Zeichne die Parallele p zur Strecke $\overline{BC}$ durch den Punkt A!

   d) Der Punkt D auf der Parallele p ergänzt das Dreieck ABC zu Parallelogramm ABCD. Zeichne dieses Parallelogramm!

2. Konstruiere ein Dreieck mit folgenden Maßen:

   c = 8 cm, α = 70°, a = 9 cm!

3. Konstruiere ein Parallelogramm mit folgenden Maßen:

   a = 7 cm, β = 120°, e = 10 cm!

4. Gegeben ist ein symmetrisches Trapez mit den Maßen a = 6 cm, β = 60° und d = 3 cm. Kreuze die richtigen Aussagen an (keine Konstruktion!):

   ○ α = 60°   ○ c = 3 cm   ○ b = 3 cm   ○ e > f
   ○ α = 120°   ○   ○ b = 6 cm   ○ e = f
                                                              ○ e < f

5. Konstruiere ein Trapez mit den Maßen a = 8 cm, h_a = 3 cm, α = 50°, b = 3,5 cm!

6. Konstruiere ein regelmäßiges Fünfeck mit r = 5 cm!

7. Konstruiere ein regelmäßiges Neuneck mit s = 4 cm!

Geometrische Flächen — Lösungsblatt

Lernzielkontrolle R 9

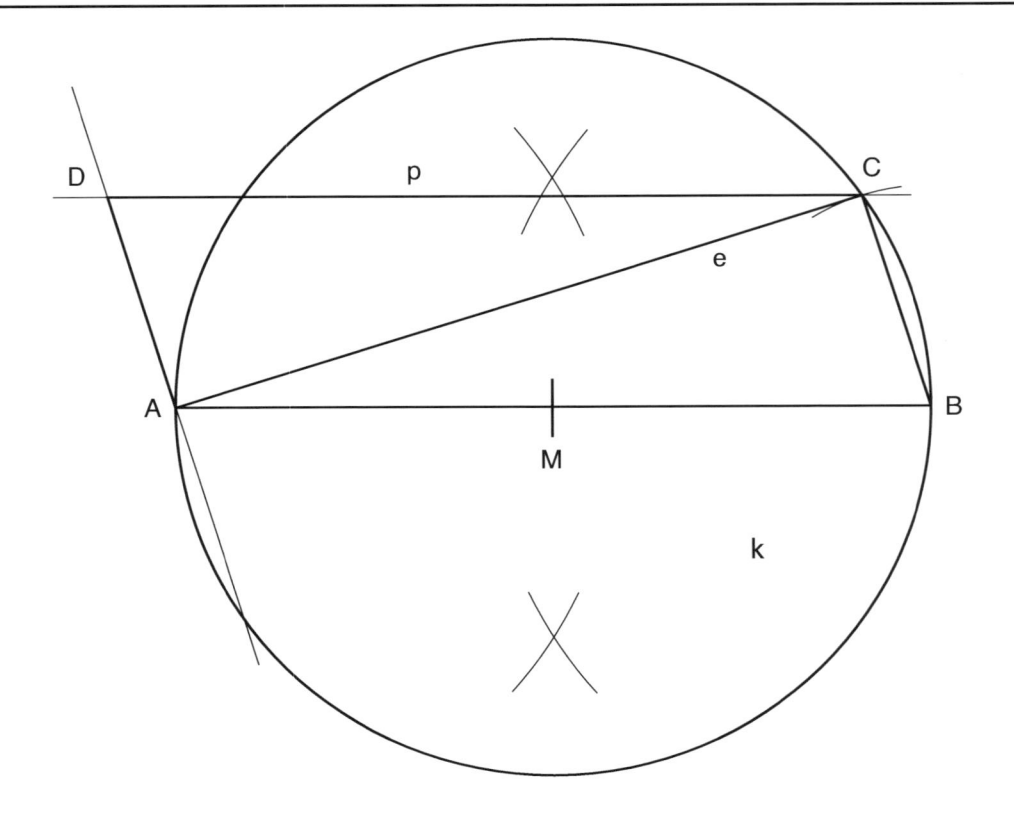

1.

a) **1** b) **1** c) **1** d) Parallelverschiebung und/oder Zirkel **2**

e) Diagonale + Winkelhalbierende **2**

7 P

2. *Geg.:* c = 8 cm
α = 70°
a = 9 cm

+1: Benennung/exakte Zeichnung!

4 P

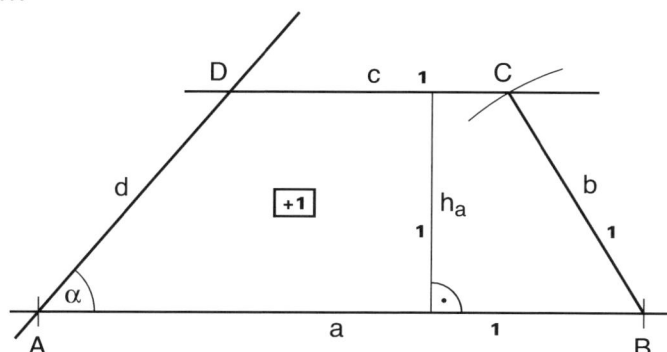

Geometrische Flächen — Lösungsblatt

Lernzielkontrolle R 9

3. *Geg.:* a = 7 cm
   β = 120°
   e = 10 cm

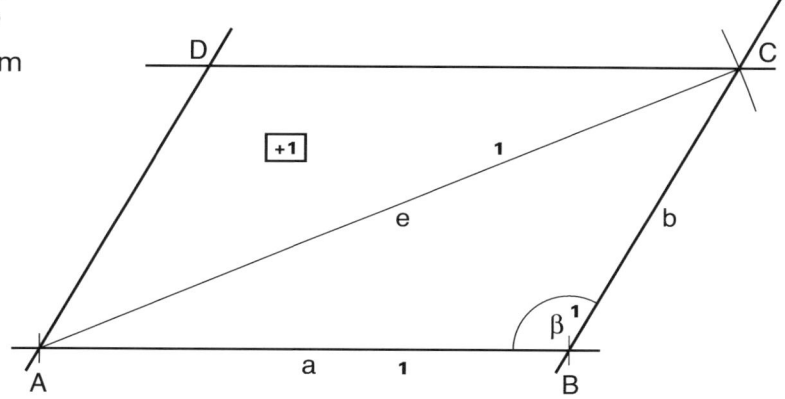

[4 P]

4. Gegeben ist ein symmetrisches Trapez mit den Maßen a = 6 cm, β = 60° und d = 3 cm. Kreuze die richtigen Aussagen an (keine Konstruktion!):

   ☒ α = 60°   ◯ c = 3 cm   ☒ b = 3 cm   ◯ e > f
   ◯ α = 120°   ◯ b = 6 cm   ☒ e = f
                                                       ◯ e < f   8x ½

[4 P]

5. *Geg.:* a = 8 cm
   h_a = 3 cm
   α = 50°
   b = 3,5 cm

[5 P]

Otto Mayr: Mathematik komplett 9. Klasse © Brigg Pädagogik Verlag GmbH, Augsburg

Geometrische Flächen

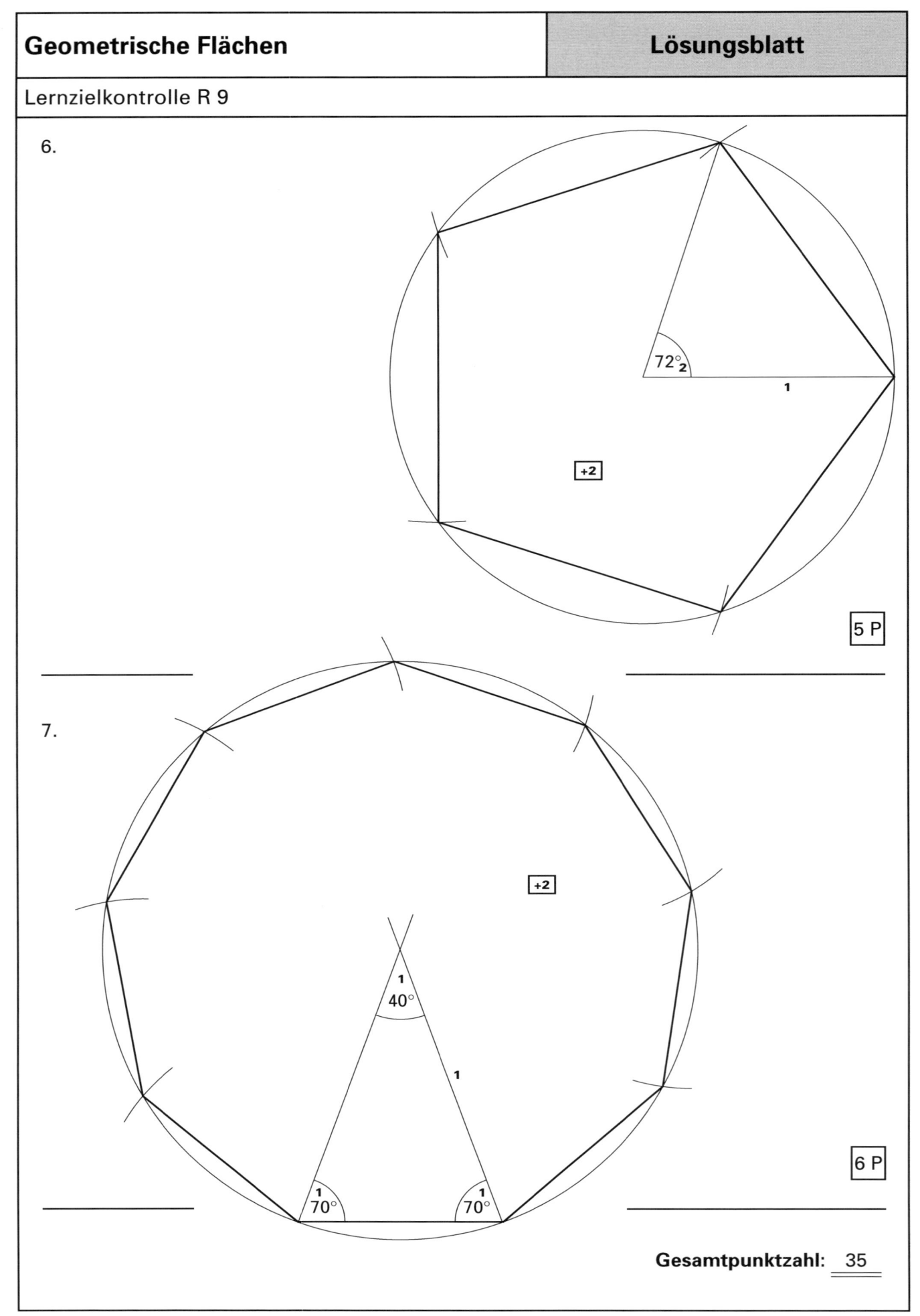

Lösungsblatt

Lernzielkontrolle R 9

6.

[5 P]

7.

[6 P]

Gesamtpunktzahl: 35

Geometrische Flächen

Name:

Lernzielkontrolle M 9

1. Der Punkt A hat von einem Punkt B den Abstand 10 cm. Die Strecke $\overline{AB}$ ist Durchmesser eines Kreises um den Mittelpunkt M.

   a) Bestimme den Mittelpunkt M und zeichne den Kreis!

   b) Der Punkt C liegt auf der Kreislinie von k und bildet zusammen mit den Punkten A und B das Dreieck ABC.
   Zeichne das Dreieck ABC so, dass die Strecke $\overline{BC}$ genau halb so lang ist wie die Strecke $\overline{BM}$.

   c) Zeichne die Parallele p zur Strecke $\overline{BC}$ durch den Punkt A!

   d) Der Punkt D auf der Parallele p ergänzt das Dreieck ABC zum Parallelogramm ABCD. Zeichne dieses Parallelogramm!

   e) Entspricht die Winkelhalbierende des Winkel BAD der Diagonalen e?
   Kläre durch Konstruktion!

2. Konstruiere ein Dreieck mit folgenden Maßen:

   $c = 8$ cm, $\alpha = 70°$, $a = 9$ cm!

3. Konstruiere ein Parallelogramm mit folgenden Maßen:

   $a = 7$ cm, $\beta = 120°$, $e = 10$ cm!

4. Gegeben ist ein symmetrisches Trapez mit den Maßen $a = 6$ cm, $\beta = 60°$ und $d = 3$ cm.
   Kreuze die richtigen Aussagen an (keine Konstruktion!):

○ $\alpha = 60°$	○ $c = 3$ cm	○ $b = 3$ cm	○ $e > f$
○ $\alpha = 120°$	○ $c = 6$ cm	○ $b = 6$ cm	○ $e = f$
○ $\alpha > 60°$	○ $c < 6$ cm	○ $b < 3$ cm	○ $e < f$

5. Konstruiere ein Trapez mit den Maßen $a = 8$ cm, $h_a = 3$ cm, $\alpha = 50°$, $b = 3{,}5$ cm!

6. Konstruiere ein regelmäßiges Fünfeck mit einem Schenkel r des Bestimmungsdreiecks!
   Der Schenkel misst dabei 5 cm.

7. Konstruiere ein regelmäßiges Neuneck mit $s = 4$ cm!

Geometrische Flächen

Lösungsblatt

Lernzielkontrolle M 9

1.

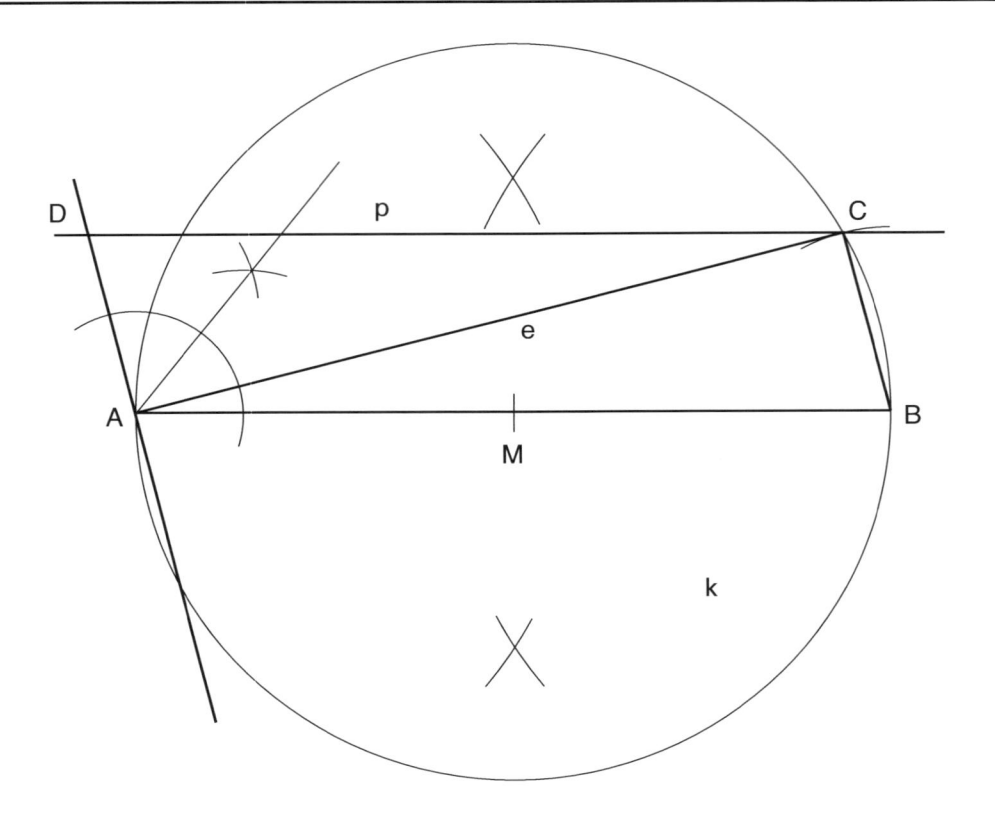

a) **1**   b) **1**   c) **1**   d) Parallelverschiebung und/oder Zirkel **2**

e) Diagonale + Winkelhalbierende **2**

7 P

2. *Geg.:* c = 8 cm
α = 70°
a = 9 cm

+1: Benennung/exakte Zeichnung!

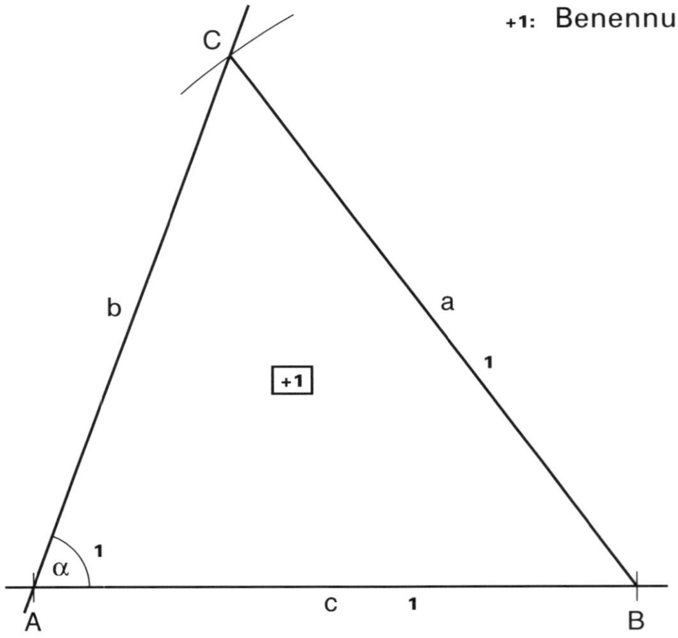

+1

4 P

Geometrische Flächen — Lösungsblatt

Lernzielkontrolle M 9

3. *Geg.:* a = 7 cm
 β = 120°
 e = 10 cm

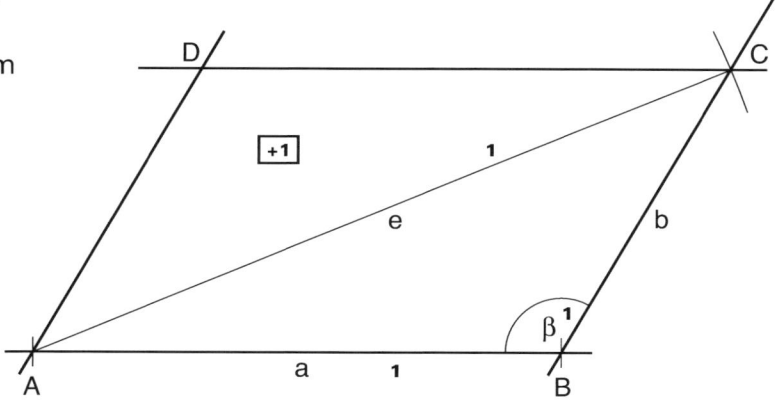

[4 P]

---

4. Gegeben ist ein symmetrisches Trapez mit den Maßen a = 6 cm, β = 60° und d = 3 cm. Kreuze die richtigen Aussagen an (keine Konstruktion!):

- ☒ α = 60°
- ◯ α = 120°
- ◯ α > 60°

- ◯ c = 3 cm
- ◯ c = 6 cm
- ◯ c < 6 cm

- ☒ b = 3 cm
- ◯ b = 6 cm
- ◯ b < 3 cm

- ◯ e > f
- ☒ e = f
- ◯ e < f   8x ½

[4 P]

---

5. *Geg.:* a = 8 cm
 h_a = 3 cm
 α = 50°
 b = 3,5 cm

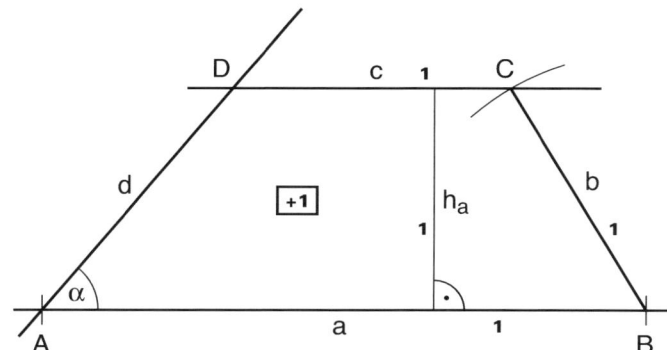

[5 P]

Geometrische Flächen

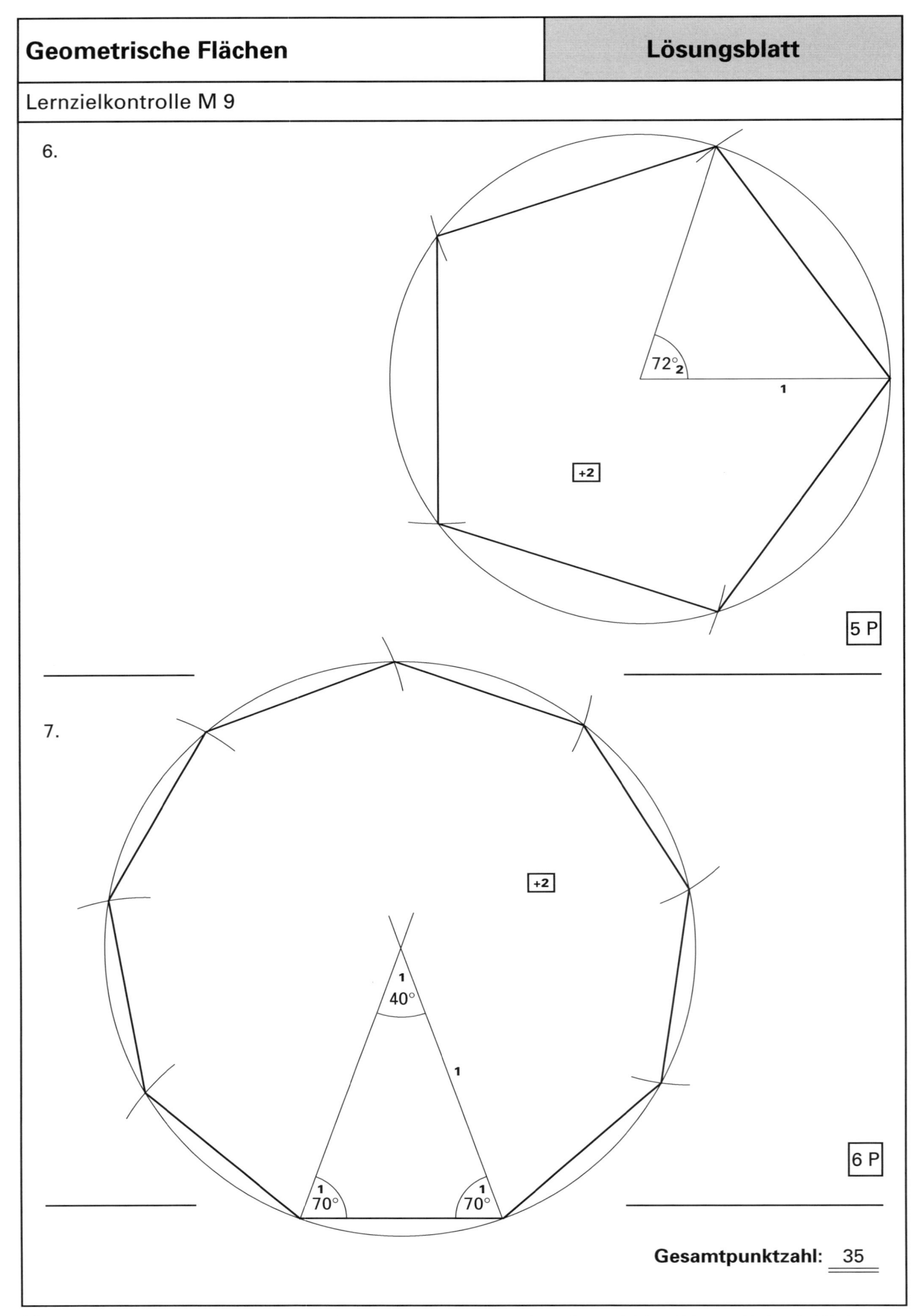

Lösungsblatt

Lernzielkontrolle M 9

6.

72° 2
1
+2

5 P

7.

+2
1
40°
1
70° 70°
1

6 P

Gesamtpunktzahl: 35

Geometrische Flächen

Name:

Figuren vergrößern – Figuren verkleinern

Vergrößere das Dreieck durch zentrische Streckung (Streckungsfaktor k = 2 und 3)!

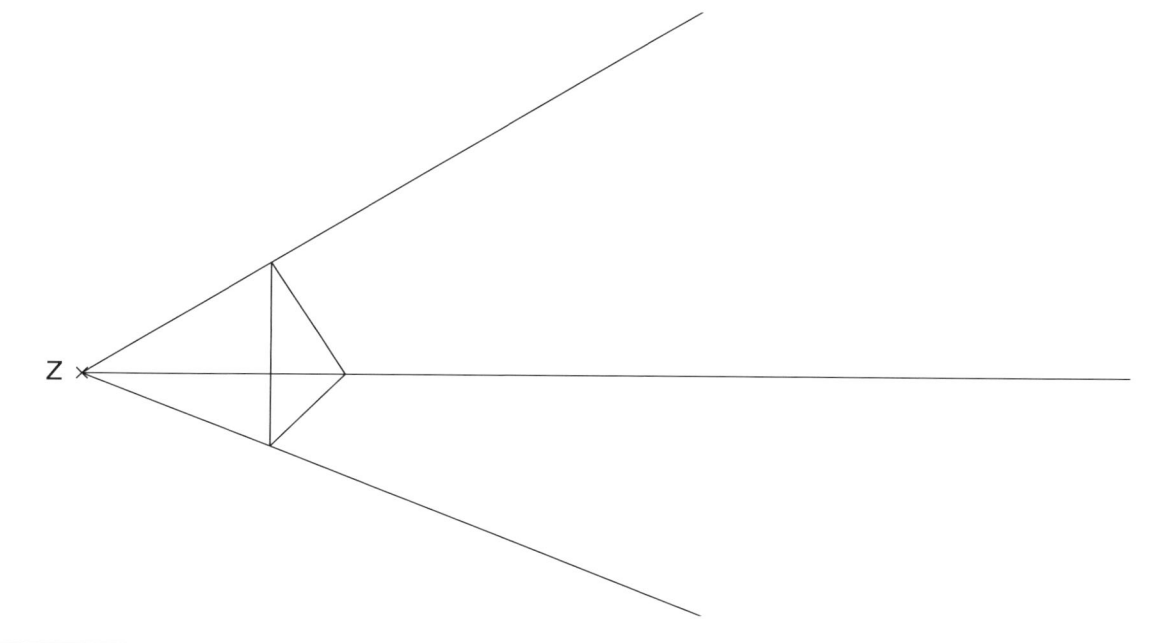

Wir erkennen:

1. Die zentrische Streckung ist festgelegt durch das _____ und den _____.

2. Wird von einem Punkt Z aus vergrößert (verkleinert), befinden sich die entsprechenden Punkte auf Halbgeraden, die _____. Dabei vergrößern (verkleinern) sich alle Abstände von Z _____.

3. Durch die zentrische Streckung entstehen _____.

4. Ist der Streckungsfaktor größer als 1 (k > 1), dann wir die Figur _____, ist der Streckungsfaktor kleiner als 1 (k < 1), dann wir die Figur _____.

5. Die Winkel bleiben bei der zentrischen Streckung _____.

Verkleinere das Dreieck durch zentrische Streckung (k = 0,5)!

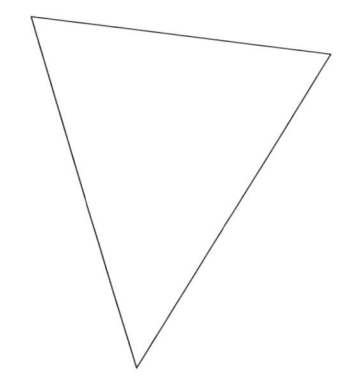

Geometrische Flächen — Lösungsblatt

Figuren vergrößern – Figuren verkleinern

Vergrößere das Dreieck durch zentrische Streckung (Streckungsfaktor k = 2 und 3)!

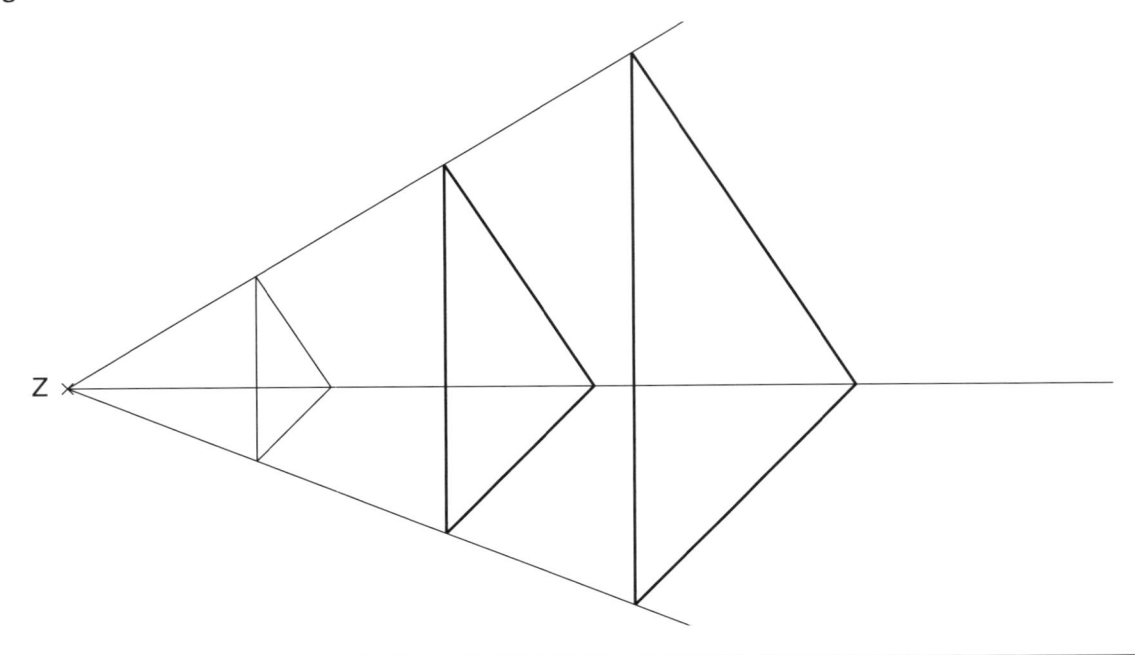

Wir erkennen:

1. Die zentrische Streckung ist festgelegt durch das __Streckungszentrum Z__ und den __Streckungsfaktor k__.
2. Wird von einem Punkt Z aus vergrößert (verkleinert), befinden sich die entsprechenden Punkte auf Halbgeraden, die __von Z ausgehen__. Dabei vergrößern (verkleinern) sich alle Abstände von Z __im gleichen Verhältnis__.
3. Durch die zentrische Streckung entstehen __ähnliche Figuren__.
4. Ist der Streckungsfaktor größer als 1 (k > 1), dann wir die Figur __vergrößert__, ist der Streckungsfaktor kleiner als 1 (k < 1), dann wir die Figur __verkleinert__.
5. Die Winkel bleiben bei der zentrischen Streckung __gleich groß__.

Verkleinere das Dreieck durch zentrische Streckung (k = 0,5)!

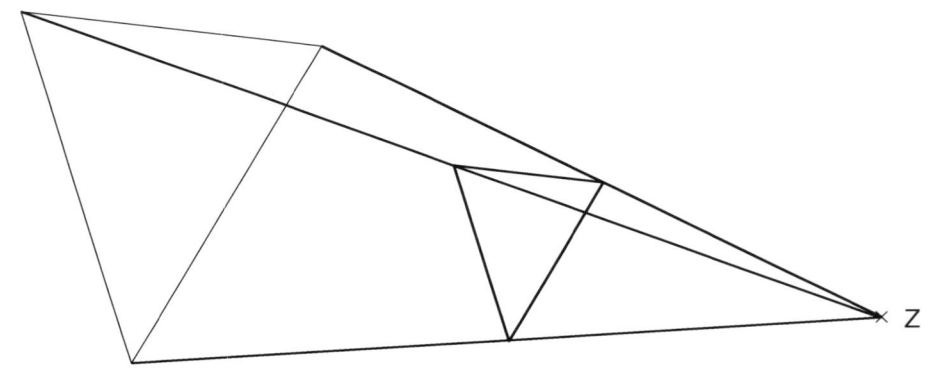

Geometrische Flächen

Name:

Ähnliche Figuren (M 9)

Das Rechteck wurde durch zentrische Streckung mit dem Streckungsfaktor 2 vergrößert.
Wie verändern sich dabei Winkel, Seitenlängen und Flächeninhalt?

A = _____

A = _____

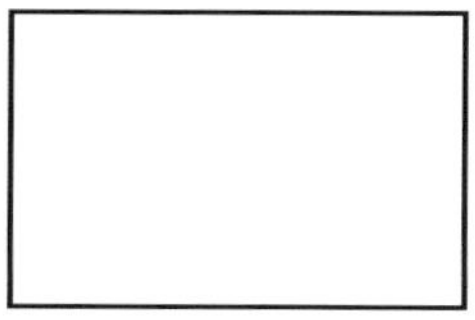

k = 2

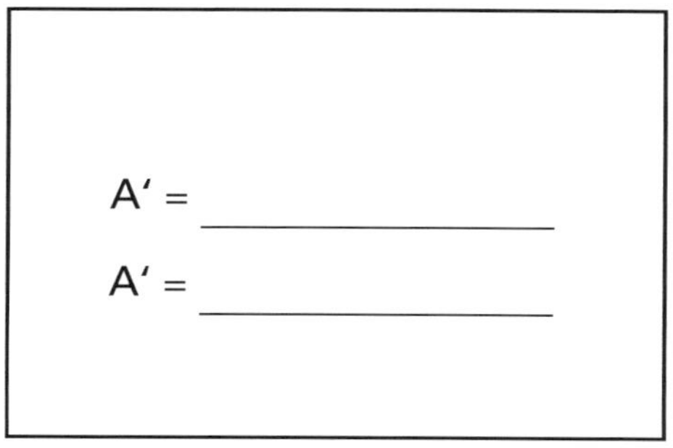

A' = _____

A' = _____

Wir erkennen:

1. In ähnlichen Figuren sind entsprechende Winkel _____ .

2. In ähnlichen Figuren sind alle Seiten der Bildfigur _____ so lang wie die entsprechenden Seiten der Originalfigur.

   Parallele Seiten der Originalfigur sind auch in der Bildfigur _____ .

3. In ähnlichen Figuren ist der Flächeninhalt der Bildfigur genau _____ so groß wie der Flächeninhalt der Originalfigur:

   _____

Ergänze die fehlenden Angaben:

Streckungsfaktor 3:

$\overline{ZA}$ = 2 cm _____

$\overline{ZB}$ = 4 cm _____

$\overline{ZC}$ = 10 cm _____

A = 6 cm² _____

A = $\dfrac{3\,\text{cm} \cdot 1{,}5\,\text{cm}}{2}$

A = 2,25 cm²

k = 3

Streckungsfaktor 0,5:

$\overline{ZA}$ = 4 cm _____

$\overline{ZB}$ = 6 cm _____

$\overline{ZC}$ = 10 cm _____

A = 80 cm _____

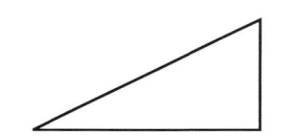

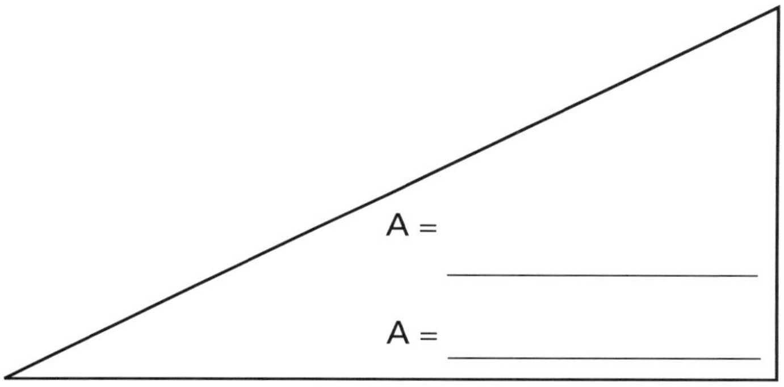

A = _____

A = _____

Geometrische Flächen — Lösungsblatt

Ähnliche Figuren (M 9)

Das Rechteck wurde durch zentrische Streckung mit dem Streckungsfaktor 2 vergrößert. Wie verändern sich dabei Winkel, Seitenlängen und Flächeninhalt?

A = 3 cm · 2 cm
A = 6 cm²

k = 2

A' = 6 cm · 4 cm
A' = 24 cm²

Wir erkennen:

1. In ähnlichen Figuren sind entsprechende Winkel __gleich groß__.

2. In ähnlichen Figuren sind alle Seiten der Bildfigur __k-mal__ so lang wie die entsprechenden Seiten der Originalfigur.

   Parallele Seiten der Originalfigur sind auch in der Bildfigur __parallel__.

3. In ähnlichen Figuren ist der Flächeninhalt der Bildfigur genau __k²-mal__ so groß wie der Flächeninhalt der Originalfigur:

   $$A' = A \cdot k^2$$

Ergänze die fehlenden Angaben:

Streckungsfaktor 3:

$\overline{ZA}$ = 2 cm $\overline{Z'A'}$ = 6 cm
$\overline{ZB}$ = 4 cm $\overline{Z'B'}$ = 12 cm
$\overline{ZC}$ = 10 cm $\overline{Z'C'}$ = 30 cm
A = 6 cm²   A' = 54 cm²

Streckungsfaktor 0,5:

$\overline{ZA}$ = 4 cm $\overline{Z'A'}$ = 2 cm
$\overline{ZB}$ = 6 cm $\overline{Z'B'}$ = 3 cm
$\overline{ZC}$ = 10 cm $\overline{Z'C'}$ = 5 cm
A = 80 cm   A' = 20 cm²

$$A = \frac{3\,\text{cm} \cdot 1{,}5\,\text{cm}}{2}$$

A = 2,25 cm²

k = 3

$$A = \frac{9\,\text{cm} \cdot 4{,}5\,\text{cm}}{2}$$

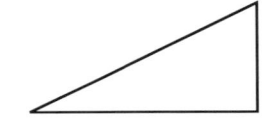

A = 20,25 cm²

Geometrische Flächen

Name:

Der Thaleskreis (M 9)

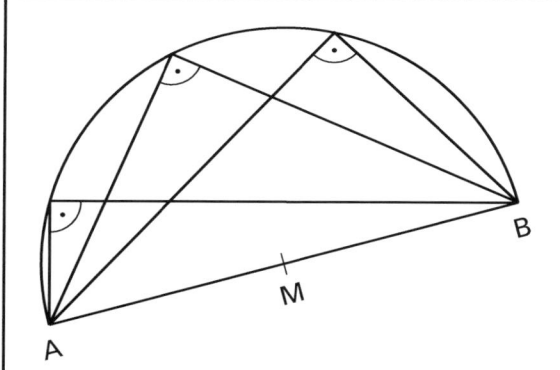

Thales von Milet (geb. um 625, gest. um 545 v. Chr.) war ein griechischer Philosoph und gilt als einer der „Sieben Weisen".

Ihm wird ein wichtiger geometrischer Lehrsatz zugeschrieben, der den sogenannten Thaleskreis beschreibt. Der Lehrsatz lautet:

Alle Dreiecke, deren Scheitelpunkt auf dem Halbkreis über einer Strecke $\overline{AB}$ liegt, sind rechtwinkelige Dreiecke (s. Skizze)!

Für den Lehrsatz gibt es verschiedene Beweisführungen. Hier der Beweis über die Punktsymmetrie des Kreises:

1. Über die Strecke $\overline{AB}$ wird ein Halbkreis mit dem Radius $\overline{MA}$ gezeichnet.

2. Nun entsteht durch einen beliebig auf dem Kreis gewählten Punkt C das Dreieck ABC.

3. Anschließend wird der Punkt C am Mittelpunkt M gespiegelt (→ C').

4. Es gilt: $\overline{MA} = \overline{MC} = \overline{MB} = \overline{MC'}$, da alle diese Strecken Radien des Kreises sind.

5. Damit sind die Diagonalen AB und CC' des Vierecks AC'BC gleich lang und ihr Schnittpunkt teilt sie in je zwei gleich lange Teile.

6. Ein Viereck mit gleich langen Diagonalen, die sich in der Mitte schneiden, ist ein Rechteck. Daraus folgt, dass alle Innenwinkel des Dreiecks, insbesondere ACB, (aber auch AC'B) rechte Winkel sind.

Zeichne weiter zwei rechtwinklige Dreiecke in den Thaleskreis ein!

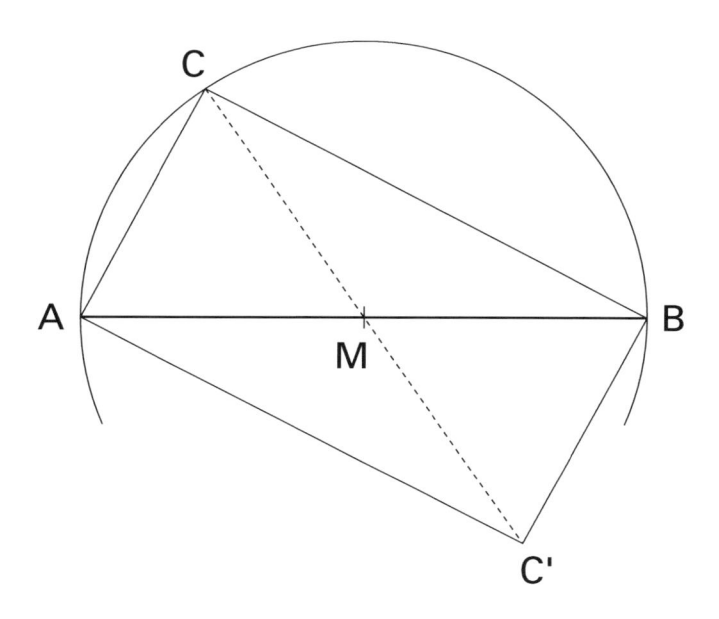

Geometrische Flächen

Lösungsblatt

Der Thaleskreis (M 9)

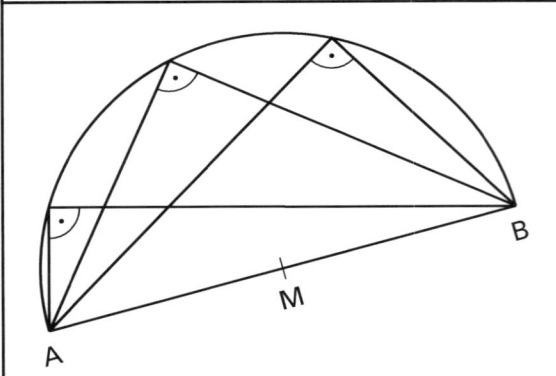

Thales von Milet (geb. um 625, gest. um 545 v. Chr.) war ein griechischer Philosoph und gilt als einer der „Sieben Weisen".

Ihm wird ein wichtiger geometrischer Lehrsatz zugeschrieben, der den sogenannten Thaleskreis beschreibt. Der Lehrsatz lautet:

Alle Dreiecke, deren Scheitelpunkt auf dem Halbkreis über einer Strecke $\overline{AB}$ liegt, sind rechtwinkelige Dreiecke (s. Skizze)!

Für den Lehrsatz gibt es verschiedene Beweisführungen. Hier der Beweis über die Punktsymmetrie des Kreises:

1. Über die Strecke $\overline{AB}$ wird ein Halbkreis mit dem Radius $\overline{MA}$ gezeichnet.
2. Nun entsteht durch einen beliebig auf dem Kreis gewählten Punkt C das Dreieck ABC.
3. Anschließend wird der Punkt C am Mittelpunkt M gespiegelt (→ C').
4. Es gilt: $\overline{MA} = \overline{MC} = \overline{MB} = \overline{MC'}$, da alle diese Strecken Radien des Kreises sind.
5. Damit sind die Diagonalen AB und CC' des Vierecks AC'BC gleich lang und ihr Schnittpunkt teilt sie in je zwei gleich lange Teile.
6. Ein Viereck mit gleich langen Diagonalen, die sich in der Mitte schneiden, ist ein Rechteck. Daraus folgt, dass alle Innenwinkel des Dreiecks, insbesondere ACB, (aber auch AC'B) rechte Winkel sind.

Zeichne weiter zwei rechtwinklige Dreiecke in den Thaleskreis ein!

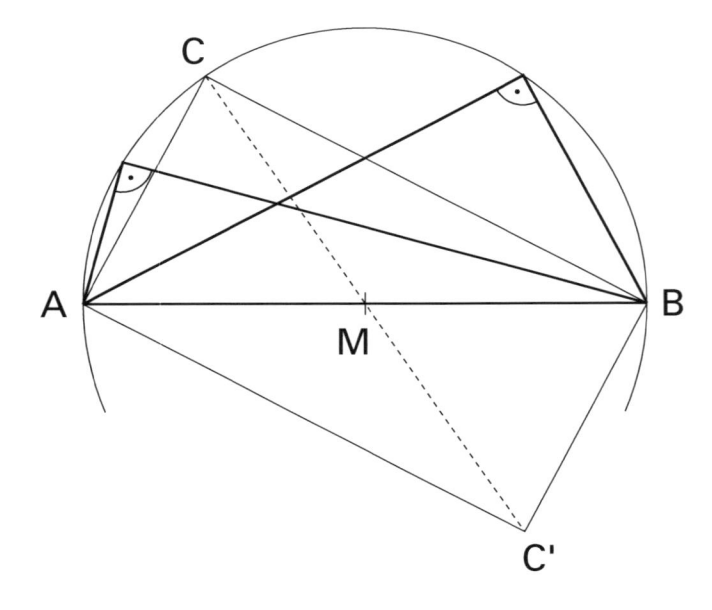

Geometrische Flächen

Name:

Der Satz des Pythagoras

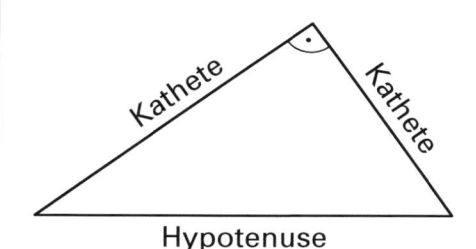

Pythagoras, griechischer Philosoph aus Samos, lebte ca. 500 vor Chr. Die Mathematik verdankt ihm wichtige Erkenntnisse, so den Satz des Pythagoras. Er lautet:
In einem rechtwinkeligen Dreieck ist die Summe der Kathetenquadrate gleich dem Hypotenusenquadrat.

Für den Lehrsatz des Pythagoras gibt es verschiedene Beweisführungen. Hier der Beweis über die Auszählung der Quadratgrößen:

1. Es wird ein Dreieck mit den Maßen c = 5 cm, a = 4 cm und b = 3 cm gezeichnet.
2. Nun werden die Quadrate über die beiden Katheten und die Hypothenuse gezeichnet.
3. Anschließend werden die Flächen der einzelnen Quadrate berechnet.
4. Erkenntnis: Die Summe der Flächen der beiden Kathetenquadrate ist gleich der Fläche des Hypothenusenquadrates.
5. Die Grundformel des Lehrsatzes des Pythagoras lautet demzufolge:

$$c^2 = a^2 + b^2$$

Stelle dieses Ergebnis in Zahlen dar und stelle die Formel um!

$c^2 = a^2 + b^2$

$a^2 = c^2 - b^2$

$b^2 = c^2 - a^2$

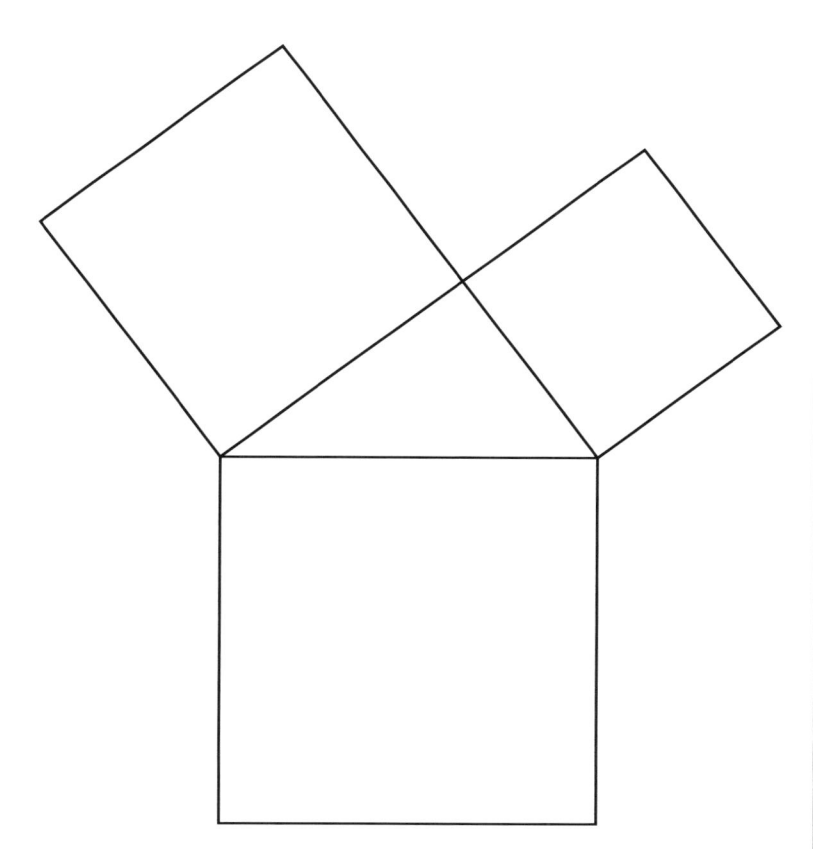

Geometrische Flächen — Lösungsblatt

Der Satz des Pythagoras

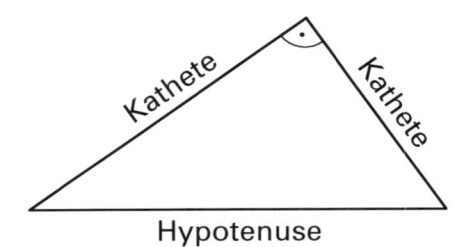

Pythagoras, griechischer Philosoph aus Samos, lebte ca. 500 vor Chr. Die Mathematik verdankt ihm wichtige Erkenntnisse, so den Satz des Pythagoras. Er lautet:

In einem rechtwinkeligen Dreieck ist die Summe der Kathetenquadrate gleich dem Hypotenusenquadrat.

Für den Lehrsatz des Pythagoras gibt es verschiedene Beweisführungen. Hier der Beweis über die Auszählung der Quadratgrößen:

1. Es wird ein Dreieck mit den Maßen c = 5 cm, a = 4 cm und b = 3 cm gezeichnet.
2. Nun werden die Quadrate über die beiden Katheten und die Hypothenuse gezeichnet.
3. Anschließend werden die Flächen der einzelnen Quadrate berechnet.
4. Erkenntnis: Die Summe der Flächen der beiden Kathetenquadrate ist gleich der Fläche des Hypothenusenquadrates.
5. Die Grundformel des Lehrsatzes des Pythagoras lautet demzufolge:

$$c^2 = a^2 + b^2$$

Stelle dieses Ergebnis in Zahlen dar und stelle die Formel um!

$c^2 = a^2 + b^2$
$(5\text{ cm})^2 = (3\text{ cm})^2 + (4\text{ cm})^2$
$25\text{ cm}^2 = 9\text{ cm}^2 + 16\text{ cm}^2$
$25\text{ cm}^2 = 25\text{ cm}^2$

$a^2 = c^2 - b^2$
$(3\text{ cm})^2 = (5\text{ cm})^2 - (4\text{ cm})^2$
$9\text{ cm}^2 = 25\text{ cm}^2 - 16\text{ cm}^2$
$9\text{ cm}^2 = 9\text{ cm}^2$

$b^2 = c^2 - a^2$
$(4\text{ cm})^2 = (5\text{ cm})^2 - (3\text{ cm})^2$
$16\text{ cm}^2 = 25\text{ cm}^2 - 9\text{ cm}^2$
$16\text{ cm}^2 = 16\text{ cm}^2$

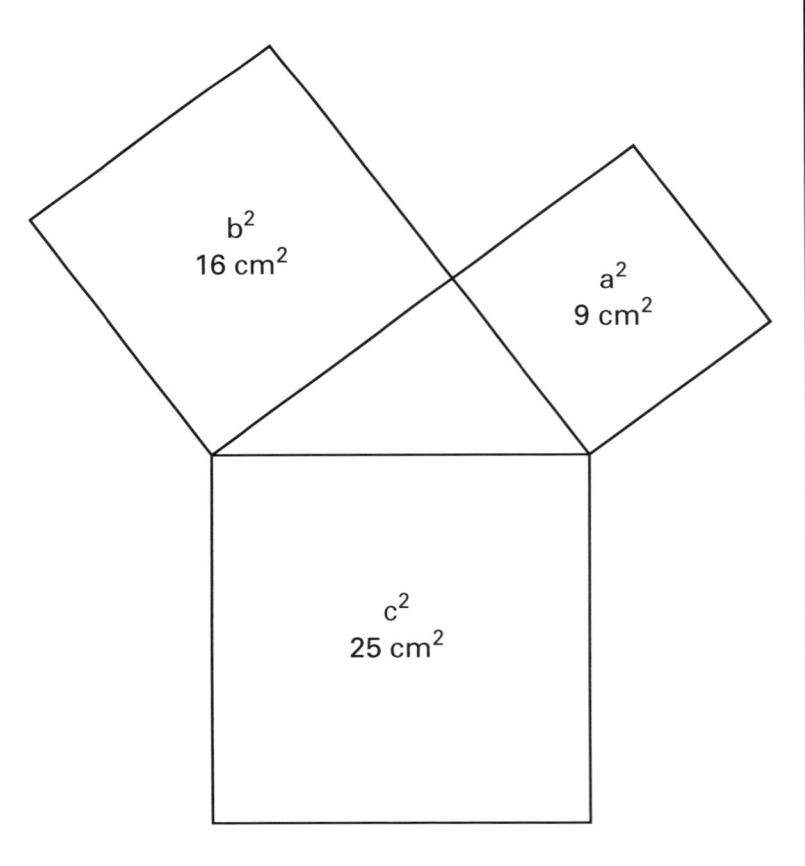

Geometrische Flächen

Name:

Den Satz des Pythagoras anwenden

Bestimme die Länge der Diagonale e! (Runde auf Zehntel!)

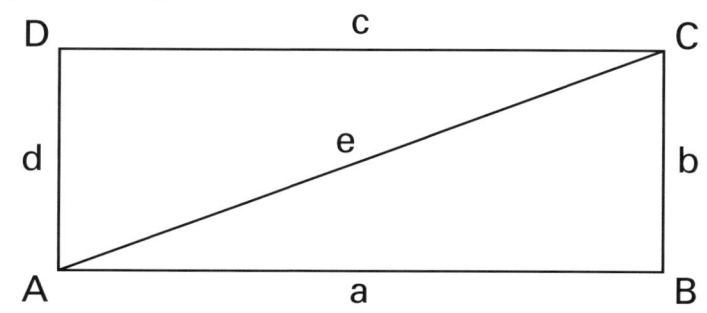

```
    D ───────── c ───────── C
    │                      ╱│
    │                   ╱   │
  d │              e ╱      │ b
    │           ╱           │
    │        ╱              │
    │     ╱                 │
    │  ╱                    │
    A ───────── a ───────── B
```

Wenn du Aufgaben mit dem Satz des Pythagoras lösen sollst, ist eine genaue Planung nötig. Die folgenden Gedankenschritte sollen helfen, mit dem Satz des Pythagoras zu arbeiten:

1. Überlegung: Kann ich den Satz des Pythagoras überhaupt anwenden?
Wo ist ein rechtwinkeliges Dreieck?
Wo ist der rechte Winkel?

In diesem Fall gibt es zwei Möglichkeiten.

    1. Möglichkeit: Das Dreieck ABC ist ein rechtwinkeliges Dreieck.

        Die Seiten a und b sind darin die _____, bei der Diagonale e

        handelt es sich um die _____. Der rechte Winkel liegt bei ____.

    2. Möglichkeit: Das Dreieck ACD ist ein rechtwinkeliges Dreieck.

        Die Seiten _____ sind darin die Katheten, bei der _____

        handelt es sich um die Hypotenuse. Der rechte Winkel liegt bei ____.

2. Überlegung: Was ist gesucht, die Hypotenuse oder eine der Katheten?

        Gesucht ist hier die Diagonale e, also die _____ des
rechtwinkeligen Dreiecks.

3. Überlegung: Welche Formel wende ich an?
Muss ich die Formel umstellen?
Rechne ich mit den Elementen der Formel oder nehme ich die Bezeichnungen aus der Aufgabenstellung?

Geometrische Flächen — Lösungsblatt

Den Satz des Pythagoras anwenden

Bestimme die Länge der Diagonale e! (Runde auf Zehntel!)

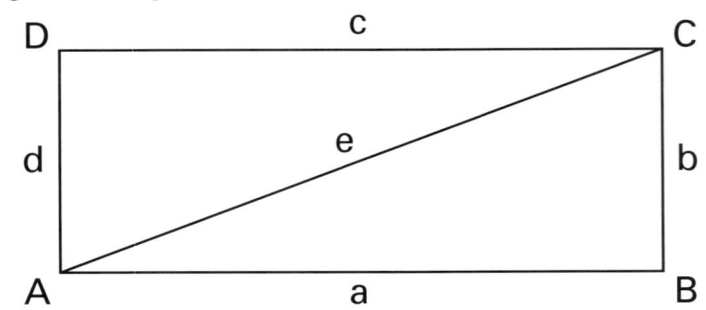

```
D ———————— c ———————— C
│                     ╱│
│                   ╱  │
d              e ╱     b
│            ╱         │
│          ╱           │
A ———————— a ———————— B
```

Wenn du Aufgaben mit dem Satz des Pythagoras lösen sollst, ist eine genaue Planung nötig. Die folgenden Gedankenschritte sollen helfen, mit dem Satz des Pythagoras zu arbeiten:

1. Überlegung: Kann ich den Satz des Pythagoras überhaupt anwenden?
Wo ist ein rechtwinkeliges Dreieck?
Wo ist der rechte Winkel?

In diesem Fall gibt es zwei Möglichkeiten.

   1. Möglichkeit: Das Dreieck ABC ist ein rechtwinkeliges Dreieck.

       Die Seiten a und b sind darin die __Katheten__, bei der Diagonale e

       handelt es sich um die __Hypotenuse__. Der rechte Winkel liegt bei __B__.

   2. Möglichkeit: Das Dreieck ACD ist ein rechtwinkeliges Dreieck.

       Die Seiten __c und d__ sind darin die Katheten, bei der __Diagonale e__

       handelt es sich um die Hypotenuse. Der rechte Winkel liegt bei __D__.

2. Überlegung: Was ist gesucht, die Hypotenuse oder eine der Katheten?

       Gesucht ist hier die Diagonale e, also die __Hypotenuse__ des rechtwinkeligen Dreiecks.

3. Überlegung: Welche Formel wende ich an?
Muss ich die Formel umstellen?
Rechne ich mit den Elementen der Formel oder nehme ich die Bezeichnungen aus der Aufgabenstellung?

$c^2 = a^2 + b^2$ $\qquad$ $e^2 = a^2 + b^2$ $\qquad$ $e^2 = c^2 + d^2$
$c^2 = (8\,cm)^2 + (3\,cm)^2$ $\qquad$ $e^2 = (8\,cm)^2 + (3\,cm)^2$ $\qquad$ $e^2 = (8\,cm)^2 + (3\,cm)^2$
$c^2 = 64\,cm^2 + 9\,cm^2$ $\qquad$ $e^2 = 64\,cm^2 + 9\,cm^2$ $\qquad$ $e^2 = 64\,cm^2 + 9\,cm$
$c^2 = 73\,cm^2 \quad |\sqrt{\ }$ $\qquad$ $e^2 = 73\,cm^2 \quad |\sqrt{\ }$ $\qquad$ $e^2 = 73\,cm^2 \quad |\sqrt{\ }$
$c \approx 8{,}5\,cm$ $\qquad$ $e^2 \approx 8{,}5\,m$ $\qquad$ $e^2 \approx 8{,}5\,cm$

Geometrische Flächen

Name:

Neue Aufgabenformen

Beachte: Diese Aufgaben sind ohne Taschenrechner und ohne Formelsammlung zu bearbeiten!

1. Gib den Streckungsfaktor an!

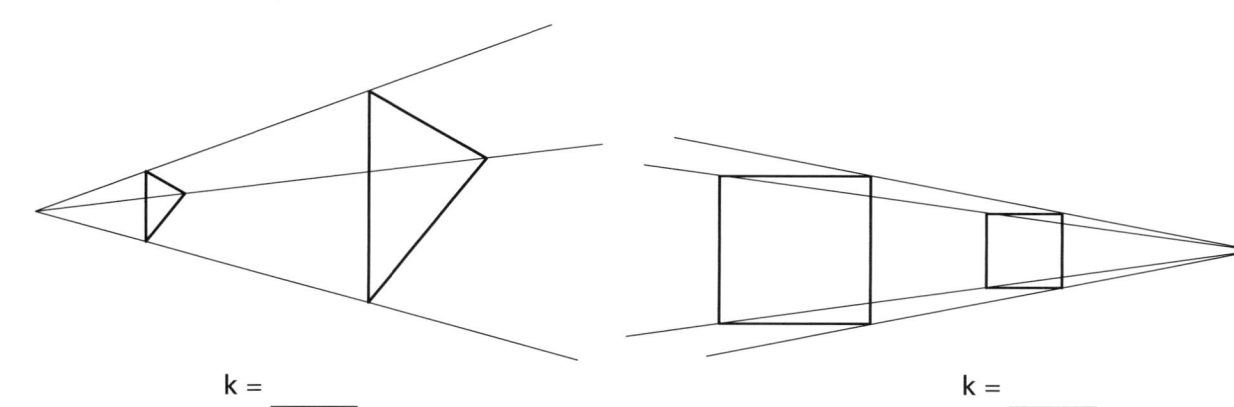

   k = _____   k = _____

2. Ergänze die fehlenden Angaben!

   Streckungsfaktor 4:

   $\overline{ZA}$ = 2 m → $\overline{ZA'}$ = _____

   $\overline{ZB}$ = _____ → $\overline{ZB'}$ = 5 m

   Streckungsfaktor 0,4:

   $\overline{ZA}$ = 6 m → $\overline{ZA'}$ = _____

   $\overline{ZB}$ = _____ → $\overline{ZB'}$ = 40 m

   Streckungsfaktor 3:

   A = 4 m² → A' = _____

   A = _____ → A' = 144 m²

3. Zeichne ein rechtwinkeliges Dreieck mit $\alpha = 40°$!

   M

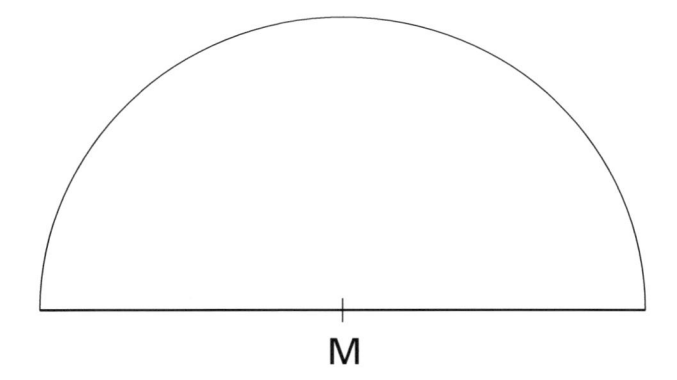

Geometrische Flächen

Name:

Neue Aufgabenformen

4. Zeichne mit einem Geodreieck die jeweiligen Quadrate ein und stelle den Satz des Pythagoras nach den Bezeichnungen für die einzelnen Seiten auf!

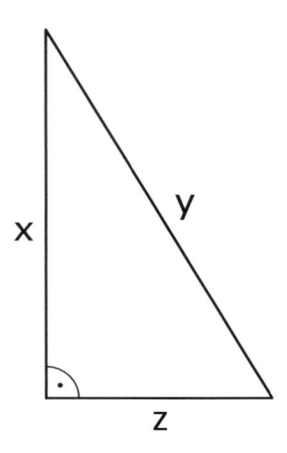

_____

5. Sieh dir das Foto an und ergänze anschließend den unten folgenden Satz:

Wenn das Ende der Leiter in 2,80 m Höhe an der Wand lehnt, dann muss die Leiter

_____ sein, weil

_____

_____

_____ .

Geometrische Flächen — Lösungsblatt

Neue Aufgabenformen

Beachte: Diese Aufgaben sind ohne Taschenrechner und ohne Formelsammlung zu bearbeiten!

1. Gib den Streckungsfaktor an!

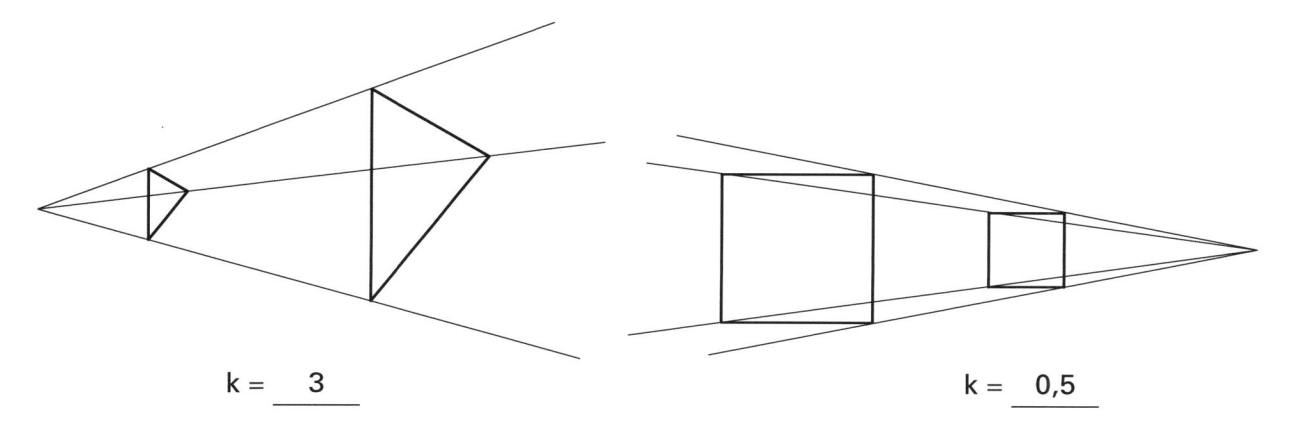

   k = __3__   k = __0,5__

2. Ergänze die fehlenden Angaben!

   Streckungsfaktor 4:

   $\overline{ZA}$ = 2 m → $\overline{ZA'}$ = __8 m__
   $\overline{ZB}$ = __1,25 m__ → $\overline{ZB'}$ = 5 m

   Streckungsfaktor 0,4:

   $\overline{ZA}$ = 6 m → $\overline{ZA'}$ = __2,4 m__
   $\overline{ZB}$ = __100 m__ → $\overline{ZB'}$ = 40 m

   Streckungsfaktor 3:

   A = 4 m² → A' = __36 m²__
   A = __16 m²__ → A' = 144 m²

3. Zeichne ein rechtwinkeliges Dreieck mit α = 40°!

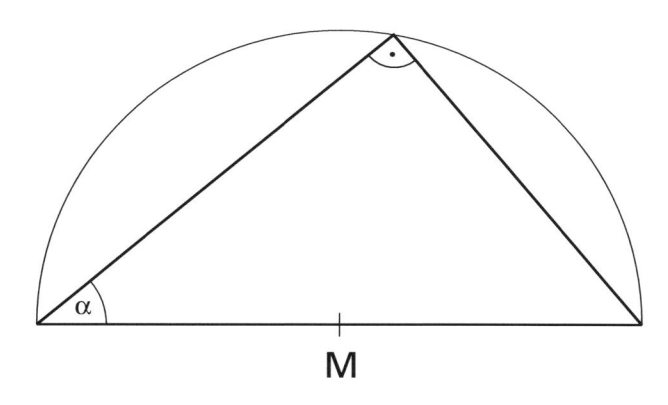

Geometrische Flächen

Lösungsblatt

Neue Aufgabenformen

4. Zeichne mit einem Geodreieck die jeweiligen Quadrate ein und stelle den Satz des Pythagoras nach den Bezeichnungen für die einzelnen Seiten auf!

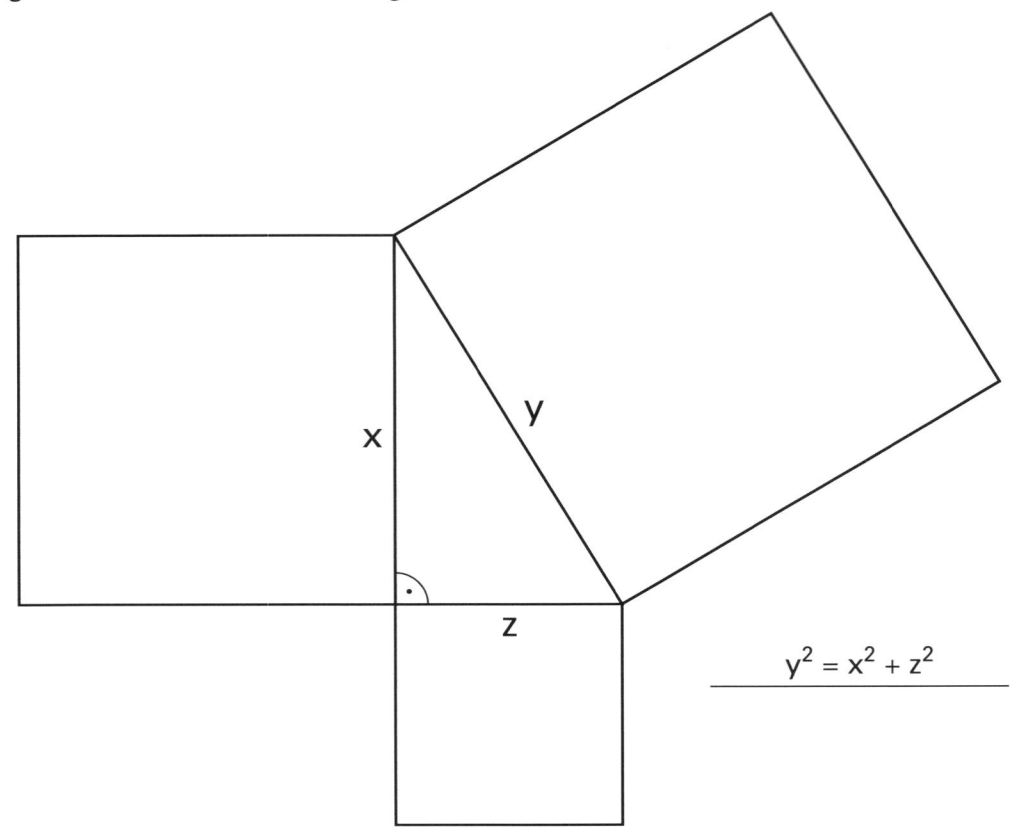

$y^2 = x^2 + z^2$

5. Sieh dir das Foto an und ergänze anschließend den unten folgenden Satz:

Wenn das Ende der Leiter in 2,80 m Höhe an der Wand lehnt, dann muss die Leiter

länger als 2,80 m sein, weil

sie sonst nicht schräg

an die Wand gestellt

werden könnte.

Geometrische Flächen

Name:

Probearbeit R 9

1. Trage in ein Koordinatensystem mit der Einheit 1 cm die beiden Punkte A (3/4) und B (10/7) ein.

   a) Konstruiere die Mittelsenkrechte m zur Strecke $\overline{AB}$; sie schneidet $\overline{AB}$ im Punkt R.

   b) Zeichne um R einen Kreis mit dem Radius r = $\overline{RA}$!

   c) Die Mittelsenkrechte m schneidet die Kreislinie in den Punkten C und D.
   Verbinde die Punkte A, B, C und D zu einem Quadrat.
   Gib die Koordinaten von C und D an.

   d) Verkleinere das entstandene Quadrat in Maßstab 1:2. Das Streckungszentrum Z liegt bei (0/0).

2. Konstruiere ein Parallelogramm mit folgenden Maßen:
   a = 8 cm; α = 130°; b = 4 cm.
   Entspricht die Winkelhalbierende des Winkels DAB der Diagonalen e?
   Kläre durch Konstruktion!

3. Konstruiere ein regelmäßiges Fünfeck mit s = 6 cm!
   Bestimme Fläche und Umfang dieses Fünfecks! Evtl. fehlende Angaben entnimm der Zeichnung!

4. Berechne Umfang und Fläche des Drachens!

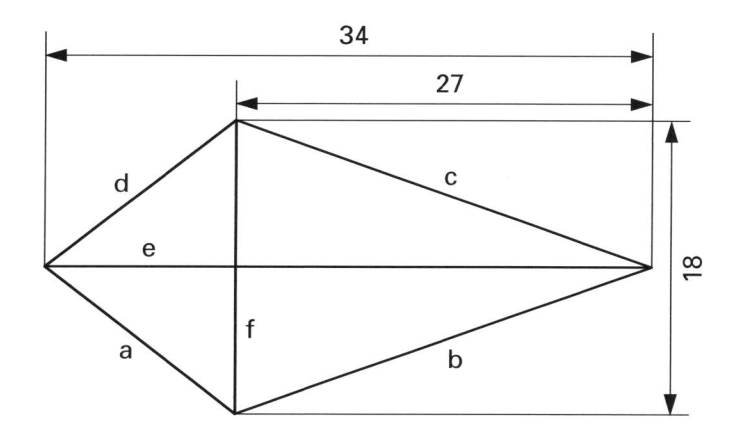

Geometrische Flächen

Name:

Probearbeit R 9

5. Berechne die Länge der Raumdiagonale AG!

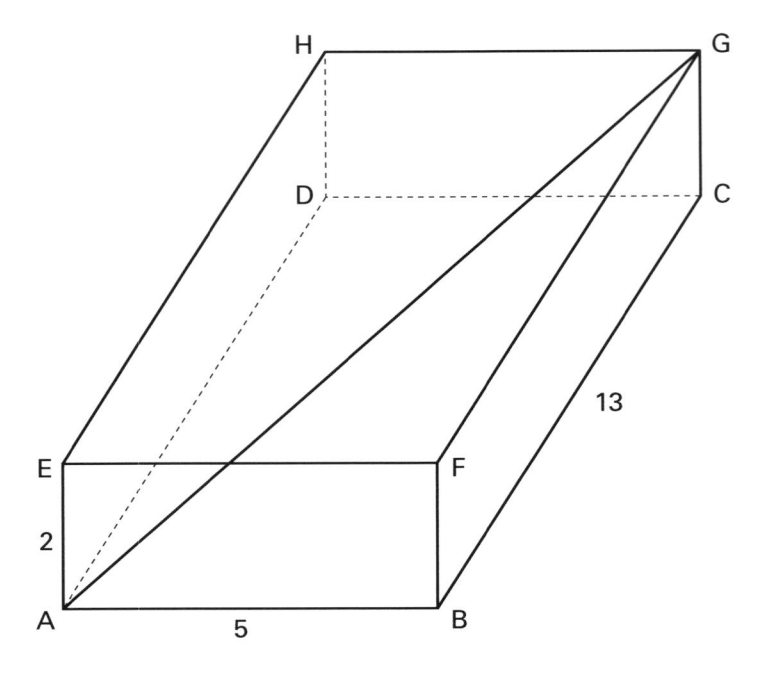

6. Die Gemeinde Bissingen baut für ihre Jugendlichen eine Skateboard-Rampe (siehe Skizze).

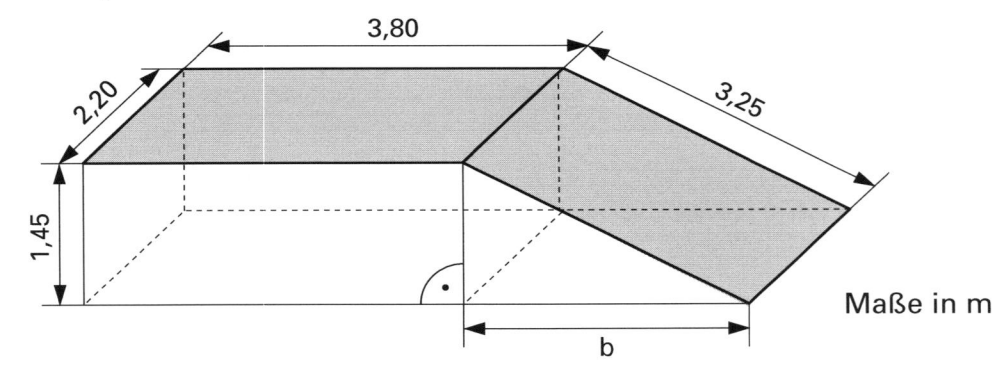

Maße in m

a) Berechne die Länge von b. Runde das Ergebnis auf zwei Kommastellen!

b) Die Rampe wird vollständig aus Beton gefertigt. Wie viel Kubikmeter Beton werden verarbeitet?

c) Die Seitenflächen – nicht der Boden und nicht die grau eingezeichnete Fahrfläche – sollen gestrichen werden. Ein Liter Farbe reicht für 6 m². Wie viel Farbe wird benötigt?

Geometrische Flächen | Lösungsblatt

Probearbeit R 9

1.

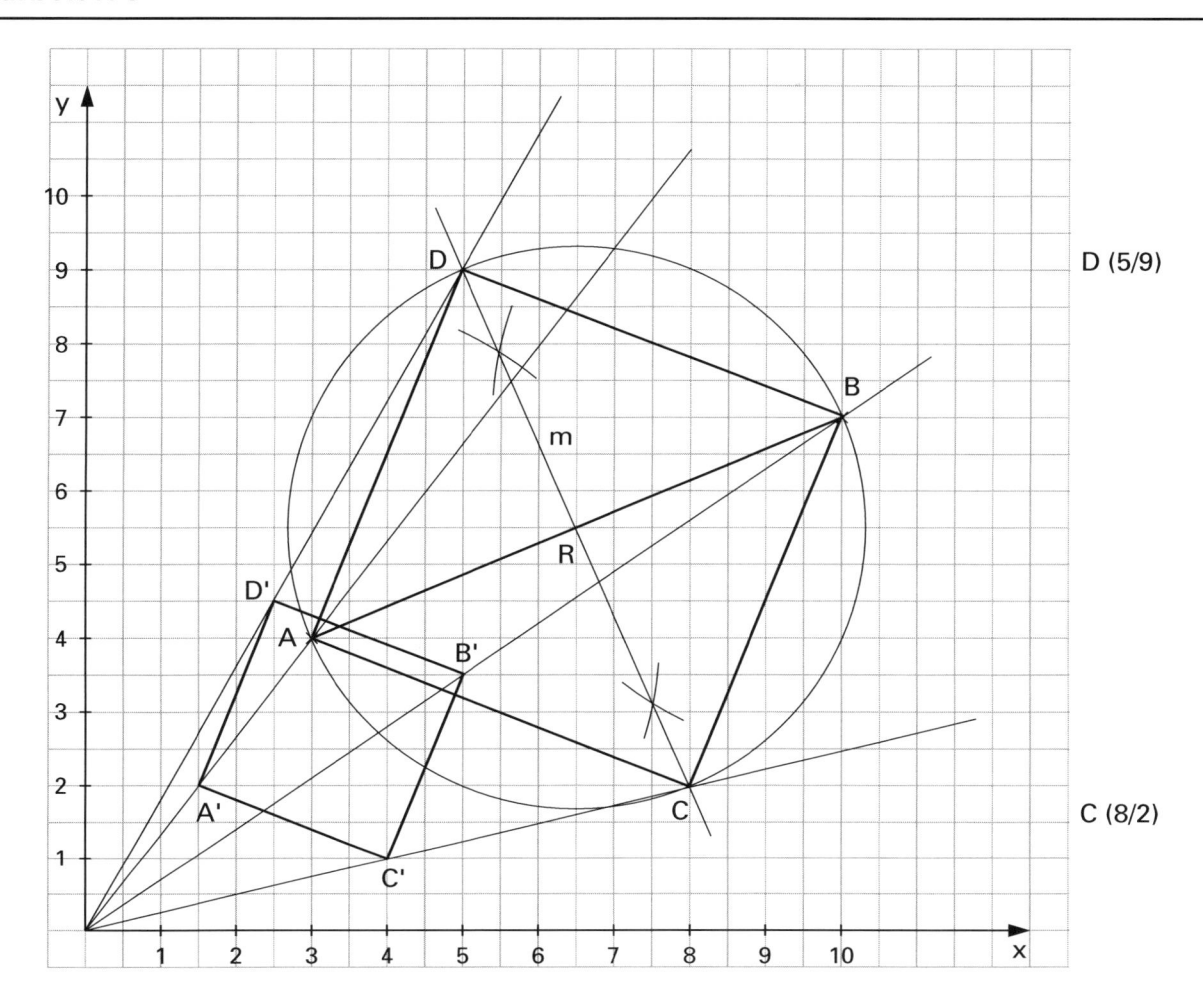

D (5/9)

C (8/2)

a) 1   b) 1   c) 2   d) 3

7 P

2.

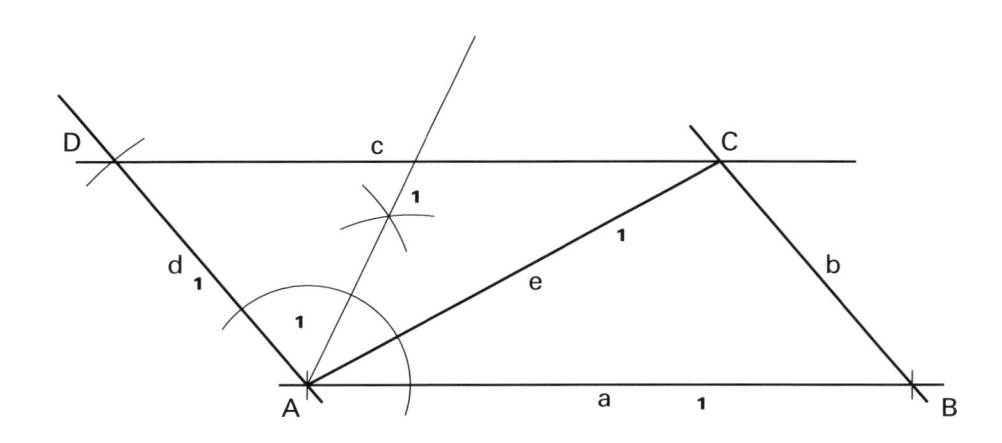

5 P

Otto Mayr: Mathematik komplett 9. Klasse © Brigg Pädagogik Verlag GmbH, Augsburg

Geometrische Flächen | Lösungsblatt

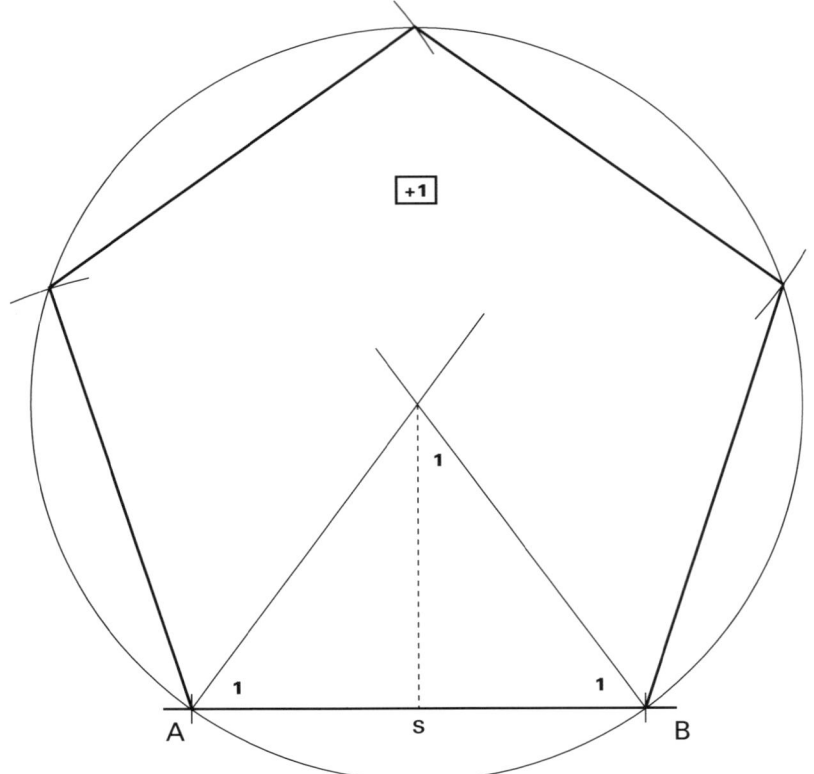

Probearbeit R 9

3.

$U = 6 \text{ cm} \cdot 5 = \underline{\underline{30 \text{ cm}}}$ **1**

$A = \dfrac{g \cdot h}{2} \cdot 5$

$A = \dfrac{6 \text{ cm} \cdot 4{,}1 \text{ cm}}{2} \cdot 5$

$A = 12{,}3 \text{ cm}^2 \cdot 5$

$\underline{\underline{A = 61{,}5 \text{ cm}^2}}$ **3**

[8 P]

---

4. Seite a: $c^2 = a^2 + b^2$

$c^2 = (9 \text{ cm})^2 + (7 \text{ cm})^2$

$c^2 = 81 \text{ cm}^2 + 49 \text{ cm}^2$

$c^2 = 130 \text{ cm}^2$

$c = \sqrt{130 \text{ cm}^2}$

$\underline{c \approx 11{,}4 \text{ cm}}$ **3**

$e = 34 - 27 = 7 \text{ cm}$ ½

$\dfrac{f}{2} = \dfrac{18}{2} = 9 \text{ cm}$ ½

Geometrische Flächen — Lösungsblatt

Probearbeit R 9

Seite b: $c^2 = a^2 + b^2$

$c^2 = (27\text{ cm})^2 + (9\text{ cm})^2$

$c^2 = 729\text{ cm}^2 + 81\text{ cm}^2$

$c^2 = 810\text{ cm}^2$

$c = \sqrt{810\text{ cm}^2}$

$\underline{\underline{c \approx 28{,}5\text{ cm}}}$ 3

$U = 2(11{,}4\text{ cm} + 28{,}5\text{ cm})$

$\underline{\underline{U = 79{,}8\text{ cm}}}$ 1

$A = \dfrac{g \cdot h}{2} \cdot 2$

$A = \dfrac{34\text{ cm} \cdot 9\text{ cm}}{2} \cdot 2$

$\underline{\underline{A = 306\text{ cm}^2}}$ 2

10 P

---

5. Flächendiagonale:

$c^2 = a^2 + b^2$

$c^2 = (5\text{ cm})^2 + (13\text{ cm})^2$

$c^2 = 25\text{ cm}^2 + 169\text{ cm}^2$

$c^2 = 194\text{ cm}^2$

$c = \sqrt{194\text{ cm}^2}$

$\underline{\underline{c \approx 13{,}9\text{ cm}}}$ 3

Raumdiagonale:

$c^2 = a^2 + b^2$

$c^2 = (13{,}9\text{ cm})^2 + (2\text{ cm})^2$

$c^2 = 193{,}21\text{ cm}^2 + 4\text{ cm}^2$

$c^2 = 197{,}21\text{ cm}^2$

$c = \sqrt{197{,}21\text{ cm}^2}$

$\underline{\underline{c \approx 14\text{ cm}}}$ 5

8 P

Geometrische Flächen — Lösungsblatt

Probearbeit R 9

6. a) $b^2 = c^2 - a^2$

   $b^2 = (3{,}25\text{ m})^2 - (1{,}45\text{ m})^2$

   $b^2 = 8{,}46\text{ m}^2$

   $b = \sqrt{8{,}46\text{ m}^2}$

   $\underline{\underline{b \approx 2{,}91\text{ m}}}$ 3

b) $V = A_1 \cdot h_k + A_2 \cdot h_k$

   $V = (a \cdot b) \cdot h_k + \left(\dfrac{g \cdot h}{2}\right) \cdot h_k$

   $V = 3{,}8\text{ m} \cdot 1{,}45\text{ m} \cdot 2{,}2\text{ m} + \dfrac{2{,}91\text{ m} \cdot 1{,}45\text{ m}}{2} \cdot 2{,}2\text{ m}$

   $V = 12{,}122\text{ m}^3 + 4{,}64145\text{ m}^3$

   $\underline{\underline{V \approx 16{,}76\text{ m}^3}}$ 3

c) $A = A_1 \cdot 2 + A_2 \cdot 2 + A_3$

   $A = \dfrac{g \cdot h}{2} \cdot 2 + (a \cdot b) \cdot 2 + a \cdot b$

   $A = \dfrac{2{,}91\text{ m} \cdot 1{,}45\text{ m}}{2} \cdot 2 + (3{,}8\text{ m} \cdot 1{,}45\text{ m}) \cdot 2 + 2{,}2\text{ m} \cdot 1{,}45\text{ m}$

   $A = 4{,}2195\text{ m}^2 + 11{,}02\text{ m}^2 + 3{,}19\text{ m}^2$

   $\underline{\underline{A \approx 18{,}43\text{ m}^2}}$ 3

Farbe in l:

$\dfrac{18{,}43\text{ m}^3}{6} \approx \underline{\underline{3{,}07}}$ 1

10 P

Gesamtpunktzahl: __48__

Geometrische Körper

Name:

Oberfläche und Volumen gerader Säulen

1. Oberfläche

Um die Oberfläche zu berechnen, gibt es zwei Möglichkeiten:

1. Alle Teilflächen berechnen und _____

2. Oberfläche = _____ (2 · Grundfläche + Mantel)

   (M = U · h_k → Mantel = Umfang · Körperhöhe)

Bezeichnung	Flächen	Formeln
1 Dreiecksäule		
2 Würfel		
3 Quadratsäule		
4 Rechtecksäule		
5 Trapezsäule		
6 Sechsecksäule		
7 Rundsäule (Zylinder)		
8 Röhre (Hohlzylinder)		

2. Volumen

V = _____ (Volumen = Grundfläche · Körperhöhe)

Geometrische Körper — Lösungsblatt

Oberfläche und Volumen gerader Säulen

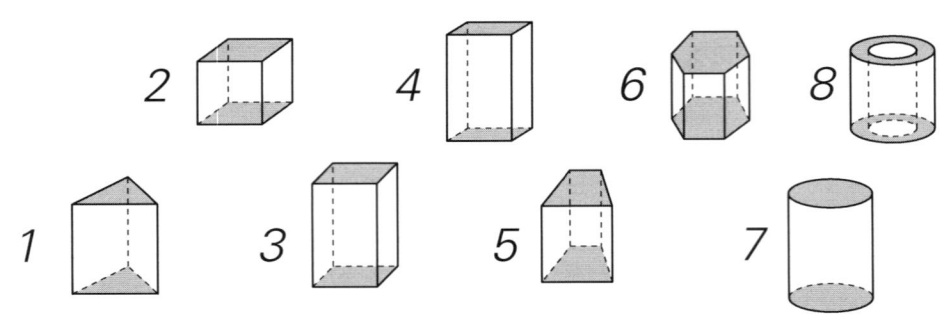

1. Oberfläche

Um die Oberfläche zu berechnen, gibt es zwei Möglichkeiten:

1. Alle Teilflächen berechnen und __anschließend addieren__

2. Oberfläche = __2 · A + M__ (2 · Grundfläche + Mantel)

($M = U \cdot h_k$ → Mantel = Umfang · Körperhöhe)

Bezeichnung	Flächen	Formeln
1 Dreiecksäule	2 Dreiecke, 3 Rechtecke	$\frac{g \cdot h}{2}$; $a \cdot b$
2 Würfel	6 Quadrate	$a \cdot a$
3 Quadratsäule	2 Quadrate, 4 Rechtecke	$a \cdot a$; $a \cdot b$
4 Rechtecksäule	6 Rechtecke	$a \cdot b$
5 Trapezsäule	2 Trapeze, 4 Rechtecke	$\frac{a+c}{2} \cdot h$; $a \cdot b$
6 Sechsecksäule	2 Sechsecke, 6 Rechtecke	$\frac{g \cdot h}{2} \cdot 6$; $a \cdot b$
7 Rundsäule (Zylinder)	2 Kreise, 1 Rechteck	$r^2 \cdot \pi$; $(d \cdot \pi) \cdot h$
8 Röhre (Hohlzylinder)	2 Kreisringe, 2 Rechtecke	$r^2 \cdot \pi$; $(d \cdot \pi) \cdot h$

2. Volumen

$V =$ __$A \cdot h_k$__ (Volumen = Grundfläche · Körperhöhe)

Geometrische Körper

Name:

Oberfläche und Volumen der Pyramide

1. Oberfläche der Pyramide

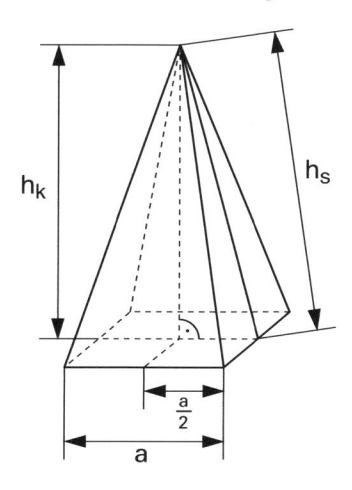

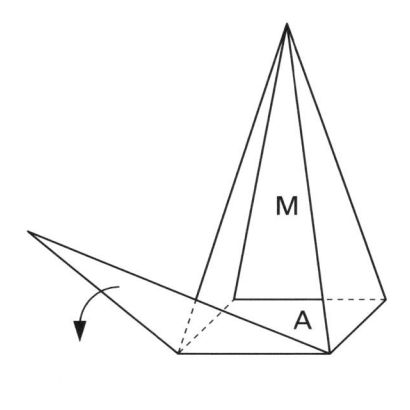

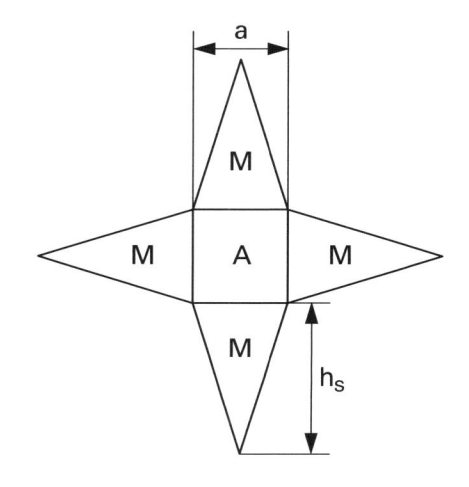

Die Oberfläche dieser quadratischen Pyramide besteht aus _____ und

_____ .

Die Oberfläche kann man berechnen, indem man _____ .

Oberfläche Pyramide = Grundfläche + Mantel

Hier: Oberfläche Pyramide = _____ + _____ _____

2. Volumen der Pyramide

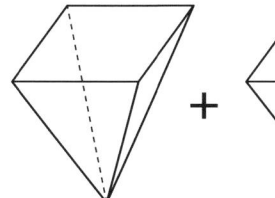

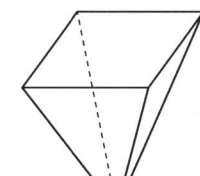

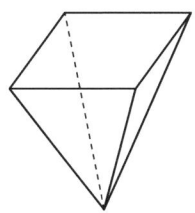

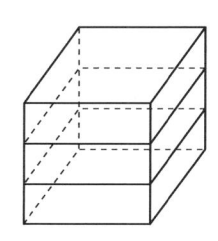

Das Volumen einer Pyramide passt genau _____ in eine gerade Säule mit der

gleichen _____ und der gleichen _____ .

Volumen Pyramide = _____

V = _____

Geometrische Körper — Lösungsblatt

Oberfläche und Volumen der Pyramide

1. Oberfläche der Pyramide

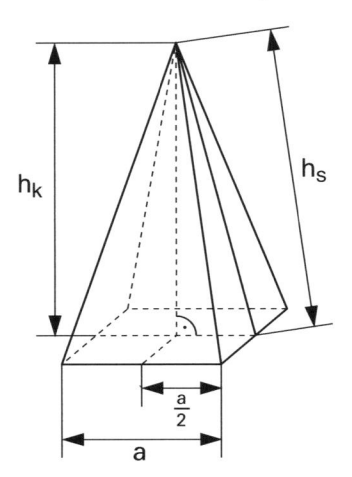

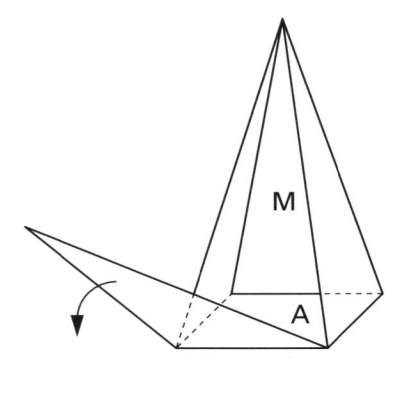

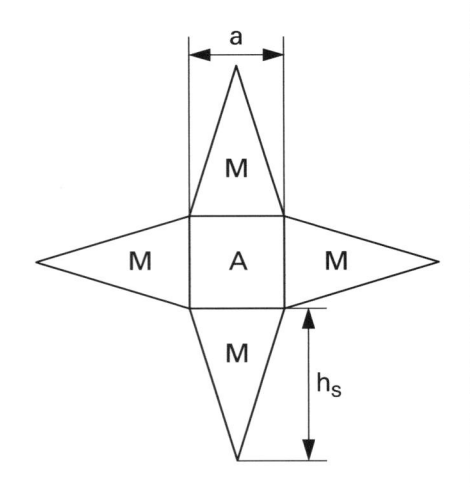

Die Oberfläche dieser quadratischen Pyramide besteht aus __einem Quadrat__ und __vier gleich großen Dreiecken__.

Die Oberfläche kann man berechnen, indem man __die einzelnen Teilflächen addiert__.

Oberfläche Pyramide = Grundfläche + Mantel

Hier: Oberfläche Pyramide = $a \cdot a$ + $\dfrac{g \cdot h_s}{2} \cdot 4$

2. Volumen der Pyramide

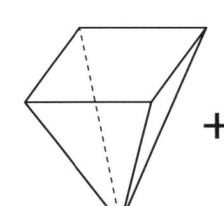

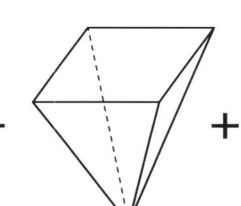

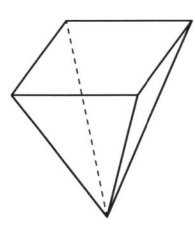

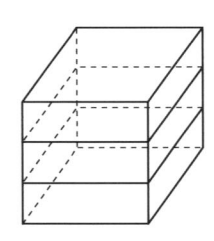

Das Volumen einer Pyramide passt genau __dreimal__ in eine gerade Säule mit der gleichen __Grundfläche A__ und der gleichen __Körperhöhe h_k__.

$$\text{Volumen Pyramide} = \frac{\text{Grundfläche A} \cdot \text{Körperhöhe } h_k}{3}$$

$$V = \frac{A \cdot h_k}{3}$$

Geometrische Körper

Name:

Oberfläche und Volumen des Kegels

1. Oberfläche des Kegels

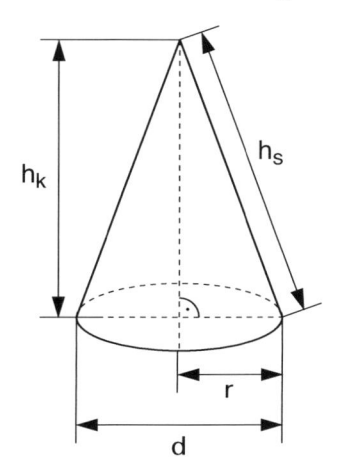

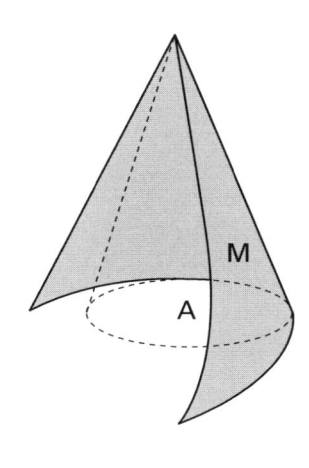

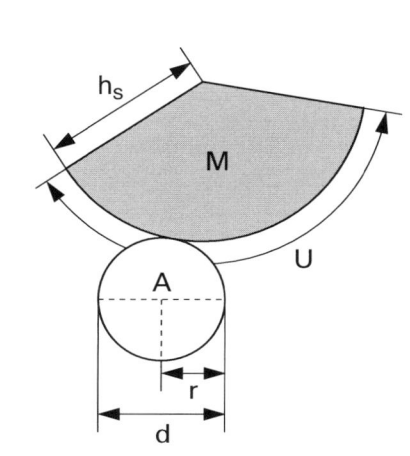

Die Oberfläche eines Kegels besteht aus _____ und

_____ .

Die Oberfläche kann man berechnen, indem man _____ .

Oberfläche Kegel = Grundfläche + Mantel

= _____ + _____

2. Volumen des Kegels

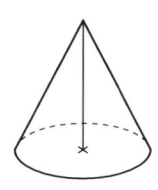

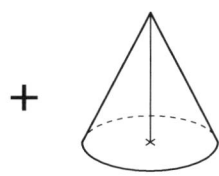

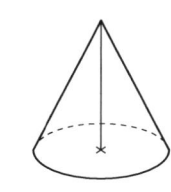

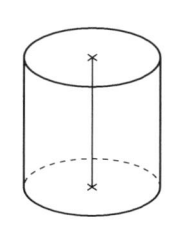

Das Volumen eines Kegels passt genau _____ in eine gerade Säule mit der

gleichen _____ und der gleichen _____ .

Volumen Kegel = _____

V = _____

Geometrische Körper

Lösungsblatt

Oberfläche und Volumen des Kegels

1. Oberfläche des Kegels

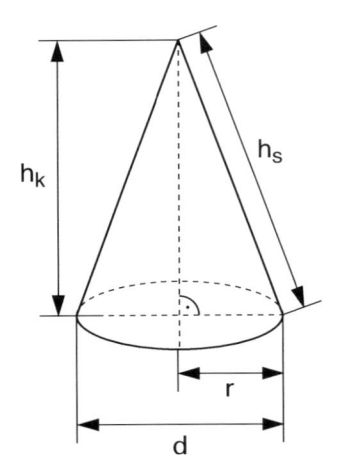

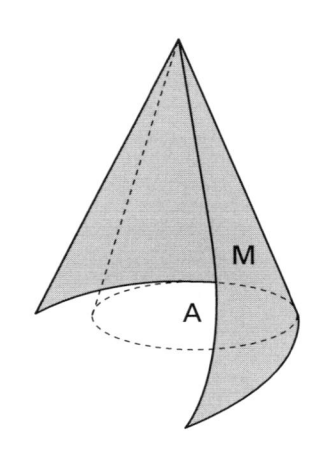

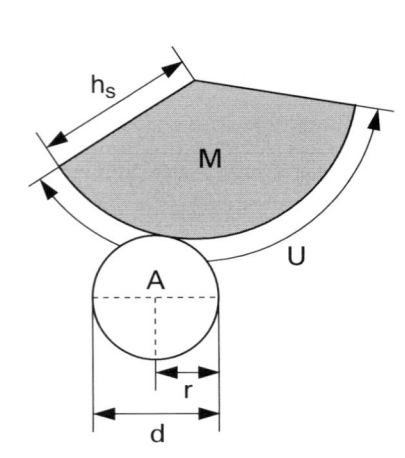

Die Oberfläche eines Kegels besteht aus ___einem Kreis___ und ___einem Kreisausschnitt___.

Die Oberfläche kann man berechnen, indem man ___die Teilflächen addiert___.

Oberfläche Kegel = Grundfläche + Mantel

$$= r^2 \cdot \pi + \frac{U \cdot h_s}{2}$$

2. Volumen des Kegels

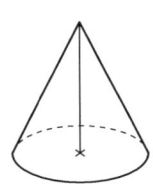

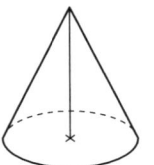

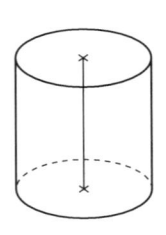

Das Volumen eines Kegels passt genau ___dreimal___ in eine gerade Säule mit der gleichen ___Grundfläche A___ und der gleichen ___Körperhöhe h_k___.

Volumen Kegel $= \dfrac{\text{Grundfläche A} \cdot \text{Körperhöhe } h_k}{3}$

$$V = \frac{A \cdot h_k}{3}$$

Geometrische Körper

Name:

Neue Aufgabenformen

Beachte: Diese Aufgaben sind ohne Taschenrechner und ohne Formelsammlung zu bearbeiten!

1. Gib zu jeder der folgenden geraden Säulen die Formel zur Berechnung des Volumens an (Grundfläche als Formel!)

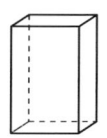

   V 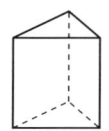 = _____   V 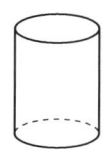 = _____   V = _____

2. Um welche Säule handelt es sich?

   a) $a \cdot a \cdot a$ _____

   b) $a = 4\,m$, $b = 6\,cm$, $h_k = 5\,cm$ _____

   c) $\dfrac{g \cdot h}{2}$, $h_k = 8\,cm$, _____

   d) $(r_1^2 \cdot \pi - r_2^2 \cdot \pi) \cdot h_k$ _____

3. Ergänze die fehlenden Angaben!

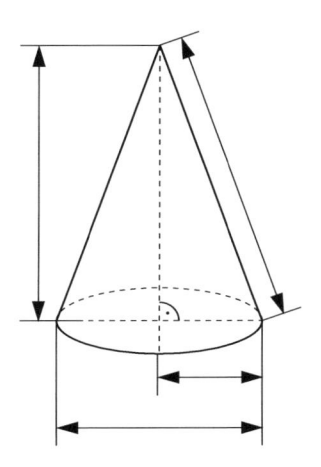

Geometrische Körper

Name:

Neue Aufgabenformen

4. Zeichne eine Pyramide mit a = 8 cm und h_k = 6 cm!

5. In der Berechnung zur Oberfläche des Kegels sind Fehler enthalten. Berichtige sie, indem du die Rechnung mit den korrekten Angaben darunter notierst!

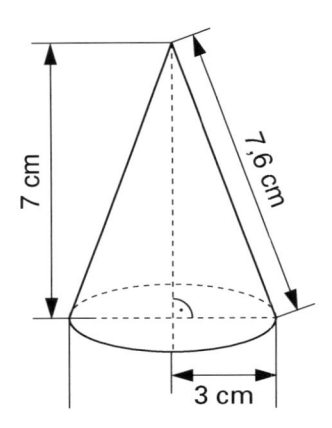

$$O = G + M$$

$$O = r^2 \cdot \pi + \frac{r^2 \cdot \pi \cdot h_s}{2}$$

$$O = (3\,\text{cm})^2 \cdot \pi + \frac{(3\,\text{cm})^2 \cdot \pi \cdot 7\,\text{cm}}{2}$$

Berichtigung:

$$O = G + M$$

Geometrische Körper — Lösungsblatt

Neue Aufgabenformen

Beachte: Diese Aufgaben sind ohne Taschenrechner und ohne Formelsammlung zu bearbeiten!

1. Gib zu jeder der folgenden geraden Säulen die Formel zur Berechnung des Volumens an (Grundfläche als Formel!)

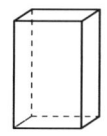

   $V = a \cdot a \cdot h_k$

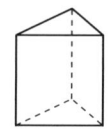

   $V = \dfrac{g \cdot h}{2} \cdot h_k$

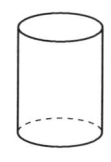

   $V = r^2 \cdot \pi \cdot h_k$

2. Um welche Säule handelt es sich?

   a) $a \cdot a \cdot a$ — Würfel

   b) $a = 4\,m, b = 6\,cm, h_k = 5\,cm$ — Rechtecksäule

   c) $\dfrac{g \cdot h}{2}$, $h_k = 8\,cm$, — Dreiecksäule

   d) $(r_1^2 \cdot \pi - r_2^2 \cdot \pi) \cdot h_k$ — Röhre

3. Ergänze die fehlenden Angaben!

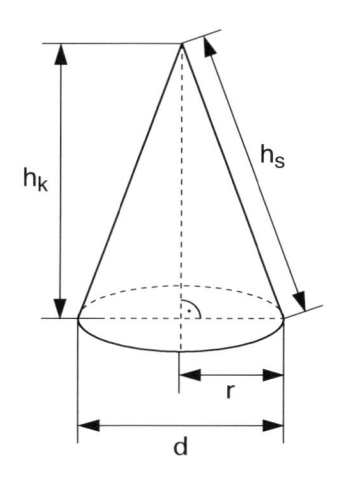

Geometrische Körper

Lösungsblatt

Neue Aufgabenformen

4. Zeichne eine Pyramide mit a = 8 cm und h_k = 6 cm!

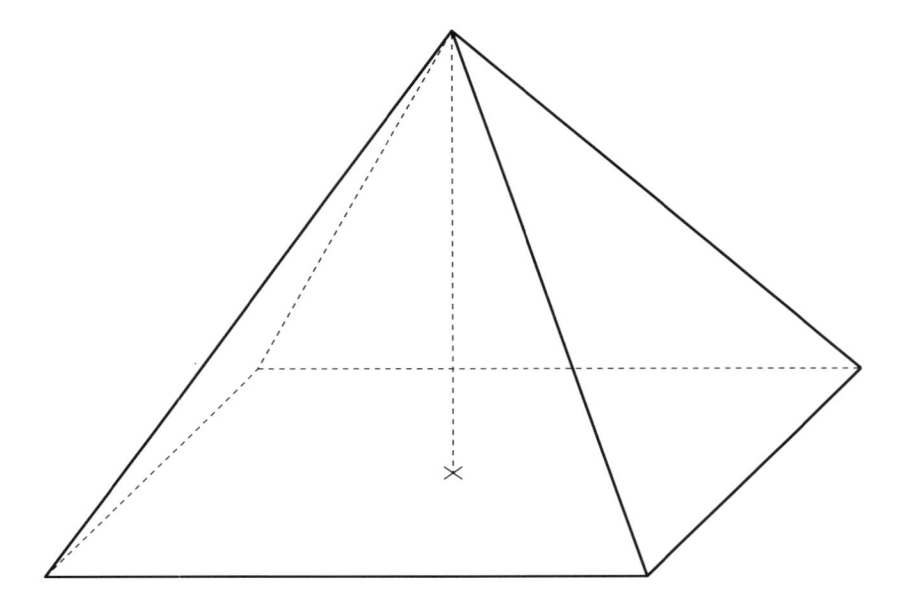

5. In der Berechnung zur Oberfläche des Kegels sind Fehler enthalten. Berichtige sie, indem du die Rechnung mit den korrekten Angaben darunter notierst!

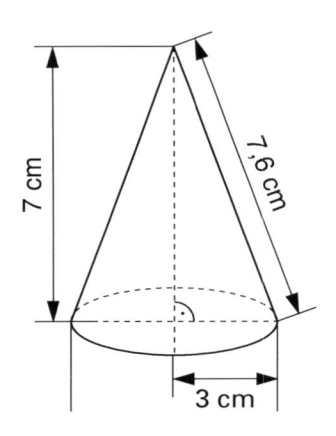

$$O = G + M$$

$$O = r^2 \cdot \pi + \frac{r^2 \cdot \pi \cdot h_s}{2}$$

$$O = (3\,\text{cm})^2 \cdot \pi + \frac{(3\,\text{cm})^2 \cdot \pi \cdot 7\,\text{cm}}{2}$$

Berichtigung:

$$O = G + M$$

$$O = r^2 \cdot \pi + \frac{d \cdot \pi \cdot h_s}{2}$$

$$O = (3\,\text{cm})^2 \cdot \pi + \frac{6\,\text{cm} \cdot \pi \cdot 7{,}6\,\text{cm}}{2}$$

Geometrische Körper

Name:

Probearbeit R 9

1. Berechne Volumen und Oberfläche des Körpers:
   Durchmesser Zylinder: 35 cm
   Körperhöhe: 60 cm

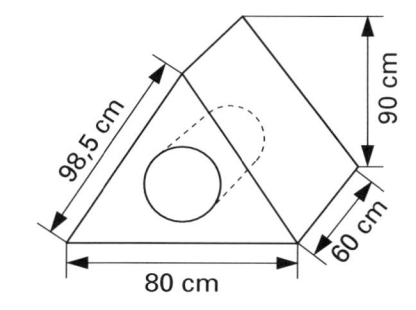

   (Maße: 98,5 cm; 90 cm; 60 cm; 80 cm)

2. a) Wie viele Liter fasst der Öltank, wenn er zu 90 % gefüllt ist?
   b) Die Seitenflächen des Tanks werden gestrichen.
      Die Preise für die nötige Menge Farbe pro Dose:
      bis 5 m²: 8 €;   bis 10 m²: 15 €;
      bis 20 m²: 27 €;   bis 50 m²: 52 €.
      Wie teuer kommt das Streichen des Tanks?

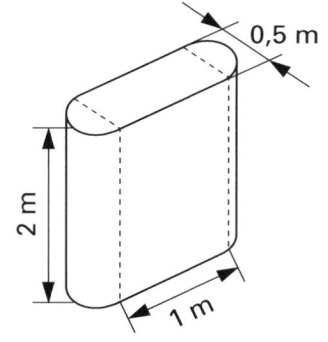

   (Maße: 0,5 m; 2 m; 1 m)

3. Eine quadratische Pyramide aus Holz ($\rho = 0{,}75 \ \frac{g}{cm^3}$) hat eine Grundseite von a = 32 cm und eine Körperhöhe h_k = 42 cm.

   a) Zeichne ein Schrägbild der Pyramide im Maßstab 1 : 4!

   b) Berechne Volumen und Gewicht der Pyramide!

   c) Berechne die Mantelfläche der Pyramide! *(Runde evtl. zu berechnende Seiten auf Ganze!)*

4. Ein Kegel hat einen Durchmesser d = 4,6 cm und eine Körperhöhe h_k = 6 cm.

   a) Der Körper besteht aus Aluminium ($\rho = 2{,}7 \ \frac{g}{cm^3}$). Wie viele solcher Kegel darf man in einen Karton packen, wenn dieser höchstens zwei Kilogramm wiegen darf?

   b) Die Mantelfläche des Kegels wird vergoldet. *(Runde den Blattgoldbedarf auf ganze Quadratzentimeter, evtl. zu berechnende Seiten auf Zehntel!)*

5. Der Mantel eines Kegel beträgt 602,88 cm², der Radius 8 cm.
   Wie lang ist die Seitenhöhe?

Geometrische Körper — Lösungsblatt

Probearbeit R 9

1. $V_{ges} = V_{Prs} - V_{Zyl}$

    $= \dfrac{g \cdot h}{2} \cdot h_k - r^2 \cdot \pi \cdot h_k$

    $= \dfrac{80\ cm \cdot 90\ cm}{2} \cdot 60\ cm - (17{,}5\ cm)^2 \cdot 3{,}14 \cdot 60\ cm$

    $=\ \ \ \ 216\ 000\ cm^3\ \ \ \ -\ \ \ \ 57\ 697{,}5\ cm^3$

    $=\ \ \ \ \ \ \ \ \underline{158\ 302{,}5\ cm^3}$ **3**

$A_{ges} = A_{Standfläche} + 2 \cdot A_{Seitenfläche} + 2 \cdot A_{Vorder\text{-}/Rückseite} + A_{Zylindermantel}$

$= 80\ cm \cdot 60\ cm + 2 \cdot (60\ cm \cdot 98{,}5\ cm) + 2 \cdot \left(\dfrac{80\ cm \cdot 90\ cm}{2} - (17{,}5\ cm)^2 \cdot 3{,}14\right) +$
$+ 35\ cm \cdot 3{,}14 \cdot 60\ cm$

$= 4\ 800\ cm^2 + 2 \cdot 5\ 910\ cm^2 + 2 \cdot (3\ 600\ cm^2 - 961{,}625\ cm^2) + 6\ 594\ cm^2$

$= 4\ 800\ cm^2 +\ 11\ 820\ cm^2\ +\ \ \ \ \ \ \ 2 \cdot 2\ 638{,}375\ cm\ \ \ \ \ \ \ + 6\ 594\ cm^2$

$= 4\ 800\ cm^2 +\ 11\ 820\ cm^2\ +\ \ \ \ \ \ \ 5\ 276{,}75\ cm^2\ \ \ \ \ \ \ + 6\ 594\ cm^2$

   1 **1** **2** **1**

$=\ \ \ \ \ \ \ \ \ \ \ \underline{28\ 490{,}75\ cm^2}$ **1**

$\boxed{9\ P}$

---

2. a) $V_{ges} = V_{Quad} + V_{Zyl}$

    $= a \cdot b \cdot h_k + r^2 \cdot \pi \cdot h_k$

    $= 1\ m \cdot 0{,}5\ m \cdot 2\ m + (0{,}25\ m)^2 \cdot 3{,}14 \cdot 2\ m$

    $=\ \ \ \ \ \ \ 1\ m^3\ \ \ \ \ \ \ +\ \ \ \ \ 0{,}3925\ m^3$

    $=\ \ \ \ \ \ \ \underline{1{,}3925\ m^3}$ **3**

V_{ges} in l: $1{,}3925\ m^3 \mathrel{\widehat{=}} 1\ 392{,}5\ dm^3 \mathrel{\widehat{=}} \underline{1\ 392{,}5\ l}$ **1**   **$V_{90\%}$:** $1\ 392{,}5\ l \cdot 0{,}9 = \underline{1\ 253{,}25\ l}$ **1**

b) $A = 2 \cdot A_{Rechteck} + A_{Zylindermantel}$

  $A = 2 \cdot 1\ m \cdot 2\ m +\ \ \ \ \ d \cdot \pi \cdot h_k$

  $A =\ \ \ 2 \cdot 2\ m^2\ \ \ \ + 0{,}5\ m \cdot 3{,}14 \cdot 2\ m$

  $A =\ \ \ \ \ \ 4\ m^2\ \ \ \ \ +\ \ \ \ \ 3{,}14\ m^2$

  $A =\ \ \ \ \ \ \ \underline{7{,}14\ m^2}$ **3**   **Preis:** $7{,}14\ m^2 \rightarrow \underline{\text{Dose: } 15\ €}$ **1**

$\boxed{9\ P}$

Geometrische Körper — Lösungsblatt

Probearbeit R 9

3. a)

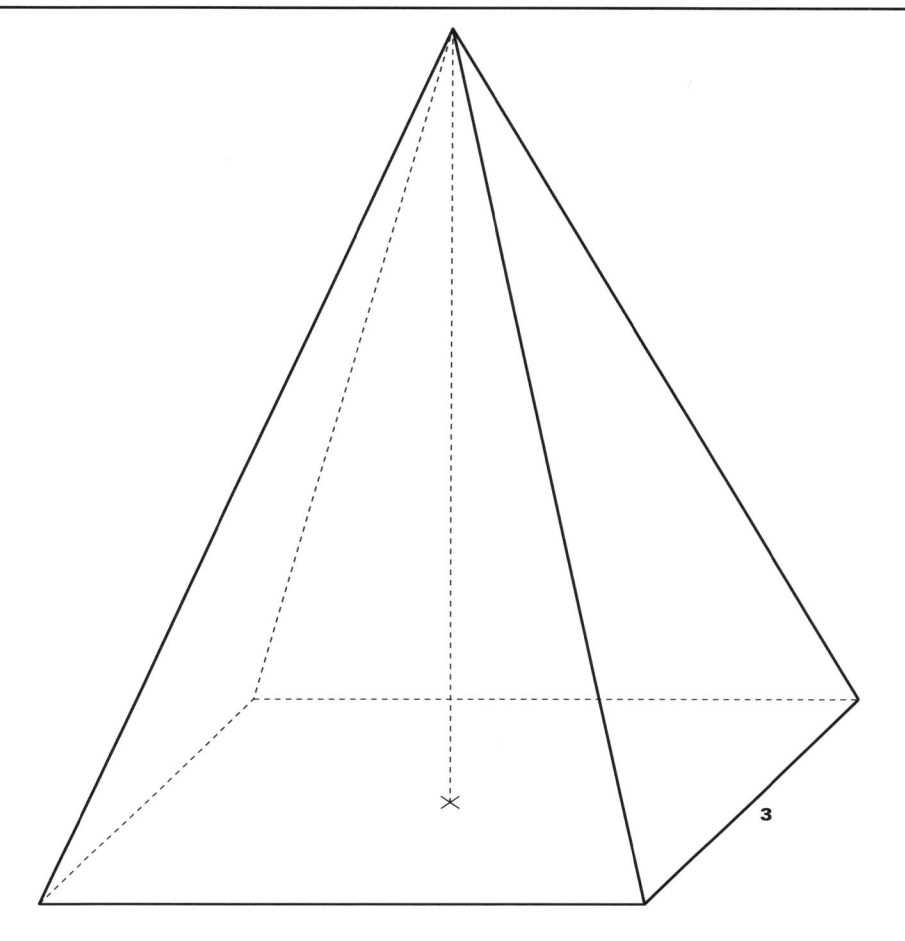

b) $V = \dfrac{A \cdot h_k}{3}$

$V = \dfrac{a \cdot a \cdot h_k}{3}$

$V = \dfrac{32 \text{ cm} \cdot 32 \text{ cm} \cdot 42 \text{ cm}}{3}$

$V = \underline{\underline{14\,336 \text{ cm}^3}}$ 2

Gewicht $= V \cdot \rho$

$= 14\,336 \text{ cm}^3 \cdot 0{,}75 \dfrac{g}{\text{cm}^3}$

$= 10\,752 \text{ g}$

$= \underline{\underline{10{,}752 \text{ kg}}}$ 2

c) $M = \dfrac{g \cdot h}{2} \cdot 4$ ⟶ $c^2 = a^2 + b^2$

$M = \dfrac{32 \text{ cm} \cdot 45 \text{ cm}}{2} \cdot 4$ $c^2 = (16 \text{ cm})^2 + (42 \text{ cm})^2$

$M = 720 \text{ cm}^2 \cdot 4$ $c^2 = 256 \text{ cm}^2 + 1\,764 \text{ cm}^2$

$M = \underline{\underline{2\,880 \text{ cm}^2}}$ 2 $c^2 = 2\,020 \text{ cm}^2$

$c = \sqrt{2\,020 \text{ cm}^2}$

$c \approx \underline{\underline{45 \text{ cm}}}$ 3

12 P

Geometrische Körper — Lösungsblatt

Probearbeit R 9

4. a) $V = \dfrac{A \cdot h_k}{3}$

   $V = \dfrac{r \cdot r \cdot \pi \cdot h_k}{3}$

   $V = \dfrac{2{,}3 \text{ cm} \cdot 2{,}3 \text{ cm} \cdot 3{,}14 \cdot 6 \text{ cm}}{3}$

   $V = 33{,}2212 \text{ cm}^3 \quad \approx \underline{33{,}2 \text{ cm}^3}$ **3**

   Gewicht $= V \cdot \rho$

   $= 33{,}2 \text{ cm}^3 \cdot 2{,}7 \dfrac{g}{\text{cm}^3}$

   $= \underline{89{,}69724 \text{ g}} \quad \approx \underline{90 \text{ g}}$ **2**

   $\downarrow$

   $\dfrac{2\,000 \text{ g}}{90 \text{ g}} = 22{,}22 \quad \rightarrow \quad \underline{22 \text{ Kegel}}$ **1**

b) $M = \dfrac{U \cdot h_s}{2}$ $\qquad\qquad\qquad c^2 = a^2 + b^2$

   $M = \dfrac{d \cdot \pi \cdot h_s}{2} \qquad\qquad c^2 = (6 \text{ cm})^2 + (2{,}3 \text{ cm})^2$

   $M = \dfrac{4{,}6 \text{ cm} \cdot 3{,}14 \cdot 6{,}4 \text{ cm}}{2} \qquad c^2 = 36 \text{ cm}^2 + 5{,}29 \text{ cm}^2$

   $M = 46{,}2208 \text{ cm}^2 \qquad\qquad c^2 = 41{,}29 \text{ cm}^2$

   $M \approx \underline{47 \text{ cm}^2}$ **2** $\qquad\qquad c = \sqrt{41{,}29 \text{ cm}^2}$

   $\qquad\qquad\qquad\qquad\qquad\qquad c \approx \underline{6{,}4 \text{ cm}}$ **3**

   $\boxed{11 \text{ P}}$

5. $M = \dfrac{U \cdot h_s}{2}$

   $M = \dfrac{d \cdot \pi \cdot h_s}{2}$

   $\dfrac{M \cdot 2}{d \cdot \pi} = h_s$

   $\dfrac{602{,}88 \text{ cm}^2 \cdot 2}{16 \text{ cm} \cdot 3{,}14} = h_s$

   $\underline{24 \text{ cm} = h_s}$ **4**

   $\boxed{4 \text{ P}}$

Gesamtpunktzahl: $\underline{45}$

Geometrische Körper

Name:

Volumen und Oberfläche von Prismen mit regelmäßiger Vielecksgrundfläche (M 9)

Das nebenstehende Dreieck stellt das Bestimmungsdreieck einer regelmäßigen Fünfecksäule dar.
Die Körperhöhe der Säule beträgt 8 m.

Berechne Volumen und Oberfläche!

(Dreieck: Seite 3,3 m, Grundseite 4 m)

1. Berechnung des Volumens (Ablaufplan)

1. Schritt: Die Formel für die Berechnung des Volumens notieren: _____

2. Schritt: Überlegen, welche Angaben für die Berechnung noch nötig sind:

   Die Körperhöhe ist gegeben. Zur Berechnung der Grundfläche benötigt man

   _____. Diese Größe muss man

   anschließend _____ multiplizieren, weil die Grundfläche aus _____

   solcher Dreiecke besteht. Die fehlende Höhe des Bestimmungsdreiecks erhält

   man durch die Berechnung mit dem Satz des _____:

   _____

3. Schritt: Grundfläche berechnen: _____

4. Schritt: Volumen berechnen: _____

2. Berechnung der Oberfläche (Ablaufplan)

1. Schritt: Die Formel für die Berechnung der Oberfläche notieren: _____

2. Schritt: Überlegen, welche Angaben für die Berechnung noch nötig sind:

   Die Größe der Grundfläche wurde berechnet (26 m²), der Mantel besteht aus

   fünf Rechtecken, deren Maße gegeben sind; somit folgt:

3. Schritt: Oberfläche berechnen: _____

Geometrische Körper — Lösungsblatt

Volumen und Oberfläche von Prismen mit regelmäßiger Vielecksgrundfläche (M 9)

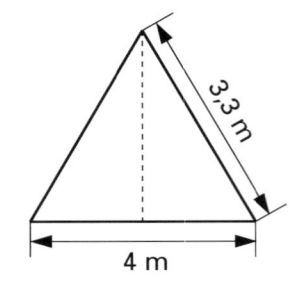

Das nebenstehende Dreieck stellt das Bestimmungsdreieck einer regelmäßigen Fünfecksäule dar.
Die Körperhöhe der Säule beträgt 8 m.

Berechne Volumen und Oberfläche!

(Dreieck: Seite 3,3 m, Grundseite 4 m)

1. Berechnung des Volumens (Ablaufplan)

1. Schritt: Die Formel für die Berechnung des Volumens notieren: $V = A \cdot h_k$

2. Schritt: Überlegen, welche Angaben für die Berechnung noch nötig sind:

   Die Körperhöhe ist gegeben. Zur Berechnung der Grundfläche benötigt man __die Größe des Bestimmungsdreiecks__. Diese Größe muss man anschließend __mit 5__ multiplizieren, weil die Grundfläche aus __fünf__ solcher Dreiecke besteht. Die fehlende Höhe des Bestimmungsdreiecks erhält man durch die Berechnung mit dem Satz des __Pythagoras__:

   $$a^2 = c^2 - b^2 \quad \rightarrow \quad a^2 = (3{,}3 \text{ m})^2 - (2 \text{ m})^2 \quad \rightarrow \quad a \approx 2{,}6 \text{ m}$$

3. Schritt: Grundfläche berechnen: $A = \dfrac{g \cdot h}{2} \cdot 5 = \dfrac{4 \text{ m} \cdot 2{,}6 \text{ m}}{2} \cdot 5 = 26 \text{ m}^2$

4. Schritt: Volumen berechnen: $V = A \cdot h_k \rightarrow V = 26 \text{ m}^2 \cdot 8 \text{ m} \rightarrow V = 208 \text{ m}^3$

2. Berechnung der Oberfläche (Ablaufplan)

1. Schritt: Die Formel für die Berechnung der Oberfläche notieren: $O = 2 \cdot A + M$

2. Schritt: Überlegen, welche Angaben für die Berechnung noch nötig sind:

   Die Größe der Grundfläche wurde berechnet (26 m²), der Mantel besteht aus fünf Rechtecken, deren Maße gegeben sind; somit folgt:

3. Schritt: Oberfläche berechnen:

   $O = 2 \cdot 26 \text{ m}^2 + a \cdot b \cdot 5 \quad \rightarrow \quad O = 52 \text{ m}^2 + 4 \text{ m} \cdot 8 \text{ m} \cdot 5 \quad \rightarrow \quad 212 \text{ m}^2$

Geometrische Körper

Name:

Volumen und Oberfläche einfacher zusammengesetzter Körper

Nebenstehende Zeichnung zeigt einen Körper, der aus einem zylinderförmigen Mittelteil besteht, dem oben und unten jeweils gleich große Kegel aufgesetzt sind.

Folgende Maße sind gegeben:
- der Abstand der Kegelspitzen beträgt 33 cm;
- der Durchmesser des Zylinders und der Kegelgrundflächen beträgt 18 cm;
- die Höhe des Zylinders beträgt 9 cm;
- die Seitenhöhe des Kegels (h_s) beträgt 15 cm.

a) Trage die Maße in die Zeichnung ein!
b) Berechne das Volumen des Gesamtkörpers!
c) Berechne die Oberfläche dieses Körpers!

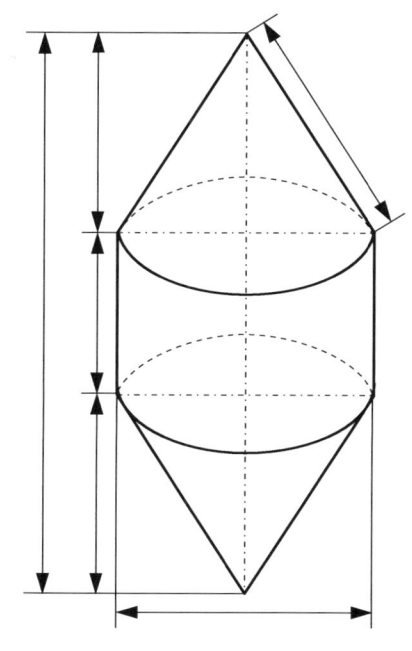

1. Berechnung des Volumens (Ablaufplan)

    1. Schritt: Die Formel für die Berechnung des Volumens notieren:

    2. Schritt: Überlegen, ob noch Angaben für die Berechnung nötig sind.

        Folgende Angaben werden gebraucht: _____ .
        Beides ist gegeben.

    3. Schritt: Volumen dieses zusammengesetzten Körpers berechnen:

2. Berechnung der Oberfläche (Ablaufplan)

    1. Schritt: Die Formel für die Berechnung dieser Oberfläche notieren. Die Oberfläche besteht aus zwei Kegelmäntel und einem Rechteck.

$$\frac{U \cdot h_s}{2} \cdot 2 + U \cdot h_k \rightarrow O = \frac{d \cdot \pi \cdot h_s}{2} \cdot 2 + d \cdot \pi \cdot h_k$$

    2. Schritt: Oberfläche berechnen:

Geometrische Körper — Lösungsblatt

Volumen und Oberfläche einfacher zusammengesetzter Körper

Nebenstehende Zeichnung zeigt einen Körper, der aus einem zylinderförmigen Mittelteil besteht, dem oben und unten jeweils gleich große Kegel aufgesetzt sind.

Folgende Maße sind gegeben:
- der Abstand der Kegelspitzen beträgt 33 cm;
- der Durchmesser des Zylinders und der Kegelgrundflächen beträgt 18 cm;
- die Höhe des Zylinders beträgt 9 cm;
- die Seitenhöhe des Kegels (h_s) beträgt 15 cm.

a) Trage die Maße in die Zeichnung ein!
b) Berechne das Volumen des Gesamtkörpers!
c) Berechne die Oberfläche dieses Körpers!

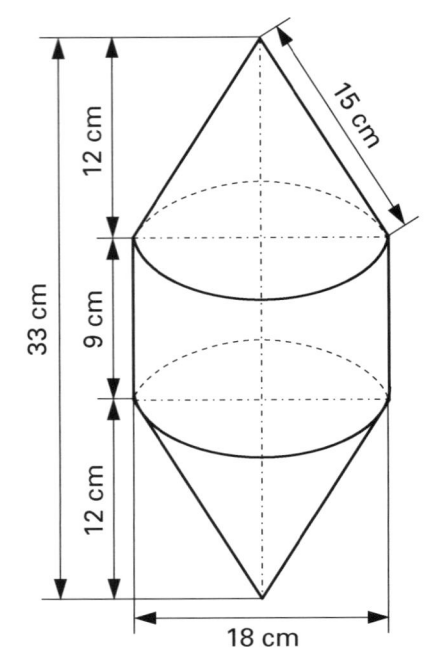

1. Berechnung des Volumens (Ablaufplan)

1. Schritt: Die Formel für die Berechnung des Volumens notieren: $V = \dfrac{A \cdot h_k}{3}$

2. Schritt: Überlegen, ob noch Angaben für die Berechnung nötig sind.

   Folgende Angaben werden gebraucht: __Radius der Körper und Körperhöhe__. Beides ist gegeben.

3. Schritt: Volumen dieses zusammengesetzten Körpers berechnen:

$$V = \dfrac{r^2 \pi \cdot h_k}{3} \cdot 2 \text{ (beide Kegel)} + r^2 \pi \cdot h_k \text{ (Zylinder)}$$

$$V = \dfrac{(9\,\text{cm})^2 \cdot \pi \cdot 12\,\text{cm}}{3} \cdot 2 + (9\,\text{cm})^2 \cdot \pi \cdot 9\,\text{cm}$$

$$V = 2\,034{,}72\,\text{cm}^3 + 2\,289{,}06\,\text{cm}^3$$

$$V = \underline{\underline{4\,323{,}78\,\text{cm}^3}}$$

2. Berechnung der Oberfläche (Ablaufplan)

1. Schritt: Die Formel für die Berechnung dieser Oberfläche notieren. Die Oberfläche besteht aus zwei Kegelmäntel und einem Rechteck.

$$\dfrac{U \cdot h_s}{2} \cdot 2 + U \cdot h_k \;\rightarrow\; O = \dfrac{d \cdot \pi \cdot h_s}{2} \cdot 2 + d \cdot \pi \cdot h_k$$

2. Schritt: Oberfläche berechnen:

$$O = \dfrac{18\,\text{cm} \cdot \pi \cdot 15\,\text{cm}}{2} \cdot 2 + 18\,\text{cm} \cdot \pi \cdot 9\,\text{cm}$$

$$O = 847{,}8\,\text{cm}^2 + 508{,}68\,\text{cm}^2$$

$$O = \underline{\underline{1\,356{,}48\,\text{cm}^2}}$$

Terme, Gleichungen und Formeln

Name:

Grundlagen zum Rechnen mit Gleichungen: Terme umformen

Um Gleichungen lösen zu können, müssen die Grundlagen für das Rechnen mit Gleichungen sicher beherrscht werden:

1. Klammern auflösen

a) Änderung der Vorzeichen:

$45 + (x + 5) =$ $23 + (x - 7) =$ $78 - (x + 2) =$ $57 - (x - 3) =$

Bei einem + vor der Klammer bleiben bei der Auflösung der Klammer die Vorzeichen _____ .

Bei einem − vor der Klammer _____ sich bei der Auflösung der Klammer die Vorzeichen: aus + _____ , aus − _____ .

b) Verteilungsgesetz (Distributivgesetz) beachten:

$4 \cdot (5x - 3) - 2 =$ $4 + 6(5 + 4x) =$ $(5x - 7) \cdot 2 + 8 =$

Jedes Glied in der Klammer wird multipliziert. Steht der Faktor vor der Klammer, so kann der Malpunkt weggelassen werden; steht er hinter der Klammer, so wird der Malpunkt geschrieben.

Dabei ist grundsätzlich zu beachten: $+ \cdot + =$ ___ $+ \cdot - =$ ___

$- \cdot - =$ ___ $- \cdot + =$ ___

2. Grundlegende Rechenregel beachten: Klammer zuerst, dann Punkt vor Strich!

$23x - 4x \cdot 5 + 20 : 4 - 3x + 1,5x \cdot 6 =$ $0,4 + 1,4 : 7 + 19x : \frac{1}{2} - 3 \cdot (-8) =$

Manchmal kommen in Termen Bruchzahlen und Dezimalbrüche gemeinsam vor. Man muss sich entscheiden, ob man alle Brüche zu gemeinen Brüchen oder zu Dezimalbrüchen machen will. Wenn man gemeine Brüche durch Dezimalbrüche ersetzen kann, wird die Arbeit leichter. Das ist aber nur möglich, wenn die Brüche umzuwandeln sind,

z. B. $\frac{1}{2}, \frac{1}{4}, \frac{3}{4}, \frac{2}{5}, \frac{3}{5}, \frac{1}{8}, \frac{3}{8}, \frac{1}{10}, \frac{1}{50}$ ...

Terme, Gleichungen und Formeln — Lösungsblatt

Grundlagen zum Rechnen mit Gleichungen: Terme umformen

Um Gleichungen lösen zu können, müssen die Grundlagen für das Rechnen mit Gleichungen sicher beherrscht werden:

1. Klammern auflösen

a) Änderung der Vorzeichen:

$45 + (x + 5) =$	$23 + (x - 7) =$	$78 - (x + 2) =$	$57 - (x - 3) =$
$= 45 + x + 5 =$	$= 23 + x - 7 =$	$= 78 - x - 2 =$	$= 57 - x + 3 =$
$= 50 + x$	$= 16 - x$	$= 76 - x$	$= 60 - x$

Bei einem + vor der Klammer bleiben bei der Auflösung der Klammer die Vorzeichen __unverändert__.

Bei einem − vor der Klammer __ändern__ sich bei der Auflösung der Klammer die Vorzeichen: aus + wird __−__, aus − wird __+__.

b) Verteilungsgesetz (Distributivgesetz) beachten:

$4 \cdot (5x - 3) - 2 =$	$4 + 6(5 + 4x) =$	$(5x - 7) \cdot 2 + 8 =$
$= 20x - 12 - 2 =$	$= 4 + 30 + 24x =$	$= 10x - 14 + 8 =$
$= 20x - 14$	$= 34 + 24x$	$= 10x - 6$

Jedes Glied in der Klammer wird multipliziert. Steht der Faktor vor der Klammer, so kann der Malpunkt weggelassen werden; steht er hinter der Klammer, so wird der Malpunkt geschrieben.

Dabei ist grundsätzlich zu beachten: $+ \cdot + = \underline{+}$ $\quad + \cdot - = \underline{-}$

$- \cdot - = \underline{+}$ $\quad - \cdot + = \underline{-}$

2. Grundlegende Rechenregel beachten: Klammer zuerst, dann Punkt vor Strich!

$23x - 4x \cdot 5 + 20 : 4 - 3x + 1{,}5x \cdot 6 =$	$0{,}4 + 1{,}4 : 7 + 19x : \frac{1}{2} - 3 \cdot (-8) =$
$= 23x - 20x + 5 - 3x + 9x =$	$= 0{,}4 + 0{,}2 + 38x + 24 =$
$= 29x + 5$	$= 24{,}6 + 38x$

Manchmal kommen in Termen Bruchzahlen und Dezimalbrüche gemeinsam vor.
Man muss sich entscheiden, ob man alle Brüche zu gemeinen Brüchen oder zu Dezimalbrüchen machen will. Wenn man gemeine Brüche durch Dezimalbrüche ersetzen kann, wird die Arbeit leichter. Das ist aber nur möglich, wenn die Brüche umzuwandeln sind, z. B. $\frac{1}{2}, \frac{1}{4}, \frac{3}{4}, \frac{1}{5}, \frac{2}{5}, \frac{1}{8}, \frac{3}{8}, \frac{1}{10}, \frac{1}{50} \ldots$

Terme, Gleichungen und Formeln

Name:

Algebraische Gleichungen

Das Ziel jeder Gleichung ist, den Wert der Unbekannten (der Variablen x) zu bestimmen. Um dieses Ziel zu erreichen, geht man nach folgendem Schema vor:

1. Klammer auflösen
2. Punkt vor Strich!
3. x-Werte und Zahlen zusammenfassen
4. x-Wert berechnen

$9{,}3 + 0{,}9 \cdot (-4 + 3x) = (-18 - 101x) : 5 - (-18{,}9 - 22{,}1x)$

$\dfrac{5x + 0{,}25}{5} - 21x - 3{,}3 = 2{,}75 - 6 \cdot \left(4x - \dfrac{1}{3}\right)$

$\dfrac{3 \cdot (x + 20)}{4} - \dfrac{5}{8} - \dfrac{1}{2} \cdot (2x + 0{,}5x) = \dfrac{x + 0{,}75}{2}$

Terme, Gleichungen und Formeln — Lösungsblatt

Algebraische Gleichungen

Das Ziel jeder Gleichung ist, den Wert der Unbekannten (der Variablen x) zu bestimmen. Um dieses Ziel zu erreichen, geht man nach folgendem Schema vor:

1. Klammer auflösen
2. Punkt vor Strich!
3. x-Werte und Zahlen zusammenfassen
4. x-Wert berechnen

$$9{,}3 + 0{,}9 \cdot (-4 + 3x) = (-18 - 101x) : 5 - (-18{,}9 - 22{,}1x)$$

$$9{,}3 - 3{,}6 + 2{,}7x = -3{,}6 - 20{,}2x + 18{,}9 + 22{,}1x$$

$$2{,}7x + 20{,}2x - 22{,}1x = -3{,}6 + 18{,}9 - 9{,}3 + 3{,}6$$

$$0{,}8x = 9{,}6 \qquad | : 0{,}8$$

$$\underline{\underline{x = 12}}$$

$$\frac{5x + 0{,}25}{5} - 21x - 3{,}3 = 2{,}75 - 6 \cdot \left(4x - \frac{1}{3}\right)$$

$$x + 0{,}05 - 21x - 3{,}3 = 2{,}75 - 24x + 2$$

$$x - 21x + 24x = 2{,}75 + 2 - 0{,}05 + 3{,}3$$

$$4x = 8 \qquad | : 4$$

$$\underline{\underline{x = 2}}$$

$$\frac{3 \cdot (x + 20)}{4} - \frac{5}{8} - \frac{1}{2} \cdot (2x + 0{,}5x) = \frac{x + 0{,}75}{2}$$

$$\frac{3x + 60}{4} - 0{,}625 - \frac{1}{2} \cdot 2{,}5x = 0{,}5x + 0{,}375$$

$$0{,}75x + 15 - 0{,}625 - 1{,}25x = 0{,}5x + 0{,}375$$

$$0{,}75x - 1{,}25x - 0{,}5x = 0{,}375 - 15 + 0{,}625$$

$$-x = -14 \qquad | \cdot (-1)$$

$$\underline{\underline{x = 14}}$$

Terme, Gleichungen und Formeln

Name:

Lernzielkontrolle R 9 (Algebraische Gleichungen)

1. Berechne x für folgende Gleichung: $15x - 12 - 11x = 12 - 3x - 17$

2. Berechne x für folgende Gleichung: $9(x - 1) - 3(x - 3) + 6x - 4 = 32$
   Erstelle die Probe!

3. Berechne x für folgende Gleichung: $2x - \frac{1}{3}(9x + 12) - (\frac{1}{5}x + 3) \cdot 10 = 26$

4. Berechne x für folgende Gleichung: $-1{,}4x + 4(0{,}75x + 10) - \frac{2}{3}(6x - 12) = 0{,}2(8x + 14)$

Terme, Gleichungen und Formeln — Lösungsblatt

Lernzielkontrolle R 9 (Algebraische Gleichungen)

1. $15x - 12 - 11x = 12 - 3x - 17$
   $15x - 11x + 3x = 12 - 17 + 12$
   $\quad 7x = 7 \quad | :7$
   $\quad \underline{\underline{x = 1}}$

   [3 P]

2. $9(x - 1) - 3(x - 3) + 6x - 4 = 32$
   $9x - 9 - 3x + 9 + 6x - 4 = 32$
   $9x - 3x + 6x = 32 + 9 - 9 + 4$
   $12x = 36 \quad | :12$
   $\underline{\underline{x = 3}}$

   Probe:
   $9(3 - 1) - 3(3 - 3) + 6 \cdot 3 - 4 = 32$
   $9 \cdot 2 - 3 \cdot 0 + 18 - 4 = 32$
   $18 - 0 + 18 - 4 = 32$
   $\underline{\underline{32 = 32}}$

   [9 P]

3. $2x - \frac{1}{3}(9x + 12) - (\frac{1}{5}x + 3) \cdot 10 = 26$
   $2x - 3x - 4 - 2x - 30 = 26$
   $2x - 3x - 2x = 26 + 4 + 30$
   $-3x = 60 \quad | :(-3)$
   $\underline{\underline{x = -20}}$

   [6 P]

4. $-1{,}4x + 4(0{,}75x + 10) - \frac{2}{3}(6x - 12) = 0{,}2(8x + 14)$
   $-1{,}4x + 3x + 40 - 4x + 8 = 1{,}6x + 2{,}8$
   $-1{,}4x + 3x - 4x - 1{,}6x = 2{,}8 - 40 - 8$
   $-4x = -45{,}2 \quad | :(-4)$
   $\underline{\underline{x = 11{,}3}}$

   [7 P]

Gesamtpunktzahl: $\underline{25}$

Terme, Gleichungen und Formeln

Name:

Textgleichungen (1)

Wenn man Textgleichungen aufstellen und lösen will, muss man die grundlegenden Begriffe beherrschen.

Nenne das Rechenzeichen, stelle die Terme (die Rechenoperationen) auf:

… eine Zahl

… um 4 weniger

… das gleiche Ergebnis

Vermehrt man eine Zahl um 5 …

… und addiert zum Ergebnis die Zahl 2

Multipliziert man eine Zahl mit 4 …

Dividiert man eine Zahl durch 3 …

… und subtrahiert die Differenz aus 9 und 7

… der Unterschied

… subtrahiert man von 27 eine Zahl

… subtrahiert man 27 von einer Zahl

… dividiert das Ergebnis durch 8

… lautet das Ergebnis 56

Das Produkt aus 7 und 4 …

Der vierte Teil einer Zahl …

Die Summe aus einer Zahl und 25 …

Der Quotient aus 39 und 13 …

Addiert man 6 zum Fünffachen einer Zahl und multipliziert diese Summe mit 8 …

Vermehrt man das 10-Fache einer Zahl um 4 und dividiert diese Summe durch 11 …

Multipliziert man eine Zahl mit 3 und vermindert das Produkt um 2 …

… ist gleich der Differenz aus 73 und dem 3-Fachen der gesuchten Zahl.

… so ergibt das 9 weniger, als wenn man das Vierfache der Zahl um 1 vermehrt.

… so erhält man das gleiche Ergebnis, als wenn man das Dreifache einer Zahl um 2 vermehrt

… so erhält man das gleiche Ergebnis, als wenn man den 5. Teil der Zahl um 9 vermindert

Terme, Gleichungen und Formeln — Lösungsblatt

Textgleichungen (1)

Wenn man Textgleichungen aufstellen und lösen will, muss man die grundlegenden Begriffe beherrschen.

Nenne das Rechenzeichen, stelle die Terme (die Rechenoperationen) auf:

… eine Zahl	x
… um 4 weniger	-4
… das gleiche Ergebnis	$=$
Vermehrt man eine Zahl um 5 …	$x + 5$
… und addiert zum Ergebnis die Zahl 2	$+2$
Multipliziert man eine Zahl mit 4 …	$4x$
Dividiert man eine Zahl durch 3 …	$\frac{1}{3}x \left(\frac{x}{3}\right)$
… und subtrahiert die Differenz aus 9 und 7	$-(9-7)$
… der Unterschied	$-$
… subtrahiert man von 27 eine Zahl	$27 - x$
… subtrahiert man 27 von einer Zahl	$x - 27$
… dividiert das Ergebnis durch 8	$:8 \left(\cdot \frac{1}{8}\right)$
… lautet das Ergebnis 56	$= 56$
Das Produkt aus 7 und 4 …	$7 \cdot 4$
Der vierte Teil einer Zahl …	$\frac{1}{4}x \; (x:4)$
Die Summe aus einer Zahl und 25 …	$x + 25$
Der Quotient aus 39 und 13 …	$39 : 13$
Addiert man 6 zum Fünffachen einer Zahl und multipliziert diese Summe mit 8 …	$(5x + 6) \cdot 8$
Vermehrt man das 10-Fache einer Zahl um 4 und dividiert diese Summe durch 11 …	$(10x + 4) : 11$
Multipliziert man eine Zahl mit 3 und vermindert das Produkt um 2 …	$3x - 2$
… ist gleich der Differenz aus 73 und dem 3-Fachen der gesuchten Zahl.	$= 73 - 3x$
… so ergibt das 9 weniger, als wenn man das Vierfache der Zahl um 1 vermehrt.	$= 4x + 1 - 9$
… so erhält man das gleiche Ergebnis, als wenn man das Dreifache einer Zahl um 2 vermehrt	$3x + 2$
… so erhält man das gleiche Ergebnis, als wenn man den 5. Teil der Zahl um 9 vermindert	$\frac{1}{5}x - 9$

Terme, Gleichungen und Formeln

Name:

Textgleichungen (2)

1. Multipliziert man die Summe aus dem 2-Fachen einer Zahl und 7 mit 4 und subtrahiert davon die Differenz aus der Zahl und $\frac{3}{5}$, so erhält man genauso viel, wie wenn man vom 17,2-Fachen der Zahl das Produkt aus $\frac{6}{15}$ und 5 subtrahiert.
   Wie heißt diese Zahl? Erstelle auch die Probe!

2. Vermindert man eine Zahl um ihren vierten Teil und halbiert diese Differenz, so ergibt das um 5 weniger, als wenn man von der Hälfte der gesuchten Zahl 20 subtrahiert.
   Wie heißt diese Zahl? Erstelle die Probe!

Terme, Gleichungen und Formeln — Lösungsblatt

Textgleichungen (2)

1. Multipliziert man die Summe aus dem 2-Fachen einer Zahl und 7 mit 4 und subtrahiert davon die Differenz aus der Zahl und $\frac{3}{5}$, so erhält man genauso viel, wie wenn man vom 17,2-Fachen der Zahl das Produkt aus $\frac{6}{15}$ und 5 subtrahiert.
Wie heißt diese Zahl? Erstelle auch die Probe!

$$(2x + 7) \cdot 4 - \left(x - \frac{3}{5}\right) = 17{,}2x - \frac{6}{15} \cdot 5$$

$$8x + 28 - x + 0{,}6 = 17{,}2x - 2$$

$$28 + 0{,}6 + 2 = 17{,}2x - 8x + x$$

$$30{,}6 = 10{,}2x \quad | :10{,}2$$

$$\underline{\underline{3 = x}}$$

Probe:

$$(2 \cdot 3 + 7) \cdot 4 - (3 - 0{,}6) = 17{,}2 \cdot 3 - \frac{6}{15} \cdot 5$$

$$(6 + 7) \cdot 4 - 2{,}4 = 51{,}6 - 2$$

$$13 \cdot 4 - 2{,}4 = 49{,}6$$

$$52 - 2{,}4 = 49{,}6$$

$$\underline{49{,}6 = 49{,}6}$$

2. Vermindert man eine Zahl um ihren vierten Teil und halbiert diese Differenz, so ergibt das um 5 weniger, als wenn man von der Hälfte der gesuchten Zahl 20 subtrahiert.
Wie heißt diese Zahl? Erstelle die Probe!

$$\frac{x - \frac{1}{4}x}{2} = \frac{1}{2}x - 20 - 5 \quad | \cdot 2$$

$$x - 0{,}25x = x - 40 - 10$$

$$40 + 10 = x - x + 0{,}25x$$

$$50 = 0{,}25x \quad | :0{,}25$$

$$\underline{\underline{200 = x}}$$

Probe:

$$\frac{200 - \frac{1}{4} \cdot 200}{2} = \frac{1}{2} \cdot 200 - 20 - 5$$

$$\frac{200 - 50}{2} = 100 - 20 - 5$$

$$\frac{150}{2} = 75$$

$$\underline{75 = 75}$$

Terme, Gleichungen und Formeln

Name:

Sachgleichungen (1)

Eine erste Variante der Sachgleichungen findet man in der Form, dass die gesuchte Gesamtsumme, _____, _____ ist. Beispiel:

Der Fanclub Blau-Weiß will mit seinen Mitgliedern zu einem Fußball-Länderspiel fahren.
Der Vorstand reserviert: 50 Karten der Preisklasse A
80 Karten der Preisklasse B
100 Karten der Preisklasse C
75 Karten der Preisklasse D

Ein Platz kostet in der Preisklasse A doppelt so viel wie in der Preisklasse B.
In der Preisklasse C ist ein Platz um 5 € billiger als in der Preisklasse B.
In der Preisklasse D ist ein Platz um 10 € billiger als in der Preisklasse C.
Für die reservierten Karten werden insgesamt 16 125 € bezahlt.
Wie teuer ist jeweils ein Platz in den verschiedenen Preisklassen?

Lösungsplan:

Zunächst wird festgelegt, welche Preisklasse x zugewiesen bekommt. In diesem Fall ist das die Preisklasse ____ , weil _____. Danach werden die weiteren Klassen bestimmt:

Preisklasse A: _____

Preisklasse B: _____

Preisklasse C: _____

Preisklasse D: _____

Nun wird das „Gesamte" (hier der Gesamtpreis) angeben:

Gesamt: _____

Nun muss noch in den Ansatz mit eingebracht werden, _____
_____ :

$2x \cdot 50 + 80x + 100(x-5) + 75(x-15) = 16\,125$

Nicht vergessen: Den Preis für die jeweilige Preisklasse bestimmen (oben eintragen!)

Terme, Gleichungen und Formeln — Lösungsblatt

Sachgleichungen (1)

Eine erste Variante der Sachgleichungen findet man in der Form, dass die gesuchte Gesamtsumme, __das Gesamte__, __eine Zahl__ ist. Beispiel:

Der Fanclub Blau-Weiß will mit seinen Mitgliedern zu einem Fußball-Länderspiel fahren. Der Vorstand reserviert: 50 Karten der Preisklasse A
80 Karten der Preisklasse B
100 Karten der Preisklasse C
75 Karten der Preisklasse D

Ein Platz kostet in der Preisklasse A doppelt so viel wie in der Preisklasse B.
In der Preisklasse C ist ein Platz um 5 € billiger als in der Preisklasse B.
In der Preisklasse D ist ein Platz um 10 € billiger als in der Preisklasse C.
Für die reservierten Karten werden insgesamt 16 125 € bezahlt.
Wie teuer ist jeweils ein Platz in den verschiedenen Preisklassen?

Lösungsplan:

Zunächst wird festgelegt, welche Preisklasse x zugewiesen bekommt. In diesem Fall ist das die Preisklasse __B__, weil __über den Preis nichts ausgesagt wird__. Danach werden die weiteren Klassen bestimmt:

Preisklasse A: $2x$ → $2 \cdot 50 = 100$

Preisklasse B: x → 50

Preisklasse C: $x - 5$ → $50 - 5 = 45$

Preisklasse D: $x - 5 - 10$ → $x - 15$ → $50 - 15 = 35$

Nun wird das „Gesamte" (hier der Gesamtpreis) angeben:

Gesamt: __16 125__

Nun muss noch in den Ansatz mit eingebracht werden, __wie viele Karten von jeder Kategorie verkauft wurden__:

$$2x \cdot 50 + 80x + 100(x-5) + 75(x-15) = 16\,125$$

$$100x + 80x + 100x - 500 + 75x - 1\,125 = 16\,125$$

$$100x + 80x + 100x + 75x = 16\,125 + 500 + 1\,125 \quad | :355$$

$$355x = 17\,750 \quad |:355$$

$$x = 50$$

Nicht vergessen: Den Preis für die jeweilige Preisklasse bestimmen (oben eintragen!)

Terme, Gleichungen und Formeln

Name:

Sachgleichungen (2)

Eine zweite Variante der Sachgleichungen findet man in der Form, dass der Gesamtbetrag, das Gesamte, mit _____ bezeichnet wird. Beispiel:

Bei einer Bürgermeisterwahl stimmten von der Gesamtzahl der Wahlberechtigten drei weniger als die Hälfte für den Kandidaten A. Auf den Kandidaten B entfielen ein Drittel aller Stimmen; auf den Kandidaten C 240 Stimmen weniger als auf B.

a) Wie viele Stimmen wurden abgegeben?

b) Wie viele Stimmen entfielen auf die einzelnen Kandidaten?

Lösungsplan:

Zunächst setzen wir alle gesuchten Elemente an; dabei erhält das unbekannte Element den Faktor ____ (hier die _____):

Kandidat A: _____

Kandidat B: _____

Kandidat C: _____

Gesamt: _____

Nun folgt der Ansatz der Gleichung und die Berechnung:

Die Anteile der Kandidaten muss noch berechnet werden (oben einsetzen)!

Antwort:

a) _____

b) _____

Terme, Gleichungen und Formeln — Lösungsblatt

Sachgleichungen (2)

Eine zweite Variante der Sachgleichungen findet man in der Form, dass der Gesamtbetrag, das Gesamte, mit „x" bezeichnet wird. Beispiel:

Bei einer Bürgermeisterwahl stimmten von der Gesamtzahl der Wahlberechtigten drei weniger als die Hälfte für den Kandidaten A. Auf den Kandidaten B entfielen ein Drittel aller Stimmen; auf den Kandidaten C 240 Stimmen weniger als auf B.

a) Wie viele Stimmen wurden abgegeben?

b) Wie viele Stimmen entfielen auf die einzelnen Kandidaten?

Lösungsplan:

Zunächst setzen wir alle gesuchten Elemente an; dabei erhält das unbekannte Element den Faktor „x" (hier die Gesamtzahl der Stimmen):

Kandidat A: $\frac{1}{2}x - 3$ → $\frac{1}{2} \cdot 1\,458 - 3 = 726$

Kandidat B: $\frac{1}{3}x$ → $\frac{1}{3} \cdot 1\,458 = 486$

Kandidat C: $\frac{1}{3}x - 240$ → $\frac{1}{3} \cdot 1\,458 - 240 = 246$

Gesamt: x → $= 1\,458$

Nun folgt der Ansatz der Gleichung und die Berechnung:

$$\frac{1}{2}x - 3 + \frac{1}{3}x + \frac{1}{3}x - 240 = x$$

$$\frac{1}{2}x + \frac{1}{3}x + \frac{1}{3}x - x = 240 + 3$$

$$\frac{3}{6}x + \frac{2}{6}x + \frac{2}{6}x - \frac{6}{6}x = 243$$

$$\frac{1}{6}x = 243 \quad | \cdot 6$$

$$x = 1\,458$$

Die Anteile der Kandidaten muss noch berechnet werden (oben einsetzen)!

Antwort:

a) Insgesamt wurden 1 468 Stimmen abgegeben.

b) Kandidat A erhielt 726 Stimmen, Kandidat B 486 Stimmen und Kandidat C 246 Stimmen.

Terme, Gleichungen und Formeln

Name:

Sachgleichungen (3)

Eine dritte Variante der Sachgleichungen finden wir in der Form, dass der Ansatz aus zwei sich gegenüberstehenden Termen besteht, die mathematisch gleich groß sind. Beispiel:

In einem Jugendzentrum wurde eine Fensterscheibe zerbrochen. Zahlt jeder der anwesenden Jugendlichen 0,80 €, dann fehlen noch 1,60 €. Zahlt aber jeder 0,90 €, dann bleiben noch 1,20 € übrig.

a) Wie viele Jugendliche waren im Jugendzentrum?

b) Wie viel kostete die Fensterscheibe?

Lösungsplan:

Zwei gleich große Terme bilden den Ansatz; die Zahl der Jugendlichen ist unbekannt, somit ____ !

Preis der Fensterscheibe berechnen (2 Möglichkeiten):

Antwort:

a) _____

b) _____

Terme, Gleichungen und Formeln — Lösungsblatt

Sachgleichungen (3)

Eine dritte Variante der Sachgleichungen finden wir in der Form, dass der Ansatz aus zwei sich gegenüberstehenden Termen besteht, die mathematisch gleich groß sind. Beispiel:

In einem Jugendzentrum wurde eine Fensterscheibe zerbrochen. Zahlt jeder der anwesenden Jugendlichen 0,80 €, dann fehlen noch 1,60 €. Zahlt aber jeder 0,90 €, dann bleiben noch 1,20 € übrig.

a) Wie viele Jugendliche waren im Jugendzentrum?

b) Wie viel kostete die Fensterscheibe?

Lösungsplan:

Zwei gleich große Terme bilden den Ansatz; die Zahl der Jugendlichen ist unbekannt, somit „x"!

$$0,8\,x + 1,6 = 0,9\,x - 1,2$$
$$1,6 + 1,2 = 0,9\,x - 0,8\,x$$
$$2,8 = 0,1\,x \quad | \cdot 10$$
$$\underline{28 = x}$$

Preis der Fensterscheibe berechnen (2 Möglichkeiten):

$0,8 \cdot 28 + 1,6 =$	$0,9 \cdot 28 - 1,2 =$
$= 22,4 + 1,6 =$	$= 25,2 - 1,2 =$
$= 24$	$= 24$

Antwort:

a) Es befanden sich 28 Jugendliche im Jugendzentrum.

b) Die Fensterscheibe kostete 24 €.

Terme, Gleichungen und Formeln

Name:

Umgang mit Formeln

Formeln enthalten mehrere _____. Kennt man – bis auf einen – die Werte aller Variablen, so lässt sich dieser unbekannte Wert errechnen. Dazu stellt man zunächst – wenn nötig – _____, setzt anschließend die _____ ein und löst die entstehende Gleichung.

1. Berechne Fläche und Umfang des Trapezes nach den angegebenen Formeln!

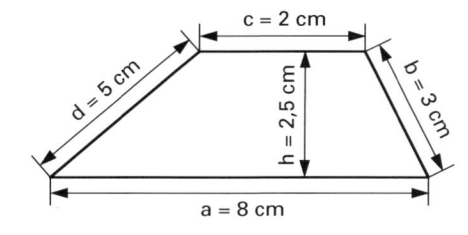

   c = 2 cm, d = 5 cm, b = 3 cm, h = 2,5 cm, a = 8 cm

   $A = \dfrac{a + c}{2} \cdot h$

   $A = m \cdot h$

   $U = a + b + c + d$

2. Berechne die Fläche des Sechsecks nach den angegebenen Formeln (a = 6 cm)! Runde auf Ganze!

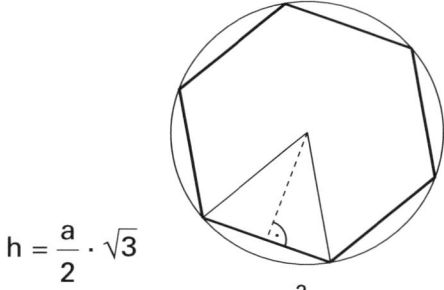

   $h = \dfrac{a}{2} \cdot \sqrt{3}$

   $A_{\text{Bestimmungsdreieck}} = \dfrac{a^2}{4} \cdot \sqrt{3}$

3. Berechne die Stromstärke mit der dafür notwendigen Formel (s. Formelsammlung)!

   Eine Glühbirne (230 V) hat eine Leistung von 100 W. Wie groß ist die Stromstärke?

Terme, Gleichungen und Formeln — Lösungsblatt

Umgang mit Formeln

Formeln enthalten mehrere __Variablen__. Kennt man – bis auf einen – die Werte aller Variablen, so lässt sich dieser unbekannte Wert errechnen. Dazu stellt man zunächst – wenn nötig – __die Formel um__, setzt anschließend die __bekannten Werte__ ein und löst die entstehende Gleichung.

1. Berechne Fläche und Umfang des Trapezes nach den angegebenen Formeln!

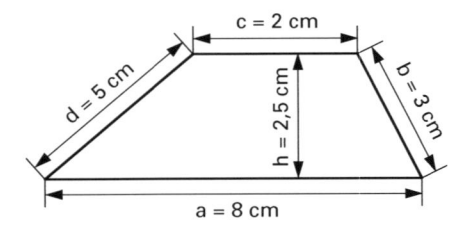

   c = 2 cm, d = 5 cm, h = 2,5 cm, b = 3 cm, a = 8 cm

   $A = \dfrac{a+c}{2} \cdot h$

   $A = m \cdot h$

   $U = a + b + c + d$

   $A = \dfrac{a+c}{2} \cdot h = \dfrac{8\,\text{cm} + 2\,\text{cm}}{2} \cdot 2{,}5\,\text{cm}$

   $A = \underline{\underline{12{,}5\,\text{cm}^2}}$

   $A = m \cdot h = 5\,\text{cm} \cdot 2{,}5\,\text{cm} = \underline{\underline{12{,}5\,\text{cm}^2}}$

   $U = a + b + c + d$

   $U = 8\,\text{cm} + 3\,\text{cm} + 2\,\text{cm} + 5\,\text{cm} = \underline{\underline{18\,\text{cm}}}$

2. Berechne die Fläche des Sechsecks nach den angegebenen Formeln (a = 6 cm)! Runde auf Ganze!

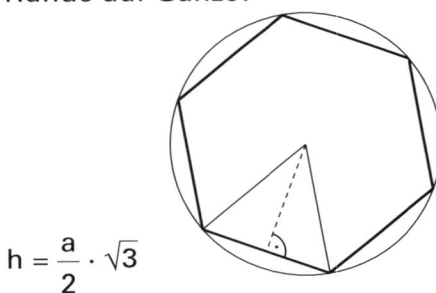

   $h = \dfrac{a}{2} \cdot \sqrt{3}$

   $A_{\text{Bestimmungsdreieck}} = \dfrac{a^2}{4} \cdot \sqrt{3}$

   $A = \dfrac{a^2}{4} \cdot \sqrt{3} \cdot 6$

   $A = \dfrac{(6\,\text{cm})^2}{4} \cdot \sqrt{3} \cdot 6$

   $A = 9\,\text{cm}^2 \cdot \sqrt{3} \cdot 6$

   $A \approx \underline{\underline{93{,}5\,\text{cm}^2}}$

3. Berechne die Stromstärke mit der dafür notwendigen Formel (s. Formelsammlung)!

   Eine Glühbirne (230 V) hat eine Leistung von 100 W. Wie groß ist die Stromstärke?

   Elektrische Leistung = Spannung · Stromstärke

   $P = U \cdot I \quad | : U$

   $P : U = I$

   $100\,\text{W} : 230\,\text{V} = I \quad \rightarrow \quad I = 0{,}43$

   $\rightarrow$ Stromstärke = $\underline{\underline{0{,}43\,\text{A}}}$

Terme, Gleichungen und Formeln

Name:

Bruchgleichungen – Definitionsbereich (M 9)

Definitionsmenge:	**Lösungsmenge:**
Menge aller Zahlen, die als Lösung eines Terms möglich sind.	Die Zahlen, die die Lösung eines Terms darstellen.

$\dfrac{3}{x+7} = \dfrac{4}{x+11} \quad | \cdot (x+7) \cdot (x+11)$

Definitionsmenge:

Alle Zahlen außer _____, da beim Einsetzen beider Zahlen keine Lösung möglich ist.

_____

x ist eine Element der Menge der reellen Zahlen ohne _____.

Lösungsmenge: _____

$\dfrac{9-3x}{x} - 20 = \dfrac{30-28x}{x} - 10 \quad | \cdot x$

Definitionsmenge:

Alle Zahlen außer _____.

_____

Lösungsmenge: _____

$\dfrac{12}{4} - \dfrac{4}{5} = \dfrac{9}{x-2} + 0{,}2 \quad | \cdot (x-2)$

Definitionsmenge:

Alle Zahlen außer _____.

_____

Lösungsmenge: _____

Terme, Gleichungen und Formeln — Lösungsblatt

Bruchgleichungen – Definitionsbereich (M 9)

Definitionsmenge: Menge aller Zahlen, die als Lösung eines Terms möglich sind.

Lösungsmenge: Die Zahlen, die die Lösung eines Terms darstellen.

$\dfrac{3}{x+7} = \dfrac{4}{x+11} \quad | \cdot (x+7) \cdot (x+11)$

$3(x+11) = 4(x+7)$

$3x + 33 = 4x + 28$

$33 - 28 = 4x - 3x$

$\underline{\underline{5 = x}}$

Definitionsmenge:

Alle Zahlen außer –7 und –11 , da beim Einsetzen beider Zahlen keine Lösung möglich ist.

$\mathbb{D}: x \in \mathbb{R} \setminus \{-7; -11\}$

x ist eine Element der Menge der reellen Zahlen ohne –7 und –11 .

Lösungsmenge: $\mathbb{L}\{5\}$

$\dfrac{9-3x}{x} - 20 = \dfrac{30-28x}{x} - 10 \quad | \cdot x$

$9 - 3x - 20x = 30 - 28x - 10x$

$-3x - 20x + 28x + 10x = 30 - 9$

$15x = 21 \quad | : 15$

$\underline{\underline{x = 1{,}4}}$

Definitionsmenge:

Alle Zahlen außer 0 .

$\mathbb{D}: x \in \mathbb{R} \setminus \{0\}$

Lösungsmenge: $\mathbb{L}\{1{,}4\}$

$\dfrac{12}{4} - \dfrac{4}{5} = \dfrac{9}{x-2} + 0{,}2 \quad | \cdot (x-2)$

$3(x-2) - 0{,}8(x-2) = 9 + 0{,}2(x-2)$

$3x - 6 - 0{,}8x + 1{,}6 = 9 + 0{,}2x - 0{,}4$

$3x - 0{,}8x - 0{,}2x = 9 - 0{,}4 + 6 - 1{,}6$

$2x = 13 \quad | : 2$

$\underline{\underline{x = 6{,}5}}$

Definitionsmenge:

Alle Zahlen außer 2 .

$\mathbb{D}: x \in \mathbb{R} \setminus \{2\}$

Lösungsmenge: $\mathbb{L}\{6{,}5\}$

Terme, Gleichungen und Formeln

Name:

Lineare Gleichungssysteme mit zwei Variablen (M 9)

y = 3x + 1
y = 5x − 5

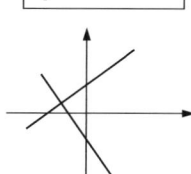

Zwei lineare Gleichungen bilden zusammen ein _____ Gleichungssystem. Das Zahlenpaar, das beide Gleichungen erfüllt, bildet die _____ des Gleichungssystems. Die Lösung des Gleichungssystems besteht also aus _____ Zahlen.

Bestimme die Lösung des folgenden Gleichungssystems durch Vergleich möglicher Lösungen! Ergänze die Wertetabelle und zeichne anhand der erhaltenen Zahlenpaare die Graphen in das Koordinatensystem ein. Was fällt dir auf?

y = 0,5x + 1

x	0	1	2	3	4	5
y						

y = 1,5x − 2

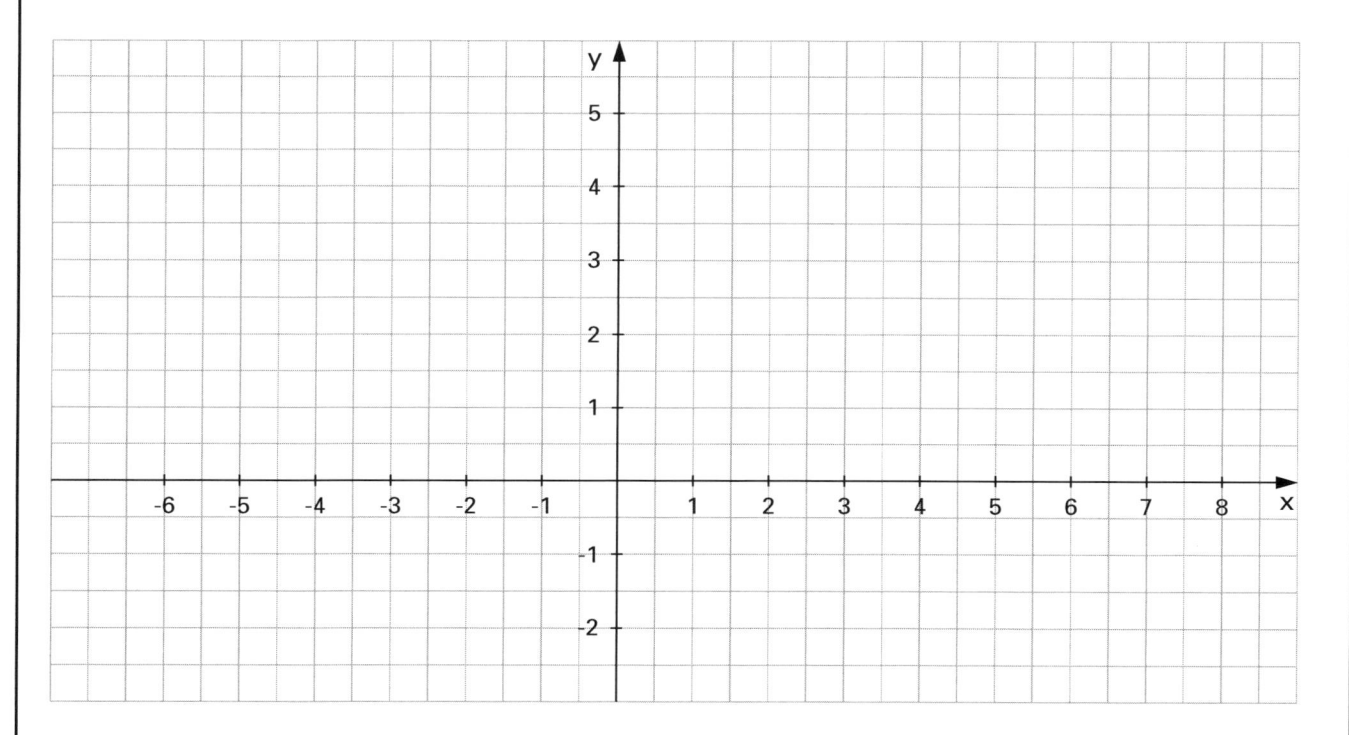

x	0	1	2	3	4	5
y						

Das Zahlenpaar _____ ist die Lösung des Gleichungssystems. Die Koordinaten des Schnittpunkts sind _____ .

Terme, Gleichungen und Formeln — Lösungsblatt

Lineare Gleichungssysteme mit zwei Variablen (M 9)

$y = 3x + 1$
$y = 5x - 5$

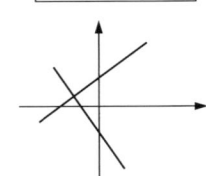

Zwei lineare Gleichungen bilden zusammen ein __lineares__ Gleichungssystem. Das Zahlenpaar, das beide Gleichungen erfüllt, bildet die __Lösung__ des Gleichungssystems. Die Lösung des Gleichungssystems besteht also aus __zwei__ Zahlen.

Bestimme die Lösung des folgenden Gleichungssystems durch Vergleich möglicher Lösungen! Ergänze die Wertetabelle und zeichne anhand der erhaltenen Zahlenpaare die Graphen in das Koordinatensystem ein. Was fällt dir auf?

$y = 0{,}5x + 1$

x	0	1	2	3	4	5
y	1	1,5	2	2,5	3	3,5

$y = 1{,}5x - 2$

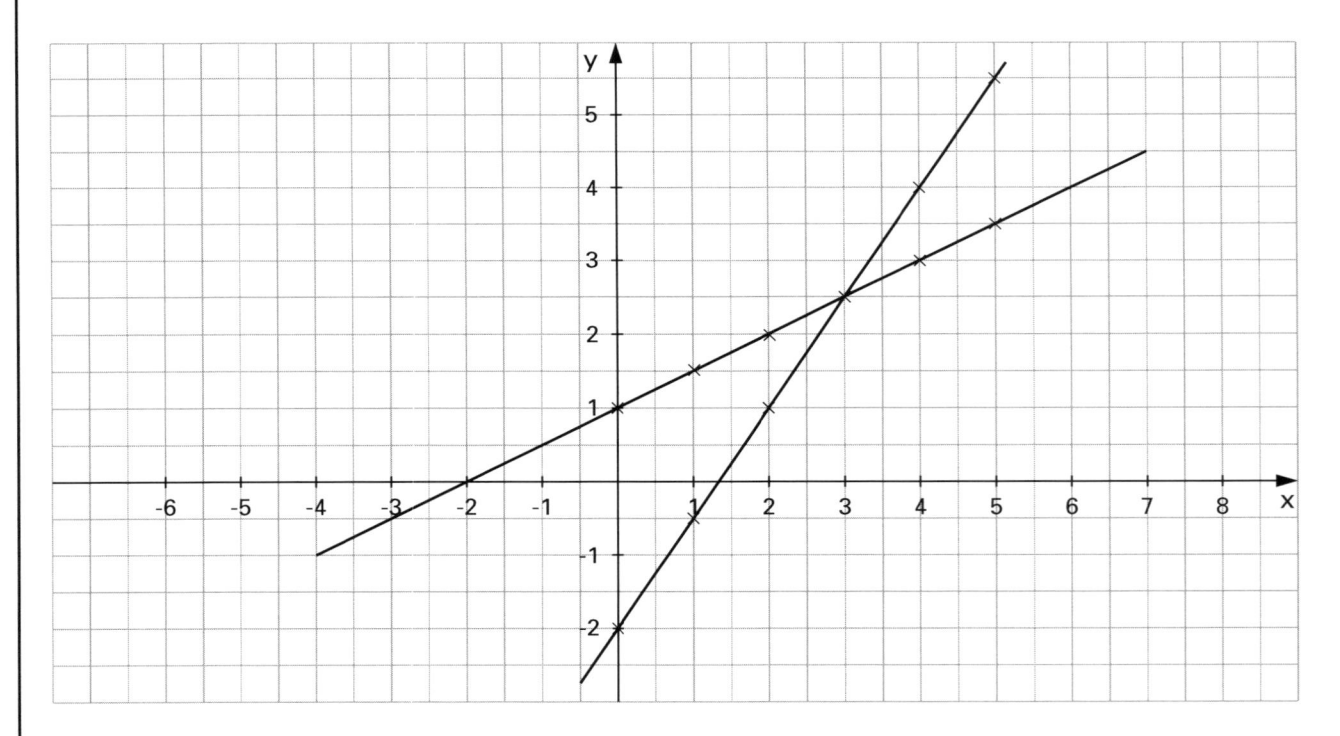

x	0	1	2	3	4	5
y	-2	-0,5	1	2,5	4	5,5

Das Zahlenpaar __(3/2,5)__ ist die Lösung des Gleichungssystems. Die Koordinaten des Schnittpunkts sind __die Lösung der Funktionsgleichung__.

Terme, Gleichungen und Formeln

Name:

Das Gleichsetzungsverfahren (M 9)

Gleichungssystem:
    I: $y = 3x + 5$
    II: $y = x + 7$

Terme gleichsetzen (I = II): _____

Erste Variable berechnen: _____

Zweite Variable berechnen: _____

Lösung:

Probe:

Oft findet man die Gleichungen nicht in der Form einer allgemeinen linearen Funktion ($y = m \cdot x + b$) vor. Sie müssen zunächst entsprechend umgeformt werden.

I: $\frac{1}{3}y = x - 3$ I: $-8x + 4y = 4$

II: $y = 1{,}5x + 6$ II: $6y = 3 + 6x$

Terme, Gleichungen und Formeln — Lösungsblatt

Das Gleichsetzungsverfahren (M 9)

Gleichungssystem:	I:	$y = 3x + 5$
	II:	$y = x + 7$
Terme gleichsetzen (I = II):		$3x + 5 = x + 7$
Erste Variable berechnen:		$3x + 5 = x + 7$
		$2x = 2 \quad \mid :2$
		$x = 1$
Zweite Variable berechnen:	$y = 3x + 5$	oder: $\quad y = x + 7$
	$y = 3 \cdot 1 + 5$	$y = 1 + 7$
	$y = 8$	$y = 8$
Lösung:		$\mathbb{L}\,(1/8)$
Probe:	$y = 3x + 5$	oder: $\quad y = x + 7$
	$8 = 3 \cdot 1 + 5$	$8 = 1 + 7$
	$8 = 8$	$8 = 8$

Oft findet man die Gleichungen nicht in der Form einer allgemeinen linearen Funktion ($y = m \cdot x + b$) vor. Sie müssen zunächst entsprechend umgeformt werden.

I: $\frac{1}{3}y = x - 3$

II: $y = 1{,}5x + 6$

I: $\frac{1}{3}y = x - 3 \quad \mid \cdot 3$

$y = 3x - 9$

II: $y = 1{,}5x + 6$

$3x - 9 = 1{,}5x + 6$

$1{,}5x = 15 \quad \mid :1{,}5$

$x = 10$

$y = 3x - 9 \quad$ oder: $\quad y = 1{,}5x + 6$

$y = 3 \cdot 10 - 9 \qquad\qquad y = 1{,}5 \cdot 10 + 6$

$y = 21 \qquad\qquad\qquad\quad y = 21$

$\mathbb{L}\,(10/21)$

I: $-8x + 4y = 4$

II: $6y = 3 + 6x$

I: $-8x + 4y = 4$

$4y = 4 + 8x \quad \mid :4$

$y = 1 + 2x$

II: $6y = 3 + 6x \quad \mid :6$

$y = 0{,}5 + x$

$1 + 2x = 0{,}5 + x$

$x = -0{,}5$

$y = 2x + 1 \quad$ oder: $\quad y = x + 0{,}5$

$y = 2 \cdot (-0{,}5) + 1 \qquad y = -0{,}5 + 0{,}5$

$y = 0 \qquad\qquad\qquad\quad y = 0$

$\mathbb{L}\,(-0{,}5/0)$

Terme, Gleichungen und Formeln

Name:

Das Einsetzungsverfahren (M 9)

Gleichungssystem: I: $y + 1 = 7x$
                    II: $y = x + 11$

Wert von y einsetzen (I in II oder II in I):

Erste Variable berechnen:

Zweite Variable berechnen:

Lösung:

Probe:

Oft findet man die Gleichungen nicht in der Form einer allgemeinen linearen Funktion ($y = m \cdot x + b$) vor. Sie müssen zunächst entsprechend umgeformt werden.

I: $-x = -y - 3$ I: $0{,}25y = x - \frac{1}{4}$

II: $2y = x + 2$ II: $3y = 15x - 1\frac{1}{2}$

Terme, Gleichungen und Formeln — Lösungsblatt

Das Einsetzungsverfahren (M 9)

Gleichungssystem:	I: $y + 1 = 7x$
	II: $y = x + 11$
Wert von y einsetzen (I in II oder II in I):	$x + 11 + 1 = 7x$
Erste Variable berechnen:	$x + 11 + 1 = 7x$
	$12 = 6x \mid :6$
	$2 = x$
Zweite Variable berechnen:	$y + 1 = 7x$ oder: $y = x + 11$
	$y = 7 \cdot 2 - 1$ $y = 2 + 11$
	$y = 13$ $y = 13$
Lösung:	$\mathbb{L}\,(2/13)$
Probe:	$y + 1 = 7x$ oder: $y = x + 11$
	$13 + 1 = 7 \cdot 2$ $13 = 2 + 11$
	$14 = 14$ $13 = 13$

Oft findet man die Gleichungen nicht in der Form einer allgemeinen linearen Funktion ($y = m \cdot x + b$) vor. Sie müssen zunächst entsprechend umgeformt werden.

I: $-x = -y - 3$
II: $2y = x + 2$

I: $0{,}25y = x - \frac{1}{4}$
II: $3y = 15x - 1\frac{1}{2}$

I: $y = x - 3$
II: $2y = x + 2$

I: $y = 4x - 1$
II: $3y = 15x - 1{,}5$

$2(x - 3) = x + 2$
$2x - 6 = x + 2$
$x = 8$

$3(4x - 1) = 15x - 1{,}5$
$12x - 3 = 15x - 1{,}5$
$-1{,}5 = 3x \mid :3$
$-0{,}5 = x$

$y = x - 3$ oder: $2y = x + 2$
$y = 8 - 3$ $2y = 8 + 2$
$y = 5$ $2y = 10 \mid :2$
                      $y = 5$

$\mathbb{L}\,(8/5)$

$y = 4x - 1$ oder: $3y = 15x - 1{,}5$
$y = 4 \cdot (-0{,}5) - 1$ $3y = 15 \cdot (-0{,}5) - 1{,}5$
$y = -2 - 1$ $3y = -9 \mid :3$
$y = -3$ $y = -3$

$\mathbb{L}\,(-0{,}5/-3)$

Terme, Gleichungen und Formeln

Name:

Das Additionsverfahren (M 9)

Gleichungssystem: I: $6x + 2y = 12$

II: $-6x + 3y = 3$

Erste Variable berechnen:

(eine Variable fällt weg)

Zweite Variable berechnen:

Lösung:

Probe:

Beim Additionsverfahren ist es von Vorteil, wenn man das Gleichungssystem zunächst ordnet. Anschließend wird es so umgeformt, dass eine Variable wegfallen kann.

I: $4y - 6 = 2x$ I: $6y - 2x = -16$

II: $3x - y = 11$ II: $14 = -10y - 3x$

Otto Mayr: Mathematik komplett 9. Klasse © Brigg Pädagogik Verlag GmbH, Augsburg

Terme, Gleichungen und Formeln — Lösungsblatt

Das Additionsverfahren (M 9)

Gleichungssystem:	I:	$6x + 2y = 12$
	II:	$-6x + 3y = 3$
Erste Variable berechnen:		$5y = 15 \mid :5$
(eine Variable fällt weg)		$y = 3$

Zweite Variable berechnen:

$6x + 2y = 12$ oder:	$-6x + 3y = 3$
$6x + 2 \cdot 3 = 12$	$-6x + 3 \cdot 3 = 3$
$6x + 6 = 12$	$-6x + 9 = 3$
$6x = 12 - 6$	$-6x = 3 - 9$
$6x = 6 \mid :6$	$-6x = -6 \mid :(-6)$
$x = 1$	$x = 1$

Lösung: $\mathbb{L}\,(1/3)$

Probe:

$6 \cdot 1 + 2 \cdot 3 = 12$ oder	$-6 \cdot 1 + 3 \cdot 3 = 3$
$6 + 6 = 12$	$-6 + 9 = 3$
$12 = 12$	$3 = 3$

Beim Additionsverfahren ist es von Vorteil, wenn man das Gleichungssystem zunächst ordnet. Anschließend wird es so umgeformt, dass eine Variable wegfallen kann.

I: $4y - 6 = 2x$	I: $6y - 2x = -16$
II: $3x - y = 11$	II: $14 = -10y - 3x$
I: $-2x = -4y + 6$	I: $6y - 2x = -16 \mid \cdot 3$
II: $3x = y + 11 \mid \cdot 4$	II: $10y + 3x = -14 \mid \cdot 2$
I: $-2x = -4y + 6$	I: $18y - 6x = -48$
II: $12x = 4y + 44$	II: $20y + 6x = -28$
$10x = 50 \mid :10$	$38y = -76 \mid :38$
$x = 5$	$y = -2$
$4y - 6 = 2 \cdot 5$ oder: $3 \cdot 5 - y = 11$	$6y - 2x = -16$ oder: $10y + 3x = -14$
$4y = 16 \mid :4$ $15 - y = 11$	$6 \cdot (-2) - 2x = -16$ $10 \cdot (-2) + 3x = -14$
$y = 4$ $4 = y$	$x = 2$ $x = 2$
$\mathbb{L}\,(5/4)$	$\mathbb{L}\,(2/-2)$

Terme, Gleichungen und Formeln	Name:

Neue Aufgabenformen

Beachte: Diese Aufgaben sind ohne Taschenrechner und ohne Formelsammlung zu bearbeiten!

1. Kreuze die richtige Lösung dieses Terms an: $42 - (8 - 3x) =$

   ○ $42 - 4 - 3x =$ ○ $42 + 8 + 3x =$ ○ $42 - 8 + 3x =$ ○ $42 - 8 - 3x =$

2. Löse die Klammern auf:

   $3(4x + 6) =$ $2,5(6 - 2x) =$ $-\frac{1}{3}(12x - 6) =$

   _____   _____   _____

3. In der folgenden Berechung ist jeweils ein Fehler enthalten, der allerdings konsequent beibehalten wird. Unterstreiche den ursprünglichen Fehler und schreibe diese Zeile fehlerfrei auf!

   $2x - 4x \cdot 3 + 0,5 - 1\frac{1}{2} =$ $(7x - 4) \cdot 2 + 3x \cdot 5 - 4 =$

   $\_\_ \cdot 3 + 0,5 - 1,5 =$ $14x - \_\_ + 15x - 4 =$

   $18x - 1 \qquad =$ $29x - 8$

   _____   _____

4. Löse folgende Gleichung:

   $\frac{4x + 4}{7} = 12x + 2$

5. Unterstreiche den richtigen Ansatz!

   a) ... das Produkt aus 3x und 4:

   $(3x + 4)$ $3x - 4$ _____ $\frac{3}{4}x$

   b) ... wird das Zehnfache einer Zahl um 7 vermindert ...

   $10x + 7$ _____ $10x \cdot 7$ $\frac{10x}{7}$

Terme, Gleichungen und Formeln

Name:

Neue Aufgabenformen

6. Du rechnest eine Gleichung aus und erhältst als Ergebnis „x = 7".
   Nun machst du die Probe, indem dieses Ergebnis in die ursprüngliche Gleichung eingesetzt wird. Am Ende bekommst du als Ergebnis „3 = 4".

   Kreuze die möglichen Aussagen an!

   ○ Die Probe stimmt, weil 3 + 4 die Zahl 7 ergibt.

   ○ Ich habe einen Fehler beim Berechnen der Gleichung gemacht.

   ○ Ich habe einen Fehler beim Berechnen der Lösung gemacht.

   ○ Die Lösung kann stimmen.

   ○ In der Probe muss auf beiden Seiten die gleiche Zahl stehen.

7. Finde den richtigen Ansatz:

   Bernd, Anna und Carolin haben sich bei einer Sammlung beteiligt. Bernd sammelte 20 € mehr als Carolin, Anna 5 € weniger als die Hälfte der beiden anderen.

   Ordne den Ansätzen die Personen zu:

   x + 20: _____ $\dfrac{x + x + 20}{2} + 5$: _____   x: _____

8. Setze die Zahlen richtig in die Formel ein:

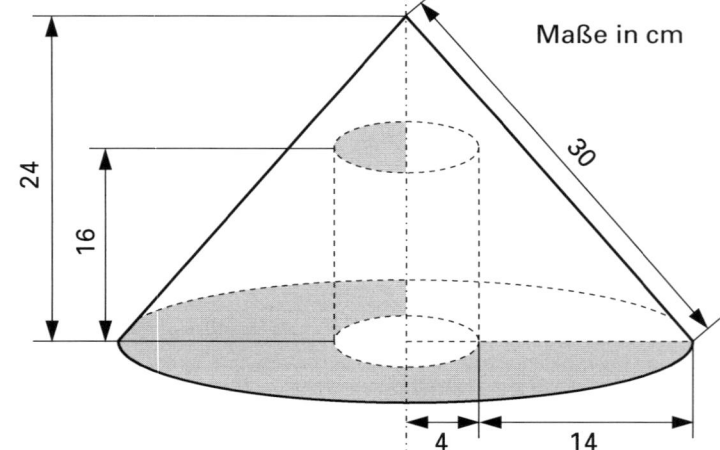

   Maße in cm

   $$V = \dfrac{r^2 \cdot \pi \cdot h_k}{3} - r^2 \cdot \pi \cdot h_k$$

   V = _____

Terme, Gleichungen und Formeln — Lösungsblatt

Neue Aufgabenformen

Beachte: Diese Aufgaben sind ohne Taschenrechner und ohne Formelsammlung zu bearbeiten!

1. Kreuze die richtige Lösung dieses Terms an: $42 - (8 - 3x) =$

   ○ $42 - 4 - 3x =$ ○ $42 + 8 + 3x =$ ⊠ $42 - 8 + 3x =$ ○ $42 - 8 - 3x =$

2. Löse die Klammern auf:

   $3(4x + 6) =$ $2{,}5(6 - 2x) =$ $-\frac{1}{3}(12x - 6) =$

   $\underline{12x + 18 =}$ $\underline{15 - 5x =}$ $\underline{-4x + 2 =}$

3. In der folgenden Berechnung ist jeweils ein Fehler enthalten, der allerdings konsequent beibehalten wird. Unterstreiche den ursprünglichen Fehler und schreibe diese Zeile fehlerfrei auf!

   $2x - 4x \cdot 3 + 0{,}5 - 1\frac{1}{2} =$ $(7x - 4) \cdot 2 + 3x \cdot 5 - 4 =$

   $\underline{6x} \quad \cdot 3 + 0{,}5 - 1{,}5 =$ $14x - \underline{4} \;\; + 15x - 4 =$

   $18x - 1 \quad\quad =$ $29x - 8$

   $\underline{2x - 12x + 0{,}5 - 1{,}5 =}$ $\underline{14x - 8 + 15x - 4 =}$

4. Löse folgende Gleichung:

   $\dfrac{4x + 4}{7} = 12x + 2 \quad | \cdot 7$

   $4x + 4 = (12x + 2) \cdot 7$

   $4x + 4 = 84x + 14$

   $4 - 14 = 84x - 4x$

   $-10 = 80x \quad | : 80$

   $-0{,}125 = x$

5. Unterstreiche den richtigen Ansatz!

   a) ... das Produkt aus 3x und 4:

        $(3x + 4)$ $3x - 4$ $\underline{3x \cdot 4}$ $\frac{3}{4}x$

   b) ... wird das Zehnfache einer Zahl um 7 vermindert ...

        $10x + 7$ $\underline{10x - 7}$ $10x \cdot 7$ $\dfrac{10x}{7}$

Terme, Gleichungen und Formeln — Lösungsblatt

Neue Aufgabenformen

6. Du rechnest eine Gleichung aus und erhältst als Ergebnis „x = 7".
   Nun machst du die Probe, indem dieses Ergebnis in die ursprüngliche Gleichung eingesetzt wird. Am Ende bekommst du als Ergebnis „3 = 4".

   Kreuze die möglichen Aussagen an!

   ◯ Die Probe stimmt, weil 3 + 4 die Zahl 7 ergibt.

   ☒ Ich habe einen Fehler beim Berechnen der Gleichung gemacht.

   ☒ Ich habe einen Fehler beim Berechnen der Lösung gemacht.

   ◯ Die Lösung kann stimmen.

   ☒ In der Probe muss auf beiden Seiten die gleiche Zahl stehen.

7. Finde den richtigen Ansatz:

   Bernd, Anna und Carolin haben sich bei einer Sammlung beteiligt. Bernd sammelte 20 € mehr als Carolin, Anna 5 € weniger als die Hälfte der beiden anderen.

   Ordne den Ansätzen die Personen zu:

   x + 20: ___Bernd___ $\dfrac{x + x + 20}{2} + 5$: ___Anna___   x: ___Carolin___

8. Setze die Zahlen richtig in die Formel ein:

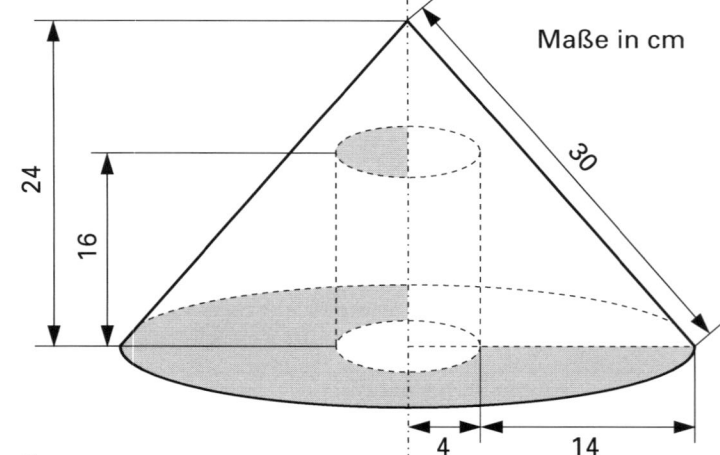

   $$V = \dfrac{r^2 \cdot \pi \cdot h_k}{3} - r^2 \cdot \pi \cdot h_k$$

   $$V = \dfrac{(18\,\text{cm})^2 \cdot 3{,}14 \cdot 24\,\text{cm}}{3} - (4\,\text{cm})^2 \cdot 3{,}14 \cdot 16\,\text{cm}$$

Terme, Gleichungen und Formeln

Name:

Probearbeit R 9 (Gleichungen)

1. $\dfrac{2x - 38}{4} + 13 = \dfrac{1{,}5x - 18}{3} + x$

2. $\dfrac{36 - 3x}{x} - 2{,}4 = \dfrac{3x + 27}{x} + 0{,}6$

3. Addiert man 9 zum Vierfachen einer Zahl und multipliziert diese Summe mit 2, so erhält man genauso viel, wie wenn man 73 von der gesuchten Zahl subtrahiert.

4. Vermindere das Fünffache einer Zahl um 395 und multipliziere die entstehende Differenz mit 3, dann erhältst du die Hälfte der Summe aus dem achten Teil der Zahl und 20.

5. Die Angestellten eines Betriebs wollen gemeinsam ein Weihnachtsgeschenk für ihren Chef kaufen. Gibt jeder 3,85 €, so fehlen noch 2,70 €; zahlt jeder jedoch 4,20 €, so bleiben 3,60 € übrig.

   a) Wie viele Angestellte beteiligen sich?

   b) Wie teuer ist das Geschenk?

6. An einer Hauptschule wird für insgesamt 59 Schüler der beiden neunten Klassen ein Betriebspraktikum organisiert. Für Berufe der Industrie interessieren sich 12 Schüler weniger als für die Handwerksberufe. Die Schüler, die sich für einen Dienstleistungsberuf entscheiden, sind nur halb so viele wie die Praktikumsschüler in der Industrie. Zwei Schüler melden sich für ein Praktikum im Bereich der Urproduktion.
   Wie viele Schüler praktizieren jeweils in der Industrie, im Handwerk und im Dienstleistungsbereich?

7. Von den Schülern einer Hauptschule kommen zwei Fünftel mit dem Schulbus, ein Drittel zu Fuß, ein Viertel mit dem Fahrrad und neun mit dem Mofa.

   a) Wie viele Schüler besuchen diese Schule?

   b) Wie viele Schüler kommen mit dem Bus, zu Fuß oder mit dem Fahrrad?

8. Herr Braun hat 25 Flaschen Wein für 68 € gekauft; davon Rotwein zu 2,40 € je Flasche und Weißwein zu 3,20 € je Flasche.
   Wie viele Flaschen von jeder Sorte hat Herr Braun gekauft?

Terme, Gleichungen und Formeln — Lösungsblatt

Probearbeit R 9 (Gleichungen)

1. $\dfrac{2x-38}{4} + 13 = \dfrac{1{,}5x-18}{3} + x \quad | \cdot 4 \cdot 3$

   $(2x - 38) \cdot 3 + 13 \cdot 12 = (1{,}5x - 18) \cdot 4 + 12x$ **2**

   $6x - 114 + 156 = 6x - 72 + 12x$

   $-114 + 156 + 72 = 6x + 12x - 6x$

   $114 = 12x \quad | : 12$ **2**

   $\underline{\underline{9{,}5 = x}}$ **1**

   [5 P]

2. $\dfrac{36-3x}{x} - 2{,}4 = \dfrac{3x+27}{x} + 0{,}6 \quad | \cdot x$

   $36 - 3x - 2{,}4x = 3x + 27 + 0{,}6x$ **2**

   $36 - 27 = 3x + 0{,}6x + 3x + 2{,}4x$

   $9 = 9x \quad | : 9$ **2**

   $\underline{\underline{1 = x}}$ **1**

   [5 P]

3. $(4x + 9) \cdot 2 = x - 73$ **3**

   $8x + 18 = x - 73$

   $8x - x = -73 - 18$

   $7x = -91 \quad | : 7$

   $\underline{\underline{x = -13}}$ **2**

   [5 P]

4. $(5x - 395) \cdot 3 = \dfrac{\frac{1}{8}x + 20}{2}$ **3**

   $15x - 1\,185 = \dfrac{\frac{1}{8}x + 20}{2} \quad | \cdot 2$

   $30x - 2\,370 = \tfrac{1}{8}x + 20$

   $30x - 0{,}125x = 20 + 2\,370$

   $29{,}875x = 2\,390 \quad | : 29{,}875$

   $\underline{\underline{x = 80}}$ **2**

   [5 P]

Terme, Gleichungen und Formeln — Lösungsblatt

Probearbeit R 9 (Gleichungen)

5. $3{,}85x + 2{,}70 = 4{,}2x - 3{,}60$ **2**

$\quad 2{,}7 + 3{,}6 = 4{,}2x - 3{,}85x$

$\quad\quad 6{,}3 = 0{,}35x \quad | : 0{,}35$

$\quad\quad\quad \underline{\underline{18 = x}}$ **2**

a) 18

b) $3{,}85 \cdot 18 + 2{,}70 = 72 \quad$ oder: $\quad 4{,}2 \cdot 18 - 3{,}60 = 72$ **1**

⌐5 P⌐

6. Industrie: $\quad x - 12 \quad \rightarrow \quad 18$

Handwerk: $\quad x \quad \rightarrow \quad 30$

Dienstleistung: $\quad \dfrac{x-12}{2} \quad \rightarrow \quad 9$

Urproduktion: $\quad 2 \quad \rightarrow \quad 2$

Gesamt: $\quad 59 \quad\quad\quad\quad \underline{\underline{59}}$ **1**

$x - 12 + x + \dfrac{x-12}{2} + 2 = 59 \quad | \cdot 2$ **2**

$2x - 24 + 2x + x - 12 + 4 = 118$

$\quad 2x + 2x + x = 118 + 24 + 12 - 4$

$\quad\quad 5x = 150 \quad | : 5$

$\quad\quad \underline{\underline{x = 30}}$ **2**

⌐5 P⌐

Terme, Gleichungen und Formeln — Lösungsblatt

Probearbeit R 9 (Gleichungen)

7. Schulbus: $\frac{2}{5}x$ → 216

   Fußgänger: $\frac{1}{3}x$ → 180

   Fahrrad: $\frac{1}{4}x$ → 135

   Mofa: 9 → 9

   Gesamt: x 540 **1**

$\frac{2}{5}x + \frac{1}{3}x + \frac{1}{4}x + 9 = x$ **2**

$9 = \frac{60}{60}x - \frac{24}{60}x - \frac{20}{60}x - \frac{15}{60}x$

$9 = \frac{1}{60}x$ $\quad | \cdot 60$

$540 = x$ **2**

[5 P]

---

8. Rotwein: $x \cdot 2{,}40$ → 15

   Weißwein: $(25 - x) \cdot 3{,}20$ → 10 **1**

   Gesamt: 68

$2{,}4x + (25 - x) \cdot 3{,}2 = 68$ **2**

$2{,}4x + 80 - 3{,}2x = 68$

$80 - 68 = 3{,}2x - 2{,}4x$

$12 = 0{,}8x$ $\quad | : 0{,}8$

$15 = x$ **2**

[5 P]

Gesamtpunktzahl: 40

Funktionen

Name:

Proportionale Zuordnung – Lineare Funktionen

Ein Pkw benötigt für eine Strecke von 400 Kilometern 36 Liter Benzin.

Stelle den Verbrauch für 100 km, 200 km, 300 km ... anhand
– einer Wertetabelle
– eines Graphen fest!

Wertetabelle:

km	100	200	300	400	500	600	700	800	900	1 000
Liter										

Graphische Lösung:

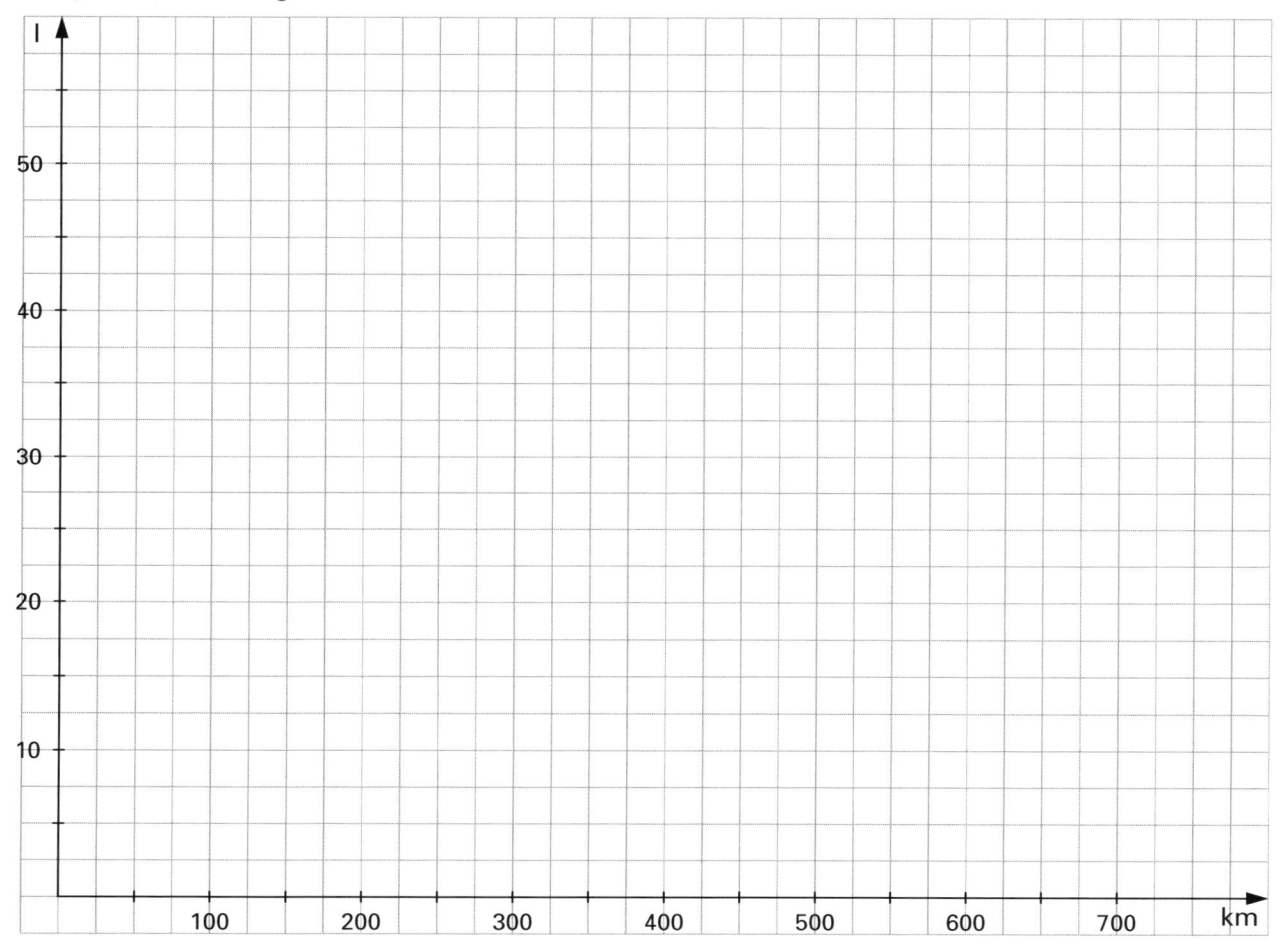

Wir erkennen: Bei doppelter Fahrstrecke verbraucht der Wagen auch die _____ Menge, bei dreifacher Strecke die _____ Menge usw.

Allgemeine Regel: Zum n-fachen der einen Größe gehört auch das _____ der anderen Größe (je mehr, desto mehr – je weniger, desto weniger).

Der Graph einer proportionalen Funktion ist eine _____.

Funktionen — Lösungsblatt

Proportionale Zuordnung – Lineare Funktionen

Ein Pkw benötigt für eine Strecke von 400 Kilometern 36 Liter Benzin.

Stelle den Verbrauch für 100 km, 200 km, 300 km ... anhand
- einer Wertetabelle
- eines Graphen fest!

Wertetabelle:

km	100	200	300	400	500	600	700	800	900	1 000
Liter	9	18	27	36	45	54	63	72	81	90

Graphische Lösung:

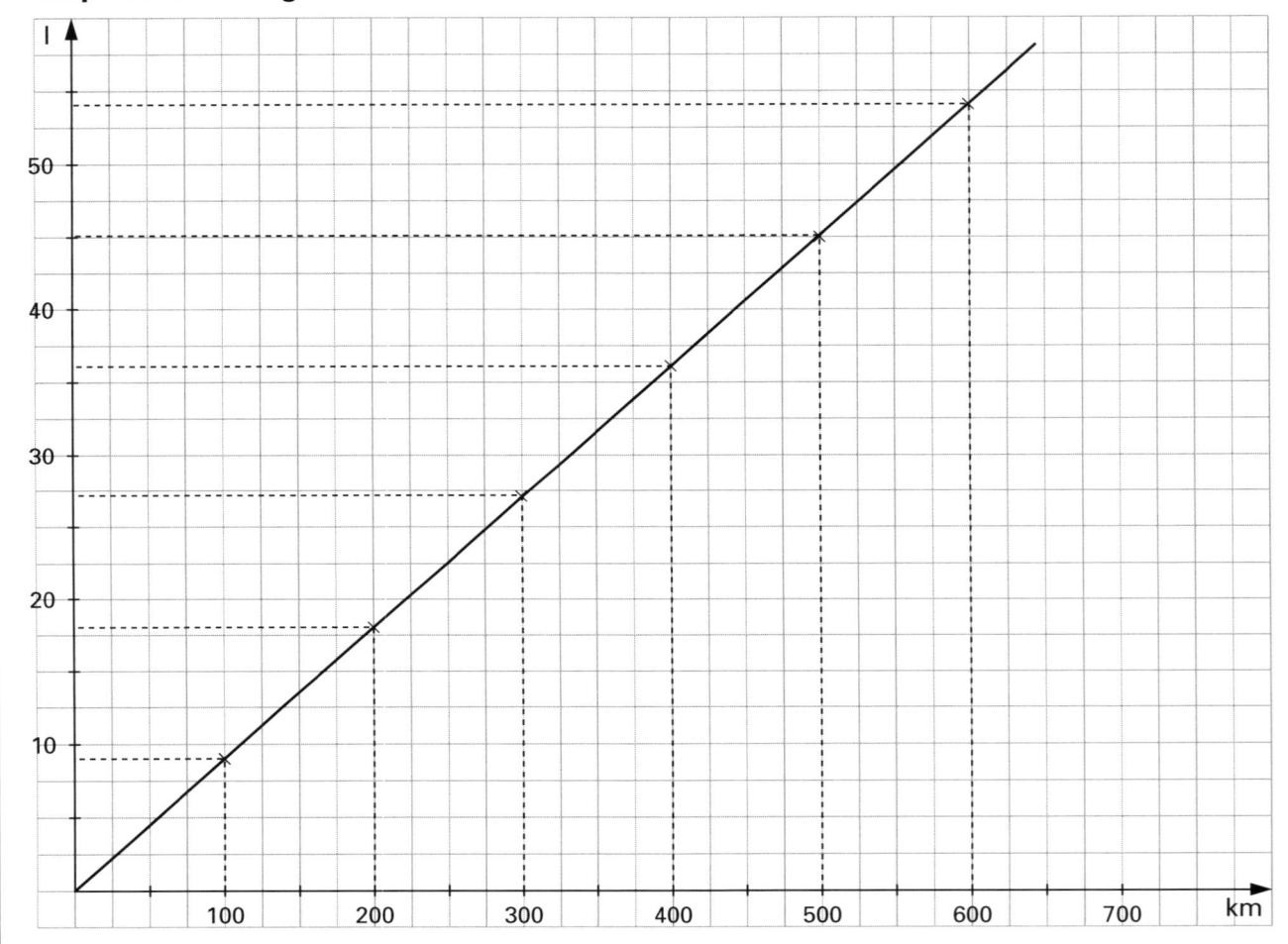

Wir erkennen: Bei doppelter Fahrstrecke verbraucht der Wagen auch die __doppelte__ Menge, bei dreifacher Strecke die __dreifache__ Menge usw.

Allgemeine Regel: Zum n-fachen der einen Größe gehört auch das __n-Fache__ der anderen Größe (je mehr, desto mehr – je weniger, desto weniger).

Der Graph einer proportionalen Funktion ist eine __Halbgerade__.

Funktionen

Name:

Lernzielkontrolle R 9 (Zuordnungen)

1. Familie Müller bestellt 2 000 l Heizöl und zahlt dafür 800 €.

   a) Berechne den Preis für 1 Liter Heizöl!

   b) Wie viele Liter bekommt man für 600 €?

   c) Wie viele Liter bekommt man, wenn der Preis für einen Liter um 10 Cent steigt?

2. Eine Baufirma verlangt für den Aushub einer 20 m langen, 12 m breiten und 2 m tiefen Baugrube und den Abtransport des Erdreichs 7 200 €.

   a) Berechne den Preis pro Kubikmeter!

   b) Wie oft muss ein Lkw mit einer Nutzlast von 7,5 t fahren, um das Erdreich abzutransportieren? (Dichte Erdreich: $1,6 \frac{t}{m^3}$)

   c) Wie viele Fahrten müssten 4 solcher Lastkraftwagen machen, um das gesamte Erdreich abzutransportieren?

3. Um eine Hofeinfahrt neu zu gestalten, werden 400 Platten mit den Maßen 20 cm × 30 cm verlegt.

   a) Wie groß ist die Fläche der Hofeinfahrt?

   b) Wie viele Platten müssten bereitgestellt werden, wenn sie die Maße 30 cm × 40 cm hätten?

   c) Wie hoch wäre der Stapel, wenn die Platten 5 cm dick wären und aufeinandergestapelt werden sollten? Wäre es möglich, die Platten aufeinanderzustapeln?

4. a) Herr Ernst bezahlt im Tarif A eines Mobilfunkunternehmens 0,66 € pro Gesprächsminute bei sekundengenauer Abrechnung in alle Mobilfunk- und Festnetze. Eine Grundgebühr wird nicht erhoben.
   Welche Kosten entstehen jeweils bei einem Gespräch von 6 Minuten 30 Sekunden und bei einem Gespräch von 2 Minuten und 20 Sekunden?

   b) Herr Gruber telefoniert im Tarif B des gleichen Anbieters bei ebenfalls sekundengenauer Abrechnung. Allerdings wird eine monatliche Grundgebühr von 8 € erhoben. Für 184 Gesprächsminuten erhält er eine Rechnung über 72,40 €.
   Wie hoch sind die Kosten für eine Gesprächsminute im Tarif B?

   c) Berechne, welcher Tarif bei einer monatlichen Gesprächszeit von 8 Minuten 30 Sekunden günstiger ist.

Funktionen | **Lösungsblatt**

Lernzielkontrolle R 9 (Zuordnungen)

1. a) 800 € : 2 000 l = 0,40 €/l 1

   b) 600 € : 0,40 €/l = 1 500 l 1

   c) 600 l : 0,50 €/l = 1 200 l 1   [3 P]

---

2. a) V = 20 m · 12 m · 2 m = 480 m³

   7 200 € : 480 m³ = 15 €/m³ 2

   b) 480 m³ · 1,6 $\frac{t}{m^3}$ = 768 t 1

   768 t : 7,5 t = 102,4 → 103 Fahrten 1

   c) 103 F : 4 = 25,75 F → 3 × 26 + 1 × 25 Fahrten 1   [5 P]

---

3. a) A = 20 cm · 30 cm · 400 = 240 000 cm² = 24 m² 2

   b) A = 30 cm · 40 cm = 1 200 cm² = 0,12 m²

   24 m² : 0,12 m² = 200 Platten 2

   c) 200 P · 5 cm = 1 000 cm = 10 m → nicht möglich 2   [6 P]

---

4. a) 1 min = 60 s   60 s ≙ 0,66 €

                                  1 s ≙ 0,011 €

   6 min 30 s → 4,29 €

   2 min 20 s → 1,54 € 2

   b) 72,40 € − 8 € = 64,40 €

   64,40 € : 184 = 0,35 € 2

   c) Tarif A: 0,66 € · 8,5 min = 5,61 €

   Tarif B: 0,35 € · 8,5 min + 8 € = 10,98 €

   Tarif A ist günstiger! 2   [6 P]

Gesamtpunktzahl: 20

Funktionen

Name:

Lineare und nichtlineare Funktionen

Kreuze die linearen Funktionen an und begründe!

○
m	1	2	3	4	5	6
Preis (€)	4	8	12	16	20	24

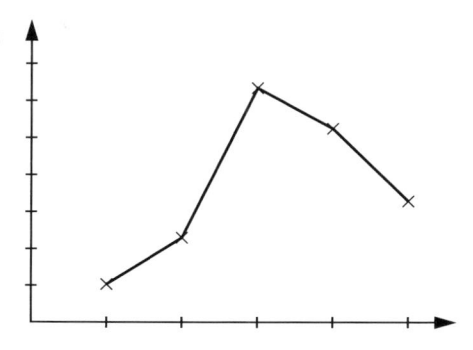

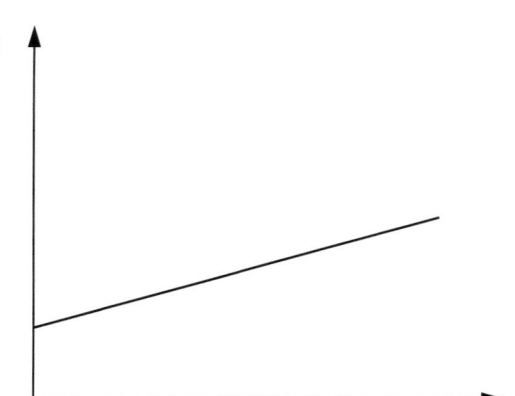

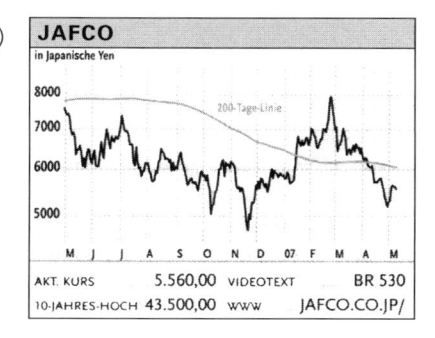

○

○

○

○
Zahl der Arbeiter	4	6	8	12	16
Tage der Fertigstellung	144	96	72	48	36

○
min	Wasser (l)
2	30 l
4	60 l
10	150 l
30	450 l
50	750 l
100	1 500 l
200	3 000 l
400	6 000 l

○

Funktionen	**Lösungsblatt**
Lineare und nichtlineare Funktionen	

Kreuze die linearen Funktionen an und begründe!

☒

m	1	2	3	4	5	6
Preis (€)	4	8	12	16	20	24

○

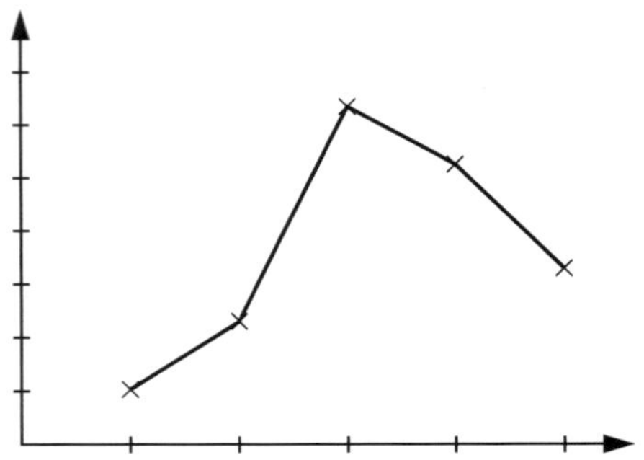

☒

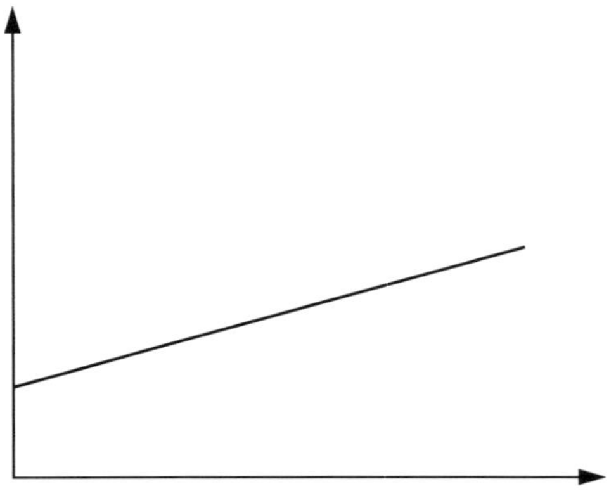

○

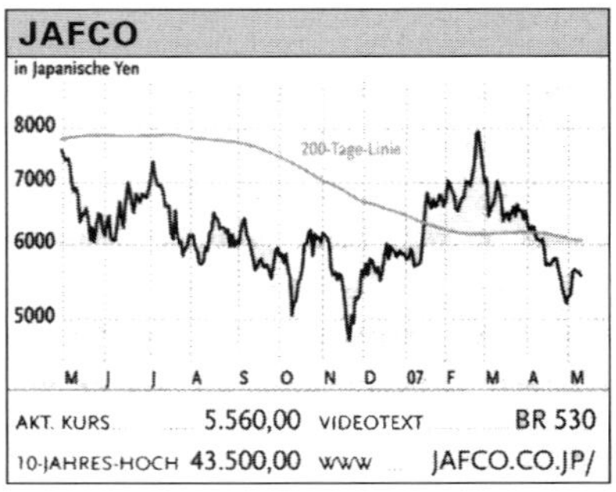

○

Zahl der Arbeiter	4	6	8	12	16
Tage der Fertigstellung	144	96	72	48	36

○

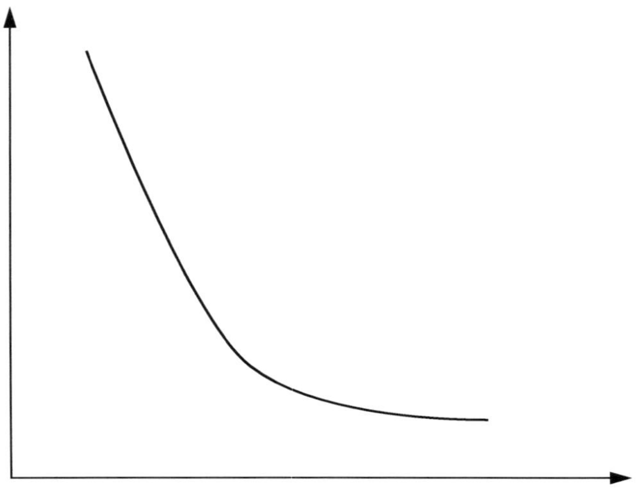

☒

min	Wasser (l)
2	30 l
4	60 l
10	150 l
30	450 l
50	750 l
100	1 500 l
200	3 000 l
400	6 000 l

Funktionen

Name:

Funktionsgleichung linearer Funktionen (M 9)

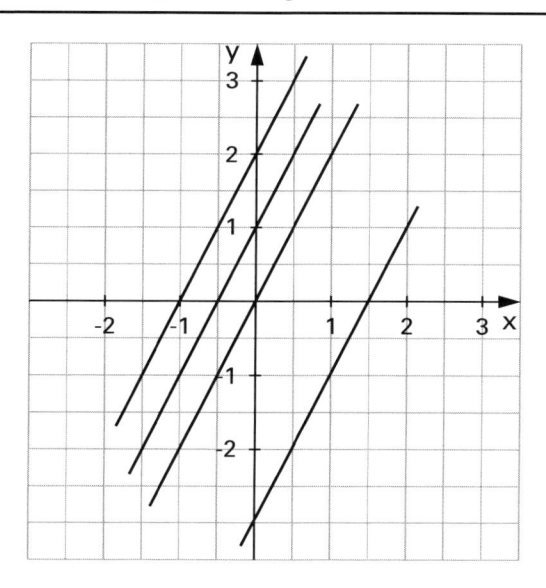

Das Schaubild zeigt die Funktionen

$y = 2x$

$y = 2x + 1$

$y = 2x + 2$

$y = 2x - 3$

1. Ordne sie den einzelnen Graphen zu und überlege, welche Bedeutung die einzelnen Elemente der Funktionsgleichung haben!

Lineare Funktionen haben die Gleichung _____ .

Dabei bezeichnet „m" die _____ , „b" den Schnittpunkt _____ .

2. Ordne den folgenden Darstellungen die jeweilige Funktionsgleichung zu:

$y = \frac{1}{2}x$ $y = 3x - 2$ $y = x + 1$

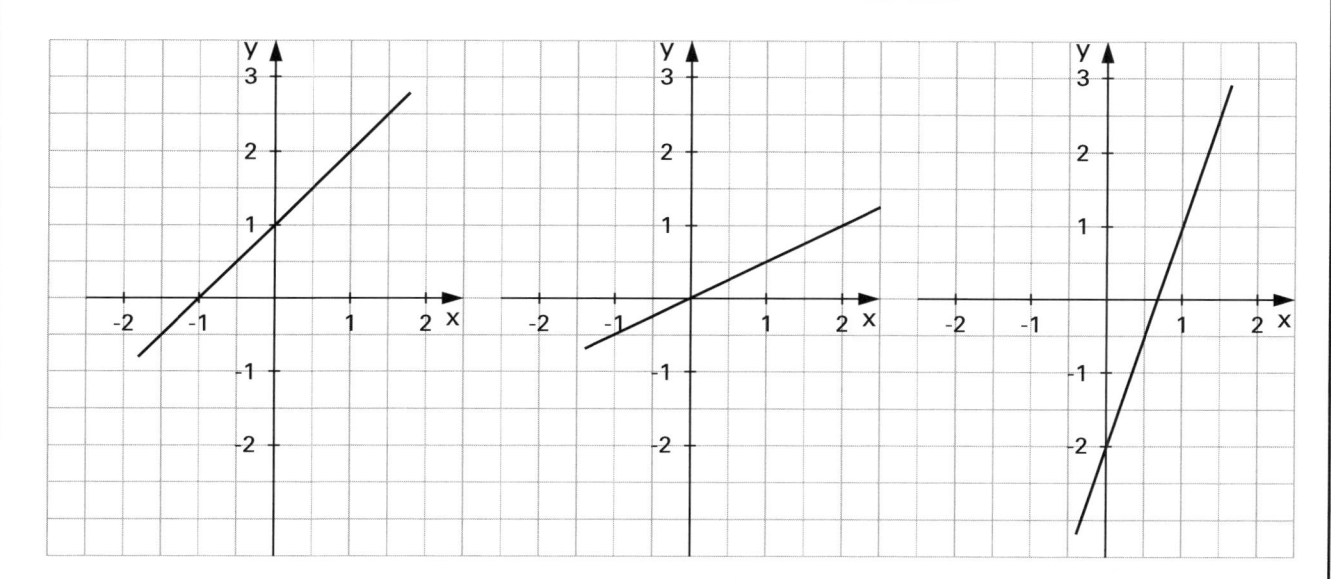

Otto Mayr: Mathematik komplett 9. Klasse © Brigg Pädagogik Verlag GmbH, Augsburg

Funktionen — Lösungsblatt

Funktionsgleichung linearer Funktionen (M 9)

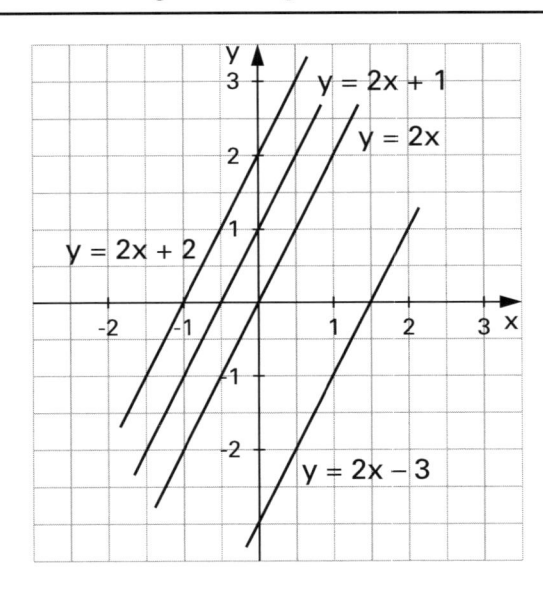

Das Schaubild zeigt die Funktionen

$y = 2x$

$y = 2x + 1$

$y = 2x + 2$

$y = 2x - 3$

1. Ordne sie den einzelnen Graphen zu und überlege, welche Bedeutung die einzelnen Elemente der Funktionsgleichung haben!

Lineare Funktionen haben die Gleichung $y = mx + b$.

Dabei bezeichnet „m" die   Steigung der Geraden , „b" den Schnittpunkt   mit der y-Achse .

2. Ordne den folgenden Darstellungen die jeweilige Funktionsgleichung zu:

$y = \frac{1}{2}x$ $y = 3x - 2$ $y = x + 1$

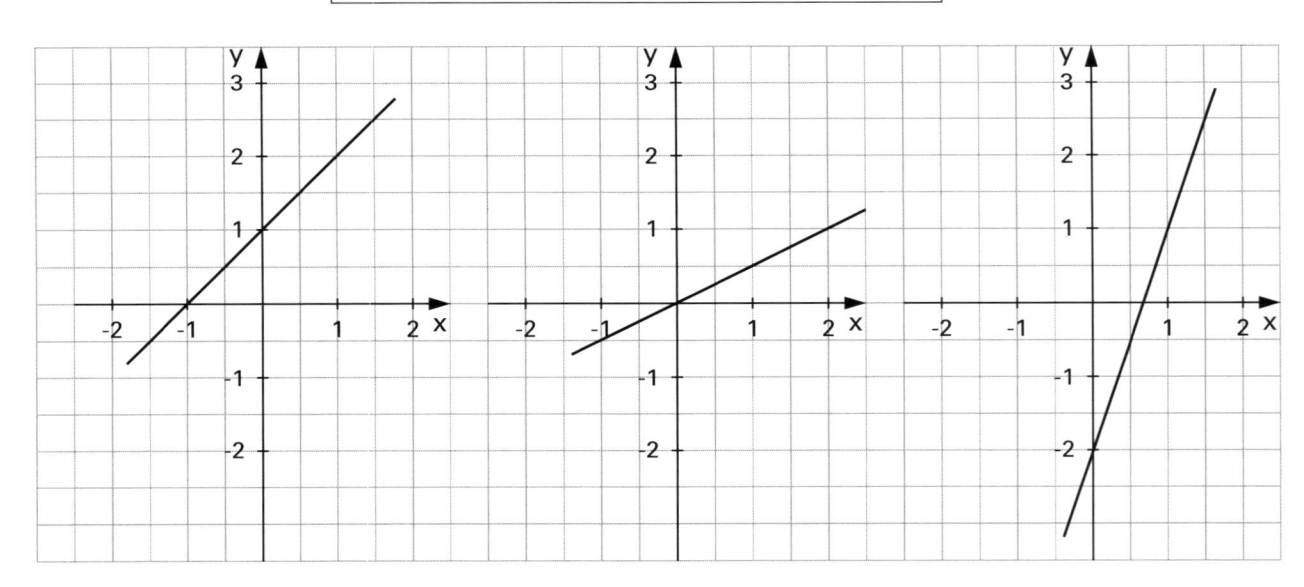

$y = x + 1$

$m = 1$

$b = 1$

$y = \frac{1}{2}x$

$m = \frac{1}{2}$

$b = 0$

$y = 3x - 2$

$m = 3$

$b = -2$

Funktionen

Name:

Die Steigung von Geraden (1) (M 9)

Die Steigung von Geraden wird von dem _____ bestimmt. Bei einer

positiven Steigung ist der Steigungsfaktor m _____, bei einer negativen Steigung ist der

Steigungsfaktor _____. Mit dem _____ kann man den Steigungs-

faktor in ein Koordinatensystem einzeichnen.

Beim Zeichnen des Steigungsdreiecks geht man folgendermaßen vor:

1. Überlegen, ob die Funktionsgleichung eine Ursprungsgerade erfordert oder ob entlang der y-Achse nach oben oder unten verschoben werden muss.
   Beispiel 1: y = 2x   Hier handelt es sich um eine Ursprungsgerade, da das Element „b" in der Gleichung fehlt. Das Einzeichnen des Steigungsdreiecks beginnt bei Punkt 0/0.

   Beispiel 2: y = 2x +1   Hier handelt es sich um eine Funktionsgleichung, deren Graph die y-Achse in Punkt (0/1) schneidet. Hier beginnt das Einzeichnen des Steigungsdreiecks.

   Beispiel 3: y = 2x – 3 Hier handelt es sich um eine Funktionsgleichung, deren Graph die y-Achse im Punkt (0/–3) schneidet. Hier beginnt das Einzeichnen des Steigungsdreiecks.

2. Das Steigungsdreieck wird eingezeichnet, indem man bei dem Schnittpunkt des Graphen mit der y-Achse beginnt. „b" wird als Bruch aufgefasst:
   (Beispiel 1: $\frac{3}{4}$ bedeutet: 4 Einheiten nach rechts, drei Einheiten nach oben –
   Beispiel 2: 4 bedeutet: 1 Einheit nach rechts, vier Einheiten nach oben).

Bestimme jeweils den Steigungsfaktor!

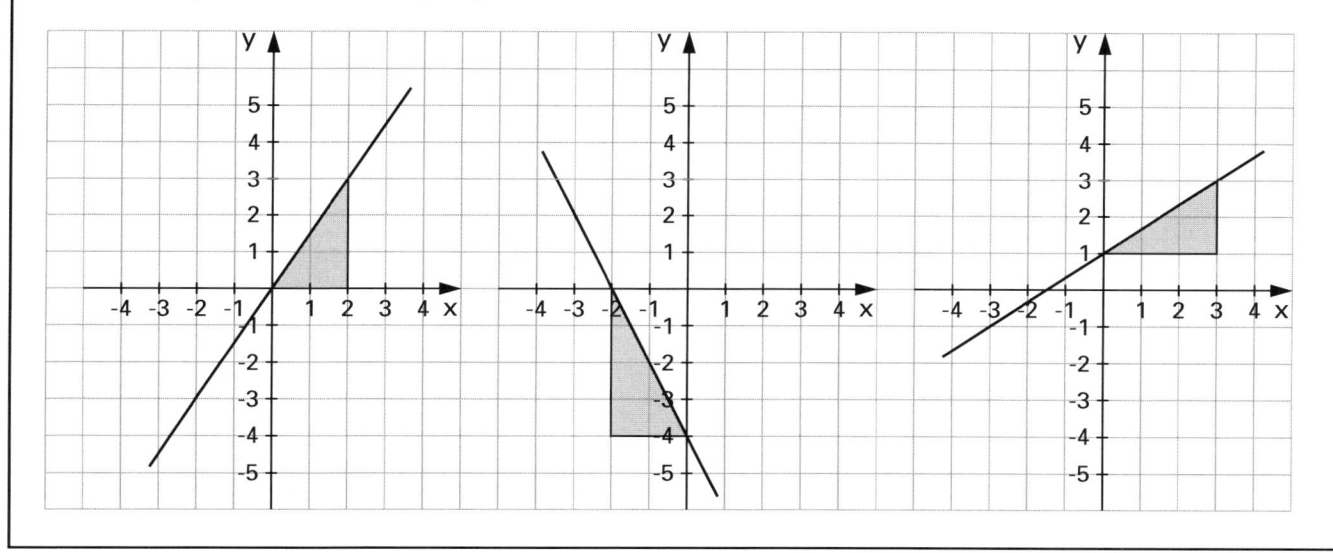

Funktionen — Lösungsblatt

Die Steigung von Geraden (1) (M 9)

Die Steigung von Geraden wird von dem __Steigungsfaktor m__ bestimmt. Bei einer positiven Steigung ist der Steigungsfaktor m __> 0__, bei einer negativen Steigung ist der Steigungsfaktor __< 0__. Mit dem __Steigungsdreieck__ kann man den Steigungsfaktor in ein Koordinatensystem einzeichnen.

Beim Zeichnen des Steigungsdreiecks geht man folgendermaßen vor:

1. Überlegen, ob die Funktionsgleichung eine Ursprungsgerade erfordert oder ob entlang der y-Achse nach oben oder unten verschoben werden muss.
   Beispiel 1: y = 2x   Hier handelt es sich um eine Ursprungsgerade, da das Element „b" in der Gleichung fehlt. Das Einzeichnen des Steigungsdreiecks beginnt bei Punkt 0/0.

   Beispiel 2: y = 2x +1   Hier handelt es sich um eine Funktionsgleichung, deren Graph die y-Achse in Punkt (0/1) schneidet. Hier beginnt das Einzeichnen des Steigungsdreiecks.

   Beispiel 3: y = 2x – 3   Hier handelt es sich um eine Funktionsgleichung, deren Graph die y-Achse im Punkt (0/–3) schneidet. Hier beginnt das Einzeichnen des Steigungsdreiecks.

2. Das Steigungsdreieck wird eingezeichnet, indem man bei dem Schnittpunkt des Graphen mit der y-Achse beginnt. „b" wird als Bruch aufgefasst:
   (Beispiel 1: $\frac{3}{4}$ bedeutet: 4 Einheiten nach rechts, drei Einheiten nach oben –
   Beispiel 2: 4 bedeutet: 1 Einheit nach rechts, vier Einheiten nach oben).

Bestimme jeweils den Steigungsfaktor!

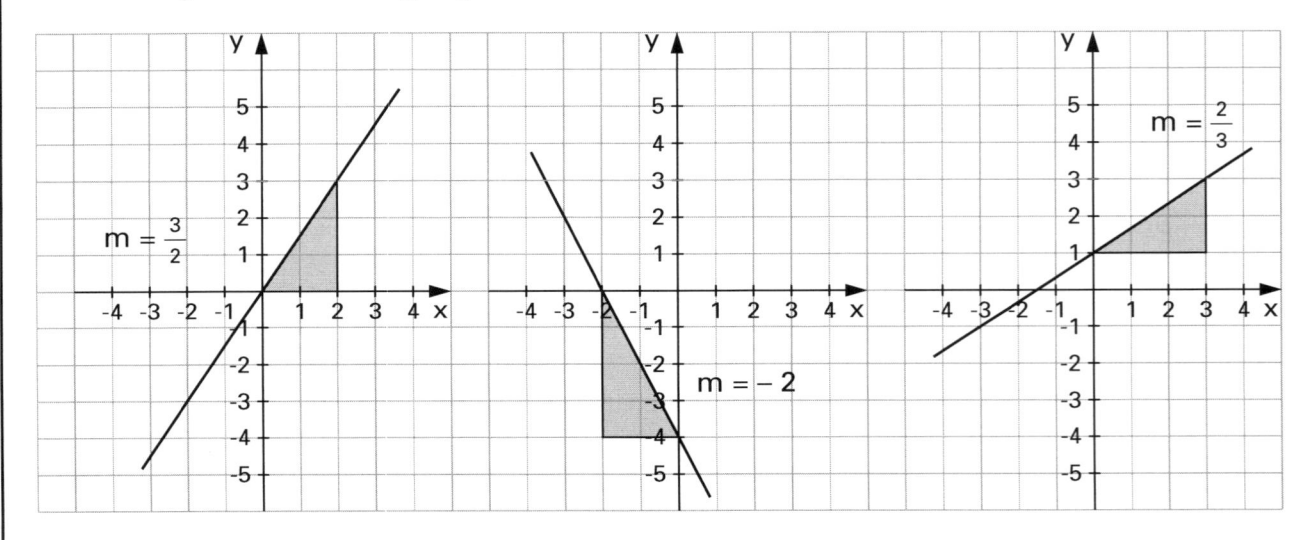

$m = \frac{3}{2}$

$m = -2$

$m = \frac{2}{3}$

Funktionen

Name:

Die Steigung von Geraden (2) (M 9)

1. Bestimme den Steigungsfaktor und zeichne das Bestimmungsdreieck ein!

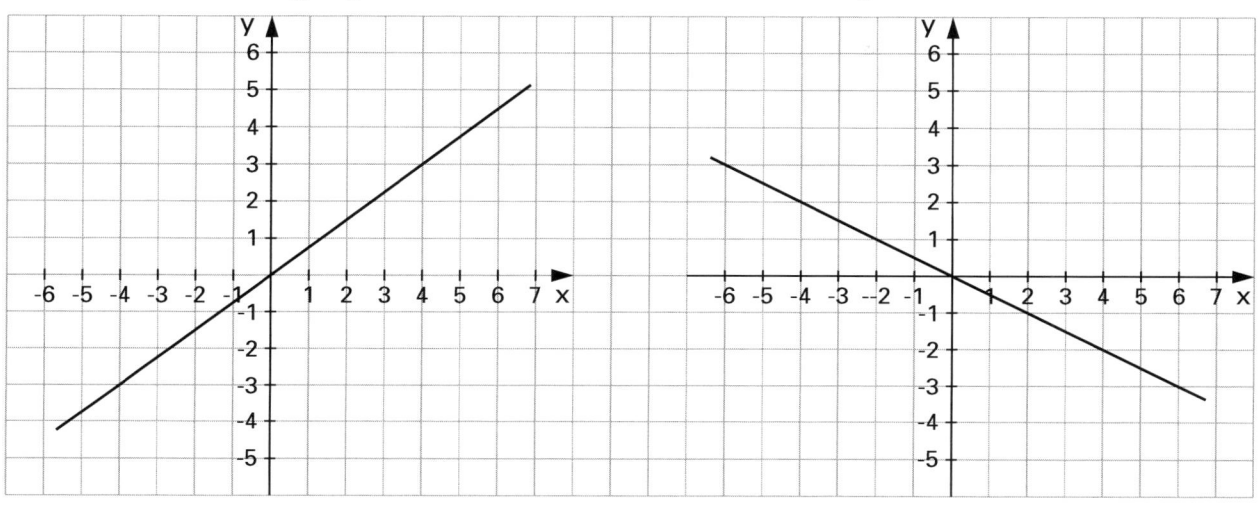

2. Zeichne die folgenden Funktionen in das Koordinatensystem ein:

$y = 2x - 2$ $\qquad\qquad y = -\frac{1}{4} x$

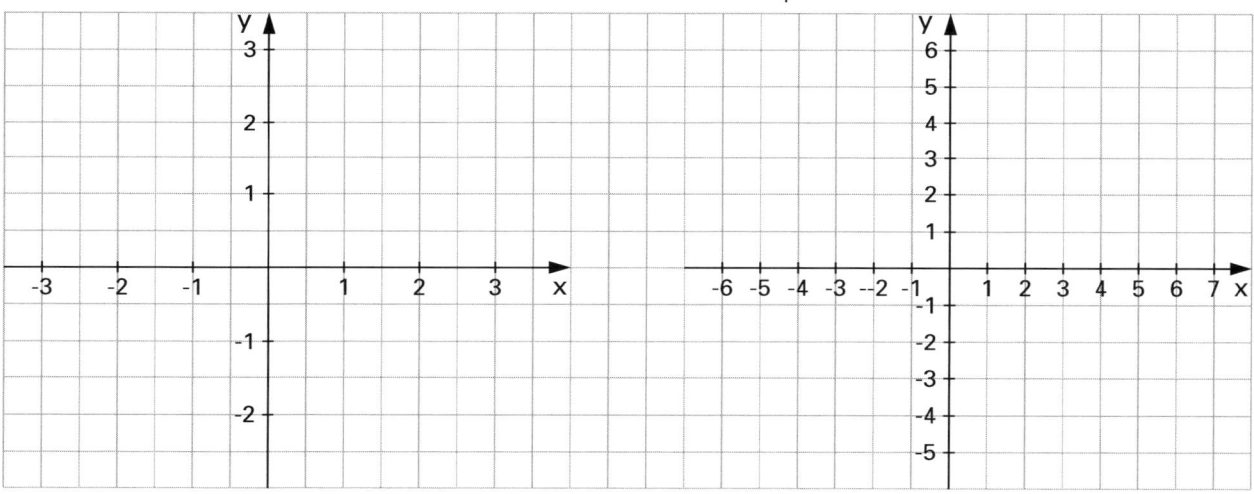

$y = -3x - 1{,}5$ $\qquad\qquad y = \frac{2}{3}x - 1$

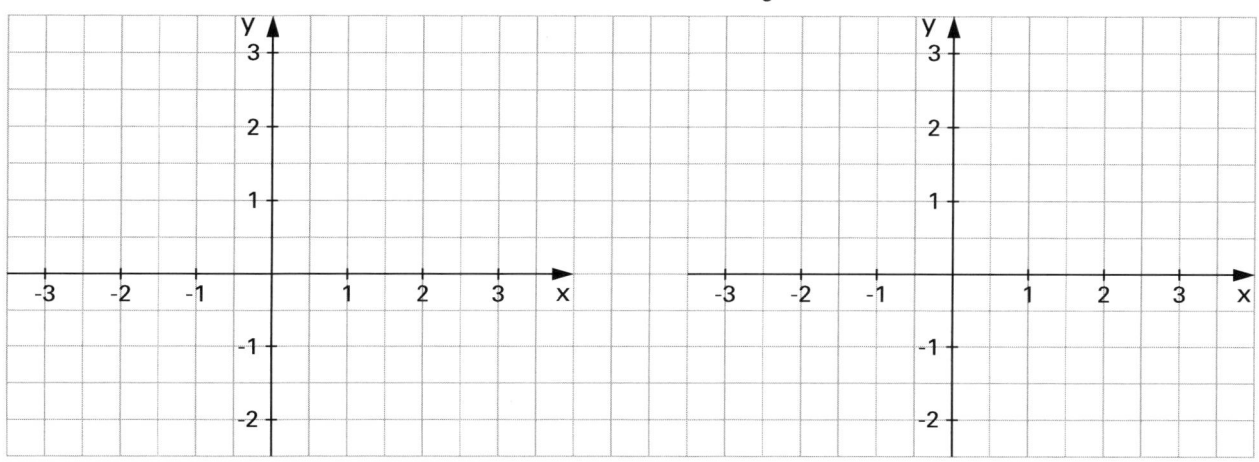

Funktionen — **Lösungsblatt**

Die Steigung von Geraden (2) (M 9)

1. Bestimme den Steigungsfaktor und zeichne das Bestimmungsdreieck ein!

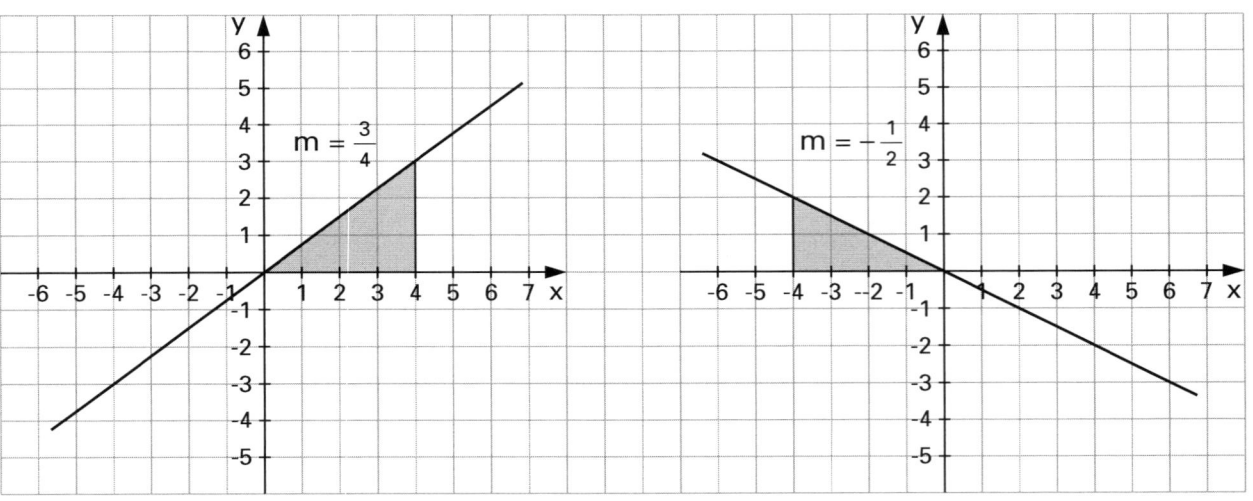

$m = \frac{3}{4}$

$m = -\frac{1}{2}$

2. Zeichne die folgenden Funktionen in das Koordinatensystem ein:

$y = 2x - 2$

$y = -\frac{1}{4} x$

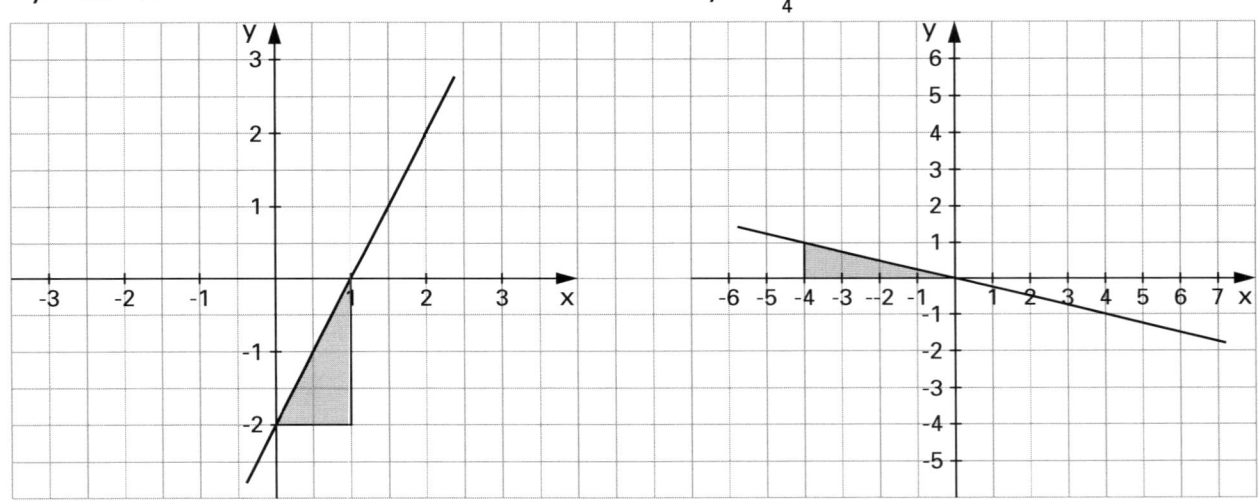

$y = -3x - 1{,}5$

$y = \frac{2}{3}x - 1$

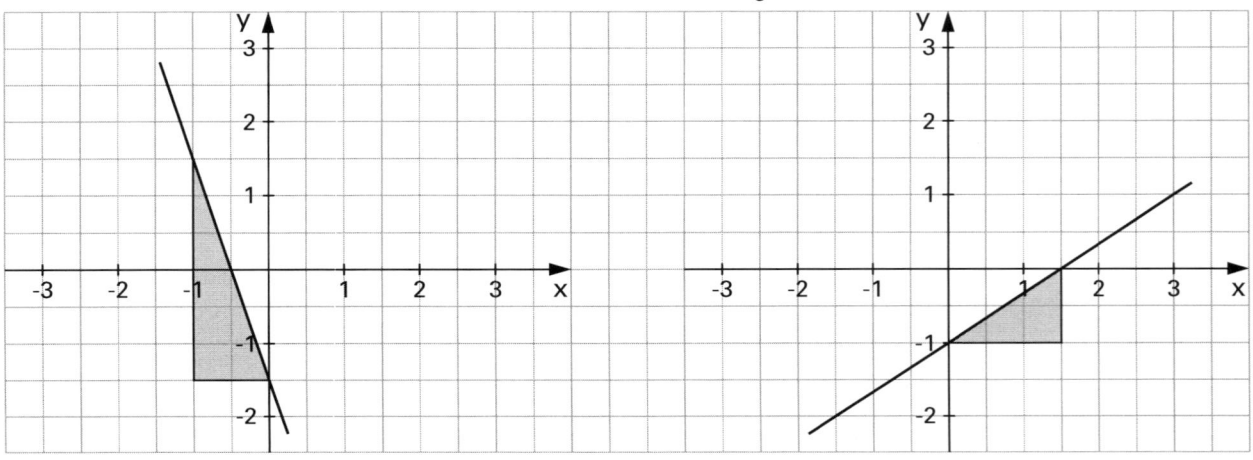

Funktionen

Name:

Umgekehrt proportionale Zuordnung

4 Lastkraftwagen benötigen 6 Stunden, um eine bestimmte Menge Kies zur Baustelle zu transportieren. Wie lange brauchen 2; 3; 6; 8; 10 Lkw?

Stelle den Sachverhalt anhand
– einer Wertetabelle
– eines Graphen dar!

Wertetabelle:

Lkw	1	2	3	4	5	6	8	10	12	16
h										

Wir erkennen: Bei doppelter Anzahl der Lkw benötigt man nur die _____ Zeit, bei der dreifachen Anzahl nur _____ der Zeit usw.

Allgemeine Regel: Zum n-Fachen der einen Größe gehört auch der _____ der anderen Größe (je mehr, desto weniger – je weniger, desto mehr).

Der Graph einer umgekehrt proportionalen Funktion ist eine _____ .

Funktionen — Lösungsblatt

Umgekehrt proportionale Zuordnung

4 Lastkraftwagen benötigen 6 Stunden, um eine bestimmte Menge Kies zur Baustelle zu transportieren. Wie lange brauchen 2; 3; 6; 8; 10 Lkw?

Stelle den Sachverhalt anhand
– einer Wertetabelle
– eines Graphen dar!

Wertetabelle:

Lkw	1	2	3	4	5	6	8	10	12	16
h	24	12	8	6	4,8	4	3	2,4	2	1,5

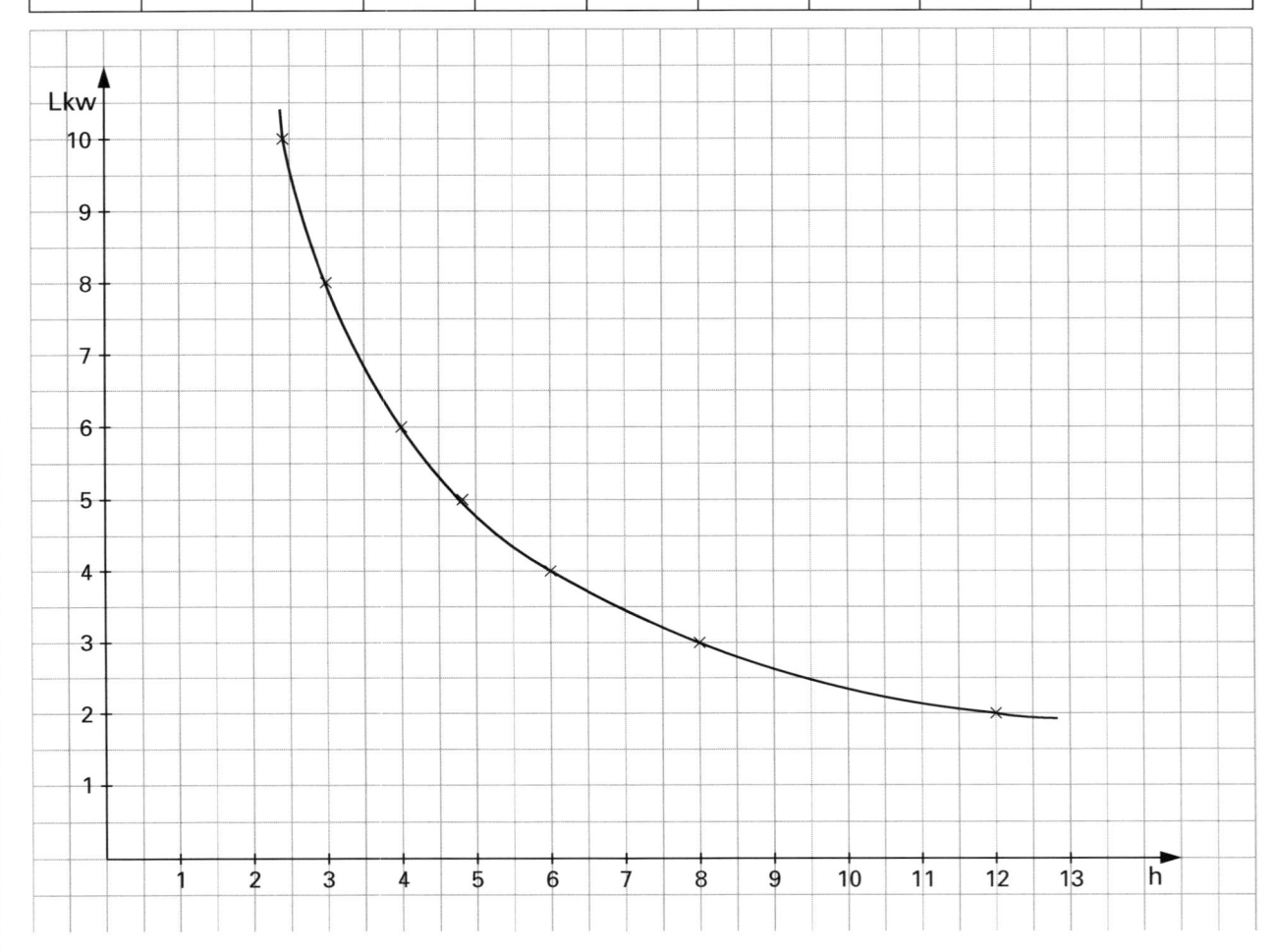

Wir erkennen: Bei doppelter Anzahl der Lkw benötigt man nur die __halbe__ Zeit, bei der dreifachen Anzahl nur __ein Drittel__ der Zeit usw.

Allgemeine Regel: Zum n-Fachen der einen Größe gehört auch der __n-te Teil__ der anderen Größe (je mehr, desto weniger – je weniger, desto mehr).

Der Graph einer umgekehrt proportionalen Funktion ist eine __Hyperbel__.

Beschreibende Statistik

Name:

Daten sammeln und aufbereiten

Die Klassen 9a und 9b vergleichen die Ergebnisse der letzten Mathematikarbeit.
Dabei führen sie eine Strichliste und füllen im Anschluss die dazugehörige Häufigkeitstabelle aus.

Strichliste						
Note	1	2	3	4	5	6
9a	II	IIII	HHI I	HHI	III	–
9b	III	IIII	HHI III	HHI I	I	II

Häufigkeitstabelle						
Note	1	2	3	4	5	6
9a						
9b						

Beantworte die folgenden Fragen:

a) Wie viele Schüler sitzen in den Klassen 9a und 9b? _____

b) Wie oft kommt die Note 1 in der Klasse 9a vor? _____

c) Wie viele Schüler der Klasse 9b sind schlechter als Note 3? _____

d) Wie hoch (in %) ist die Anzahl der Note 2 in der Klasse 9a? _____

e) Wie hoch (in %) ist die Anzahl der Note 2 in der Klasse 9b? _____

Absolute Häufigkeit: Anzahl eines Wertes   z. B. 5-mal die Note 4

Relative Häufigkeit: $\dfrac{\text{Anzahl eines Wertes}}{\text{Gesamtzahl der Werte}}$ z. B. 5-mal die Note 4 bei 20 Schülern: $\dfrac{5}{20} = \dfrac{1}{4} = 25\,\%$

Stelle beide Häufigkeitstabellen als Säulendiagramm dar!

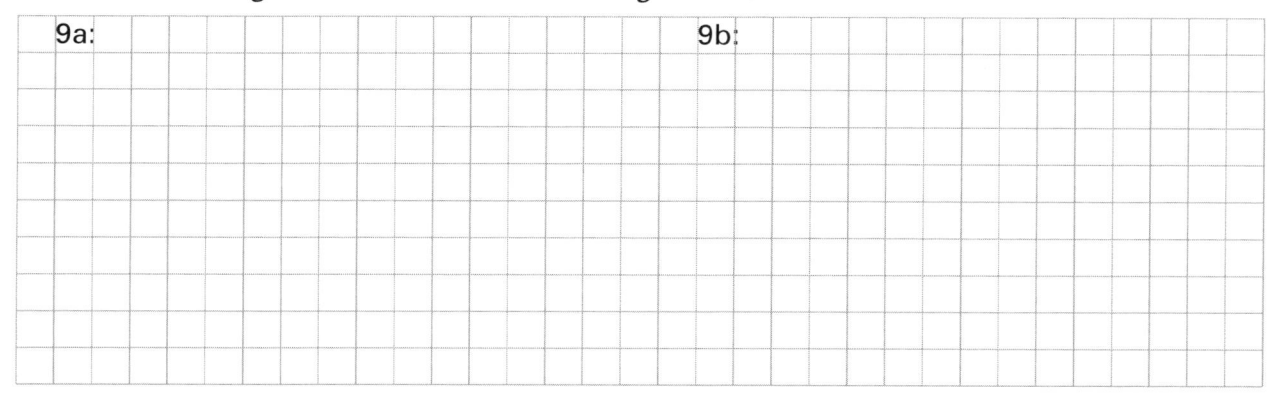

9a: 9b:

Wie beurteilst du folgende Aussage?

„Die Klasse 9b ist im Vergleich zur Klasse 9a besser, weil in der 9b drei Schüler die Note 1 erhalten haben, in der Klasse 9a aber nur zwei Schüler'.

_____

_____

Beschreibende Statistik — Lösungsblatt

Daten sammeln und aufbereiten

Die Klassen 9a und 9b vergleichen die Ergebnisse der letzten Mathematikarbeit.
Dabei führen sie eine Strichliste und füllen im Anschluss die dazugehörige Häufigkeitstabelle aus.

Strichliste

Note	1	2	3	4	5	6
9a	II	IIII	HHT I	HHT	III	–
9b	III	IIII	HHT III	HHT I	I	II

Häufigkeitstabelle

Note	1	2	3	4	5	6
9a	2	4	6	5	3	–
9b	3	4	8	6	1	2

Beantworte die folgenden Fragen:

a) Wie viele Schüler sitzen in den Klassen 9a und 9b? 9a: 20   9b: 24

b) Wie oft kommt die Note 1 in der Klasse 9a vor? Zweimal

c) Wie viele Schüler der Klasse 9b sind schlechter als Note 3? 9 Schüler

d) Wie hoch (in %) ist die Anzahl der Note 2 in der Klasse 9a? $4/20 = 1/5 = 20\,\%$

e) Wie hoch (in %) ist die Anzahl der Note 2 in der Klasse 9b? $4/24 = 1/6 \approx 16\,\%$

Absolute Häufigkeit: Anzahl eines Wertes   z. B. 5-mal die Note 4

Relative Häufigkeit: $\dfrac{\text{Anzahl eines Wertes}}{\text{Gesamtzahl der Werte}}$ z. B. 5-mal die Note 4 bei 20 Schülern: $\dfrac{5}{20} = \dfrac{1}{4} = 25\,\%$

Stelle beide Häufigkeitstabellen als Säulendiagramm dar!

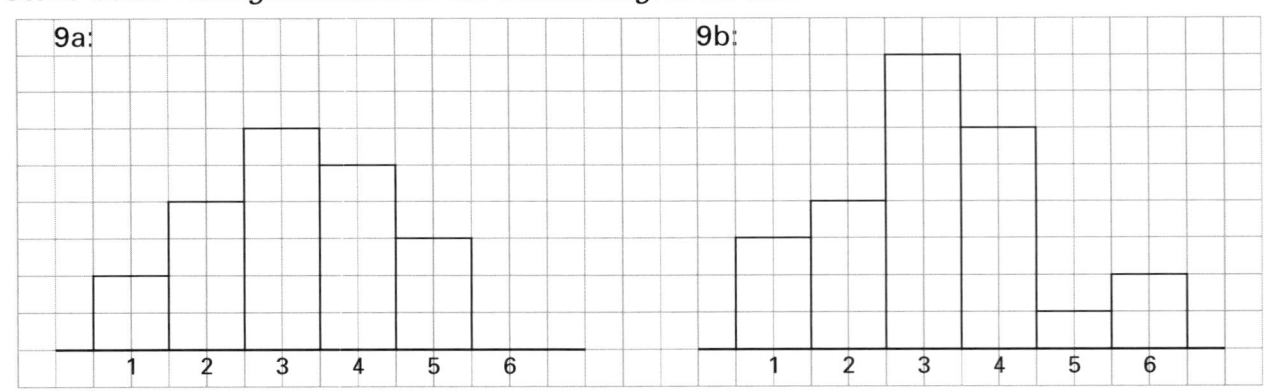

Wie beurteilst du folgende Aussage?

„Die Klasse 9b ist im Vergleich zur Klasse 9a besser, weil in der 9b drei Schüler die Note 1 erhalten haben, in der Klasse 9a aber nur zwei Schüler'.

Der Vergleich wird durch den Notendurchschnitt bestimmt;

hier schneidet die Klasse 9a etwas besser ab (9a: 3,15   –   9b: $\approx$ 3,17).

Beschreibende Statistik

Name:

Arithmetisches Mittel – Zentralwert – Spannweite

STATISTIK | Immer mehr Firmen mit eigener Homepage
Anteil der Unternehmen mit eigenem Internetauftritt in Prozent

Land	Prozent
Schweden	86
Dänemark	83
Finnland	80
Niederlande	79
Österreich	78
Großbritannien	75
Deutschland	73
Tschechien	70
Belgien	69
Irland	64

Fast Drei Viertel aller deutschen Unternehmen mit mindestens zehn Beschäftigten verfügen über eine Homepage. Damit liegt Deutschland europaweit auf Platz sieben unter den 25 EU-Staaten. Neben reinen Informationsportalen dienen die Firmenhomepages als Onlineshops. Die meisten Unternehmen mit eigener Homepage gibt es jedoch in den skandinavischen Ländern, so sind in Schweden und Co. inzwischen mindestens 80 Prozent aller Firmen im Internet vertreten.

Quelle: Bitkom/Eurostat   Grafik: ÖKO-TEST

Beantworte folgende Fragen:

a) Wie groß ist der Mittelwert (das arithmetische Mittel) der untersuchten Länder?

Durchschnittswert x (arithmetische Mittel): $x = \dfrac{\text{Summe der Einzelwerte}}{\text{Anzahl der Einzelwerte}}$

x = _____

Antwort: _____

b) Wie groß ist der Zentralwert z (Median)?

Für die Ermittlung des Zentralwertes ist eine Rangliste zu erstellen. Bei einer geraden Anzahl von Werten ist der Zentralwert der Mittelwert der beiden mittleren Werte.

64 ... 69 ... 70 ... 73 ... 75 ... 78 ... 79 ... 80 ... 83 ... 86

z = _____   →   z = _____

Bei einer ungeraden Anzahl von Werten ist der Zentralwert der _____ der Rangliste.

c) Wie groß ist die Spannweite?
Spannweite = größter Wert – kleinster Wert

Beschreibende Statistik — Lösungsblatt

Arithmetisches Mittel – Zentralwert – Spannweite

STATISTIK | Immer mehr Firmen mit eigener Homepage
Anteil der Unternehmen mit eigenem Internetauftritt in Prozent

Land	Prozent
Schweden	86
Dänemark	83
Finnland	80
Niederlande	79
Österreich	78
Großbritannien	75
Deutschland	73
Tschechien	70
Belgien	69
Irland	64

Fast Drei Viertel aller deutschen Unternehmen mit mindestens zehn Beschäftigten verfügen über eine Homepage. Damit liegt Deutschland europaweit auf Platz sieben unter den 25 EU-Staaten. Neben reinen Informationsportalen dienen die Firmenhomepages als Onlineshops. Die meisten Unternehmen mit eigener Homepage gibt es jedoch in den skandinavischen Ländern, so sind in Schweden und Co. inzwischen mindestens 80 Prozent aller Firmen im Internet vertreten.

Quelle: Bitkom/Eurostat   Grafik: ÖKO-TEST

Beantworte folgende Fragen:

a) Wie groß ist der Mittelwert (das arithmetische Mittel) der untersuchten Länder?

Durchschnittswert x (arithmetische Mittel): $x = \dfrac{\text{Summe der Einzelwerte}}{\text{Anzahl der Einzelwerte}}$

$$x = \frac{86 + 83 + 80 + 79 + 78 + 75 + 73 + 70 + 69 + 64}{10} = 75{,}7$$

Antwort: Durchschnittlich 75,7 % der Unternehmen in den untersuchten Ländern verfügen über eine eigene Homepage.

b) Wie groß ist der Zentralwert z (Median)?

Für die Ermittlung des Zentralwertes ist eine Rangliste zu erstellen. Bei einer geraden Anzahl von Werten ist der Zentralwert der Mittelwert der beiden mittleren Werte.

$$64 \ldots 69 \ldots 70 \ldots 73 \ldots \underbrace{75 \ldots 78}_{153} \ldots 79 \ldots 80 \ldots 83 \ldots 86$$

$z = $ 153 : 2   → $z = $ 76,5

Bei einer ungeraden Anzahl von Werten ist der Zentralwert der __mittlere Wert__ der Rangliste.

c) Wie groß ist die Spannweite?
Spannweite = größter Wert − kleinster Wert

Spannweite = 86 − 64 = 22

Beschreibende Statistik

Name:

Neue Aufgabenformen

Beachte: Diese Aufgaben sind ohne Taschenrechner und ohne Formelsammlung zu bearbeiten!

1. Ergänze die Wertetabelle und zeichne den Graphen
   (x-Achse: 1 h ≙ 2 cm, y-Achse: 2 l ≙ 1 cm):

Einfüllzeit in h	1	2	3	4
Liter		4		

2. Kreuze die linearen Funktionen an!

○

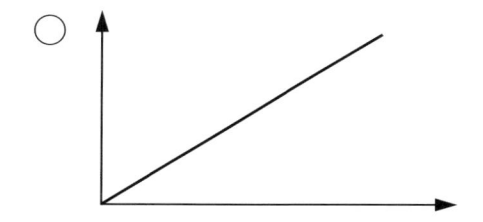

○

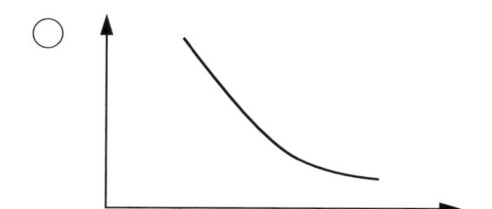

○
Stück	2	4	10	20	100
Preis (€)	10	20	50	100	500

○
Arbeiter	10	20	5	40	100
Tage	20	10	40	5	2

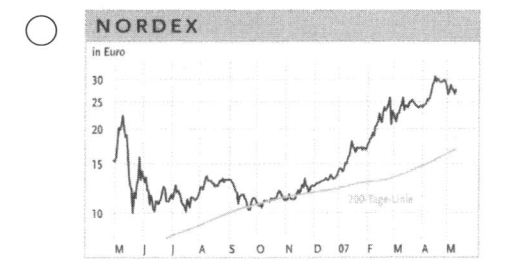

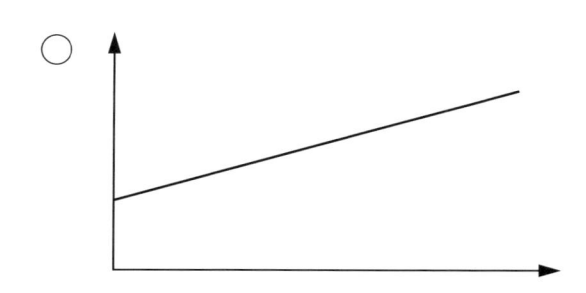

○ NORDEX in Euro

○

Otto Mayr: Mathematik komplett 9. Klasse © Brigg Pädagogik Verlag GmbH, Augsburg

Beschreibende Statistik

Name:

Neue Aufgabenformen

3. Die Tabelle zeigt die Jahresfortgangsnoten einer neunten Klasse:

1	2	3	4	5	6
1	4	8	5	2	–

a) Berechne die Zahl der Schüler: _____

b) Berechne die Durchschnittsnote: _____

c) Wie viele Prozent der Schüler haben die Note 1, die Note 2 … usw. erhalten?

Note 1: $\dfrac{1}{20} =$ _____

Note 2: $\dfrac{4}{20} =$ _____

Note 3: $\dfrac{8}{20} =$ _____

Note 4: $\dfrac{5}{20} =$ _____

Note 5: $\dfrac{2}{20} =$ _____

4. „So lange dauerte die Gründung eines Unternehmens …"

Gründungshürden

So lange dauert die Gründung eines Unternehmens … … und so viele Genehmigungsverfahren sind dafür nötig

Land	Tage	Verfahren
Australien	2 Tage	2
Kanada	3	2
USA	5	5
Singapur	6	6
Frankreich	8	7
Niederlande	10	6
Italien	13	9
OECD	17	6
Großbritannien	18	6
Schweiz	20	6
Südkorea	22	12
Japan	23	8
Deutschland	24	9
Russland	28	7
Österreich	29	9
Polen	31	10
Indien	35	11
China	35	13
Griechenland	38	15
Spanien	47	10
Indonesien	97	12
Brasilien	152	17

Quelle: Weltbank 2006, ausgewählte Länder

a) Berechne den Zentralwert! _____

b) Wie groß ist die Spannweite? _____

Beschreibende Statistik — Lösungsblatt

Neue Aufgabenformen

Beachte: Diese Aufgaben sind ohne Taschenrechner und ohne Formelsammlung zu bearbeiten!

1. Ergänze die Wertetabelle und zeichne den Graphen
   (x-Achse: 1 h ≙ 2 cm, y-Achse: 2 l ≙ 1 cm):

Einfüllzeit in h	1	2	3	4
Liter	2	4	6	8

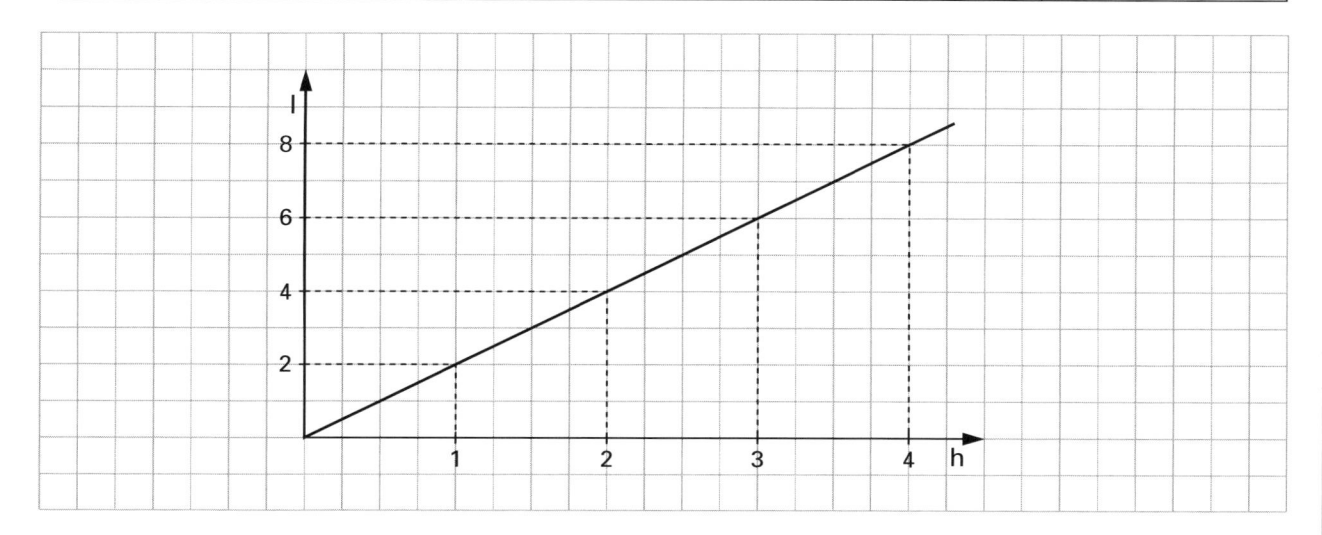

2. Kreuze die linearen Funktionen an!

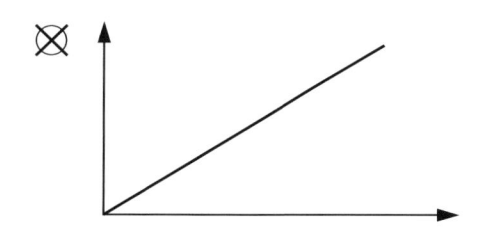

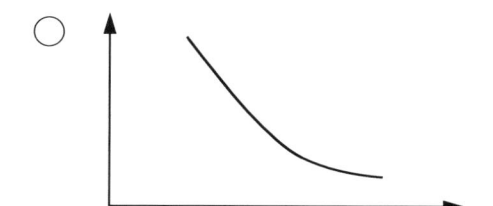

☒ (Gerade durch Ursprung, steigend)

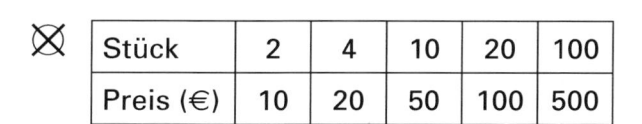

◯ (fallende Kurve)

☒
Stück	2	4	10	20	100
Preis (€)	10	20	50	100	500

◯
Arbeiter	10	20	5	40	100
Tage	20	10	40	5	2

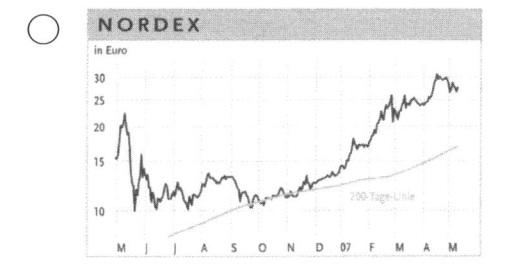

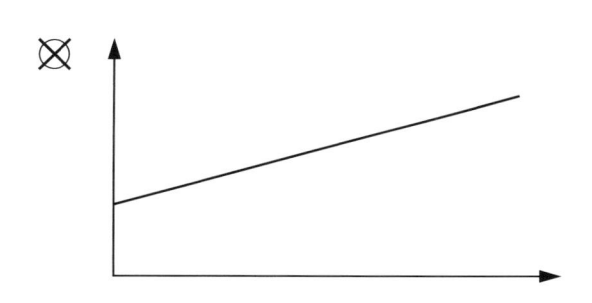

◯ NORDEX in Euro (Kursverlauf-Diagramm)

☒ (Gerade, steigend)

| Beschreibende Statistik | Lösungsblatt |

Neue Aufgabenformen

3. Die Tabelle zeigt die Jahresfortgangsnoten einer neunten Klasse:

1	2	3	4	5	6
1	4	8	5	2	–

a) Berechne die Zahl der Schüler: 20

b) Berechne die Durchschnittsnote: 63 : 20 = 3,15

c) Wie viele Prozent der Schüler haben die Note 1, die Note 2 ... usw. erhalten?

Note 1: $\frac{1}{20}$ =   5 %

Note 2: $\frac{4}{20}$ =   20 %

Note 3: $\frac{8}{20}$ =   40 %

Note 4: $\frac{5}{20}$ =   25 %

Note 5: $\frac{2}{20}$ =   10 %

4. „So lange dauerte die Gründung eines Unternehmens ..."

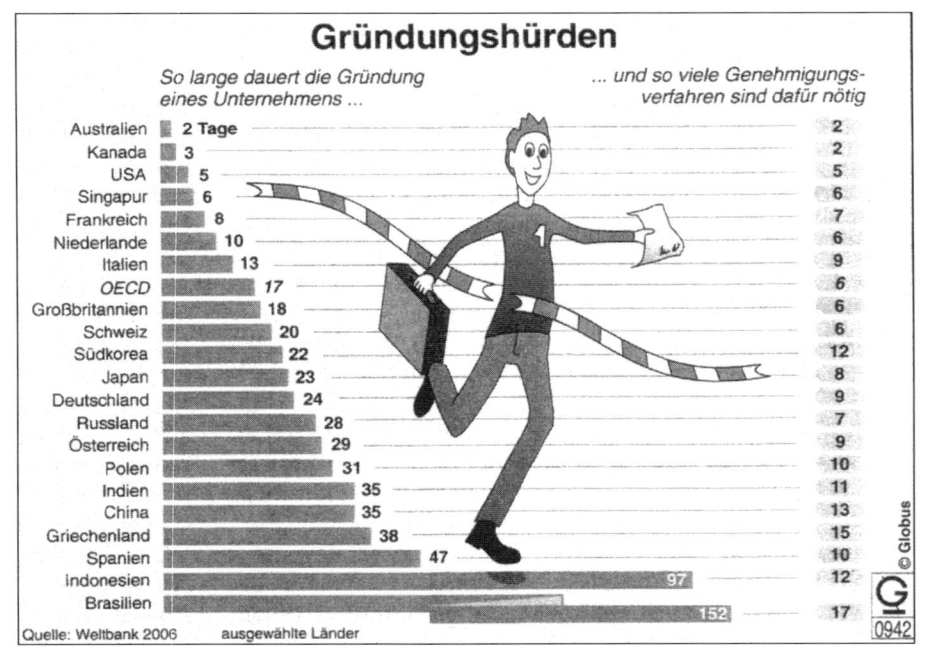

Gründungshürden

So lange dauert die Gründung eines Unternehmens ...   *... und so viele Genehmigungsverfahren sind dafür nötig*

Land	Tage	Verfahren
Australien	2 Tage	2
Kanada	3	2
USA	5	5
Singapur	6	6
Frankreich	8	7
Niederlande	10	6
Italien	13	9
OECD	17	6
Großbritannien	18	6
Schweiz	20	6
Südkorea	22	12
Japan	23	8
Deutschland	24	9
Russland	28	7
Österreich	29	9
Polen	31	10
Indien	35	11
China	35	13
Griechenland	38	15
Spanien	47	10
Indonesien	97	12
Brasilien	152	17

Quelle: Weltbank 2006   ausgewählte Länder   © Globus 0942

a) Berechne den Zentralwert!   (22 + 23) : 2 = 22,5 (Tage)

b) Wie groß ist die Spannweite?   152 – 2 = 150 (Tage)

Vorschlag für die zusätzliche mündliche Prüfung im Fach Mathematik	Name:

Prüfungsbestimmung lt. VSO § 31/Abs. 7/Satz 2:

„Die Dauer der zusätzlichen mündlichen Prüfung in den Fächern Deutsch und Mathematik beträgt je 10 Minuten."

Ablauf der Prüfung:

- Aufgaben aus den Stoffbereichen der 9. Jahrgangsstufe
- Einsatz des Taschenrechners teilweise erlaubt – keine Formelsammlung!
- Aus den angegebenen 12 Bereichen sind 5 Bereiche zu ziehen (Kärtchen), wovon ein Bereich abgelegt werden darf; 4 Bereiche sind zu beantworten.
- Kopfrechnen – schriftliches Rechnen, Zeichnungen an der Tafel.

Thema 1: Kopfrechnen

A
48 · 4 = _____
600 : 30 = _____
74 + 69 = _____
821 − 240 = _____

B
56 · 8 = _____
750 : 50 = _____
83 + 89 = _____
423 − 180 = _____

C
23 · 6 = _____
840 : 20 = _____
54 + 78 = _____
649 − 360 = _____

D
67 · 6 = _____
520 : 40 = _____
45 + 58 = _____
714 − 450 = _____

Vorschlag für die zusätzliche mündliche Prüfung im Fach Mathematik

Name:

Thema 2: Geometrische Flächen

A Zeichne ein Rechteck, erkläre die Merkmale, benenne Eckpunkte Seiten und Winkel!

B Zeichne ein rechtwinkliges Dreieck, erkläre die Merkmale, benenne Eckpunkte, Seiten und Winkel!

C Zeichne ein Parallelogramm, erläutere die Merkmale, benenne Eckpunkte, Seiten und Winkel!

D Zeichne einen Kreisring und erkläre die Konstruktion!

Thema 3: Formeln

A Pythagoras:

Kreisumfang:

B Fläche regelmäßiges Sechseck:

Volumen aller geraden Säulen:

C Länge einer Strecke:

Gewicht:

D Oberfläche Zylinder:

Volumen spitzer Körper:

	Name:
Vorschlag für die zusätzliche mündliche Prüfung im Fach Mathematik	

Thema 4: Größen

A 3,408 km = _____ m

874 l = _____ hl

B 400 l = _____ m³

1,25 h = _____ min

C 7,58 dm² = _____ cm²

2 800 ml = _____ l

D 3,04 m³ = _____ cm³

1 h = _____ s

Thema 5: Schriftliches Rechnen

A 58,4 · 2,8

B 26,3 · 4,7

C 980 : 3,5 =

D 17,22 : 0,7 =

Thema 6: Diagramme

A Beschreibe die Diagrammform und stelle den Sachverhalt in einigen Sätzen dar!

_____

_____

_____

Einbürgerung von Ausländern in Deutschland

1994: 61 709
1996: 86 356
1998: 106 790
2000: 186 688
2002: 154 547
2004: 127 153

2000: Einführung des neuen Staatsangehörigkeitsrechts

Vorschlag für die zusätzliche mündliche Prüfung im Fach Mathematik

Name:

B Beschreibe die Diagrammform und stelle den Sachverhalt in einigen Sätzen dar!

Köhler soll bleiben
Würden Sie es begrüßen, wenn Horst Köhler für eine zweite Amtsperiode kandidieren würde?

in Prozent
- Ja: 80
- Nein: 13
- Weiß nicht: 7

1003 Befragte am 10. und 11. Mai 2007
Quelle: Forsa ✱infografik

C Beschreibe die Diagrammform und stelle den Sachverhalt in einigen Sätzen dar!

OPTIMISMUS WÄCHST WEITER
Die wirtschaftlichen Verhältnisse werden...
- ... sich verbessern: 45
- ... sich verschlechtern: 27
- ... unverändert bleiben: 26
- weiß nicht: 2

D Beschreibe die Diagrammform und stelle den Sachverhalt in einigen Sätzen dar!

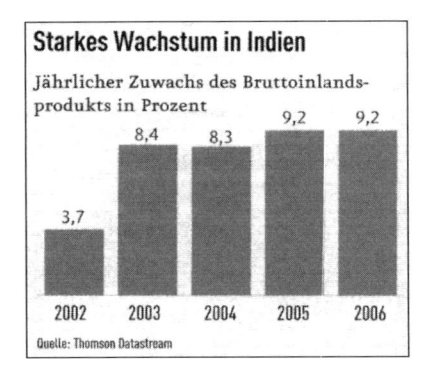

Starkes Wachstum in Indien
Jährlicher Zuwachs des Bruttoinlandsprodukts in Prozent
- 2002: 3,7
- 2003: 8,4
- 2004: 8,3
- 2005: 9,2
- 2006: 9,2

Quelle: Thomson Datastream

Vorschlag für die zusätzliche mündliche Prüfung im Fach Mathematik

Name:

Thema 7: Prozent- und Zinsrechnung

A Wie zeichne ich einen Prozentkreis?

B Von 1 600 Büchern einer Bibliothek müssen 320 aussortiert werden. Wie viele Prozent sind das?

C Von 200 Schüler lesen 10 % am liebsten, 30 % sehen gerne fern. Der Rest geht am liebsten mit Freunden weg. Wie viele Schüler sind das?

D 16 Autofahrer haben die Höchstgeschwindigkeit überschritten. Das waren 8 % der kontrollierten Fahrer. Wie viele Autofahrer wurden kontrolliert?

Thema 8: Potenzrechnung

A „Giga" bedeutet ... _____

$2{,}4 \cdot 10^{-4} =$

B „Mikro" bedeutet ... _____

$4{,}5 \cdot 10^{4} =$

C „Nano" bedeutet ... _____

$5{,}1 \cdot 10^{6} =$

D „Mega" bedeutet ... _____

$8{,}2 \cdot 10^{8} =$

Thema 9: Gleichungen

A $x + 212 + x = 239 - (x - 6)$

B $3(x - 2) = x + 14$

Vorschlag für die zusätzliche mündliche Prüfung im Fach Mathematik

Name:

C 3(3x + 11) = 63 + 3x

D 4x − 16 = 6x − 2 (2 + 4x)

Thema 10: Geometrische Körper

A Wie wird die Oberfläche des Werkstücks berechnet?

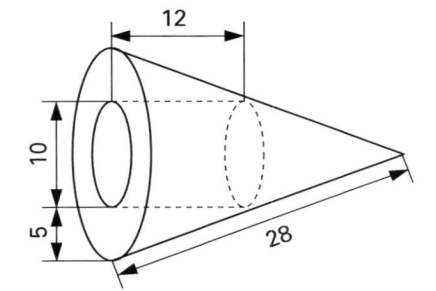

B Wie wird das Volumen des Werkstücks berechnet?

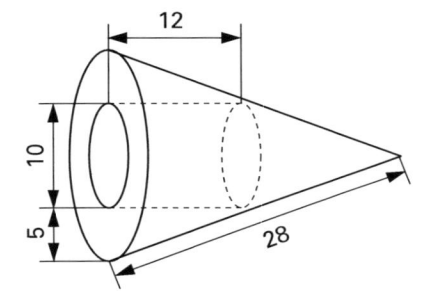

C Wie wird die Oberfläche des Werkstücks berechnet?

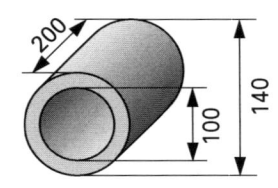

D Wie wird das Gewicht des Körpers berechnet?

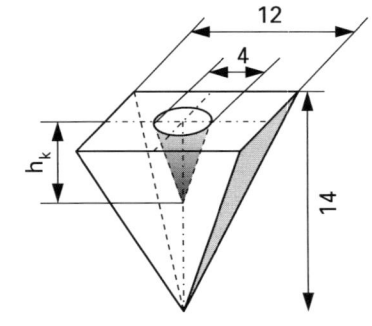

Vorschlag für die zusätzliche mündliche Prüfung im Fach Mathematik

Name:

Thema 11: Funktionen

A Ergänze die Wertetabelle! Um welche Funktion handelt es sich?

Zeit (h)	1	2		
Liter		440	660	

_____

_____

B Um welche Funktion handelt es sich? Formuliere Aussagen!

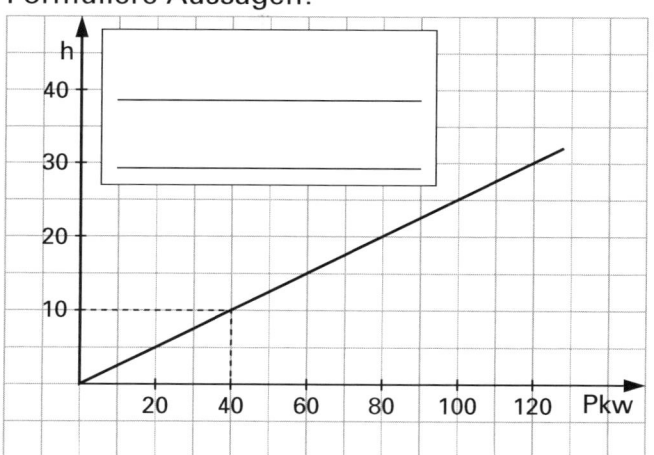

C Ergänze die Wertetabelle! Um welche Funktion handelt

Arbeiter	6	2	12	
Tage	24			8

_____

_____

D Um welche Funktion handelt es sich? Formuliere Aussagen!

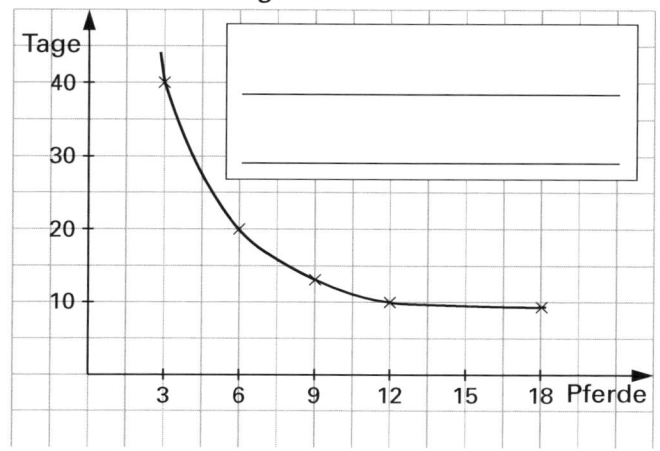

Thema 12: Beschreibende Statistik

A Gib die Durchschnittstemperatur an!

18° – 20° – 21° – 19° – 22° – 21° – 19°

= _____

B Ermittle den Zentralwert!

14 – 17 – 20 – 22 – 16 – 18

C Ermittle die Spannweite!

Weitwurfergebnisse:
Uwe: 32 m
Gerd: 48 m
Bernd: 34 m
Max: 42 m
Jonas: 39 m

Spannweite: _____

D Ermittle den absoluten Wert und den relativen Wert der Note 3!

Note	1	2	3	4	5	6
	2	4	5	9	3	2

_____

_____

Vorschlag für die zusätzliche mündliche Prüfung im Fach Mathematik

Lösungsblatt

Prüfungsbestimmung lt. VSO § 31/Abs. 7/Satz 2:

„Die Dauer der zusätzlichen mündlichen Prüfung in den Fächern Deutsch und Mathematik beträgt je 10 Minuten."

Ablauf der Prüfung:

- Aufgaben aus den Stoffbereichen der 9. Jahrgangsstufe
- Einsatz des Taschenrechners teilweise erlaubt – keine Formelsammlung!
- Aus den angegebenen 12 Bereichen sind 5 Bereiche zu ziehen (Kärtchen), wovon ein Bereich abgelegt werden darf; 4 Bereiche sind zu beantworten.
- Kopfrechnen – schriftliches Rechnen, Zeichnungen an der Tafel.

Thema 1: Kopfrechnen

A
- 48 · 4 = 192
- 600 : 30 = 20
- 74 + 69 = 143
- 821 − 240 = 581

B
- 56 · 8 = 448
- 750 : 50 = 15
- 83 + 89 = 172
- 423 − 180 = 243

C
- 23 · 6 = 138
- 840 : 20 = 42
- 54 + 78 = 132
- 649 − 360 = 289

D
- 67 · 6 = 402
- 520 : 40 = 13
- 45 + 58 = 103
- 714 − 450 = 264

Vorschlag für die zusätzliche mündliche Prüfung im Fach Mathematik

Lösungsblatt

Thema 2: Geometrische Flächen

A Zeichne ein Rechteck, erkläre die Merkmale, benenne Eckpunkte Seiten und Winkel!
- 2-mal 2 gleich lange Seiten
- vier 90°-Winkel
- gleich lange Diagonalen

B Zeichne ein rechtwinkliges Dreieck, erkläre die Merkmale, benenne Eckpunkte, Seiten und Winkel!
- ein rechter Winkel mit 90°
- Eckpunkte A, B und C
- Seiten c, a und b

C Zeichne ein Parallelogramm, erläutere die Merkmale, benenne Eckpunkte, Seiten und Winkel!
- 2-mal 2 gleich lange Seiten
- keine 90°-Winkel
- Diagonalen unterschiedlich lang

D Zeichne einen Kreisring und erkläre die Konstruktion!
- großen Außenkreis zeichnen
- kleineren Innenkreis zeichnen
- Kreisring: Fläche zwischen r_1 und r_2

Thema 3: Formeln

A Pythagoras: $c^2 = a^2 + b^2$

Kreisumfang: $U = d \cdot \pi$

B Fläche regelmäßiges Sechseck: $A = \dfrac{g \cdot h}{2} \cdot 6$

Volumen aller geraden Säulen: $V = A \cdot h_k$

C Länge einer Strecke: $s = v \cdot t$

Gewicht: $m = V \cdot \rho$

D Oberfläche Zylinder: $O = 2 \cdot A + M \quad (M = d \cdot \pi \cdot h_k)$

Volumen spitzer Körper: $V = \dfrac{A \cdot h_k}{3}$

| Vorschlag für die zusätzliche mündliche Prüfung im Fach Mathematik | Lösungsblatt |

Thema 4: Größen

A 3,408 km = <u>3 408</u> m

874 l = <u>8,74</u> hl

B 400 l = <u>0,4</u> m³

1,25 h = <u>75</u> min

C 7,58 dm² = <u>758</u> cm²

2 800 ml = <u>2,8</u> l

D 3,04 m³ = <u>3 040 000</u> cm³

1 h = <u>3 600</u> s

Thema 5: Schriftliches Rechnen

A 58,4 · 2,8
1168
4672
163,52

B 26,3 · 4,7
1052
1841
123,61

C 980 : 3,5 =

9800 : 35 = 280
700
280
280
—
0

D 17,22 : 0,7 =

172,2 : 7 = 24,6
14
32
28
42
42
—

Thema 6: Diagramme

A Beschreibe die Diagrammform und stelle den Sachverhalt in einigen Sätzen dar!

— Liniendiagramm

— Im Jahr 1994 wurden 61 709 Ausländer in Deutschland eingebürgert …

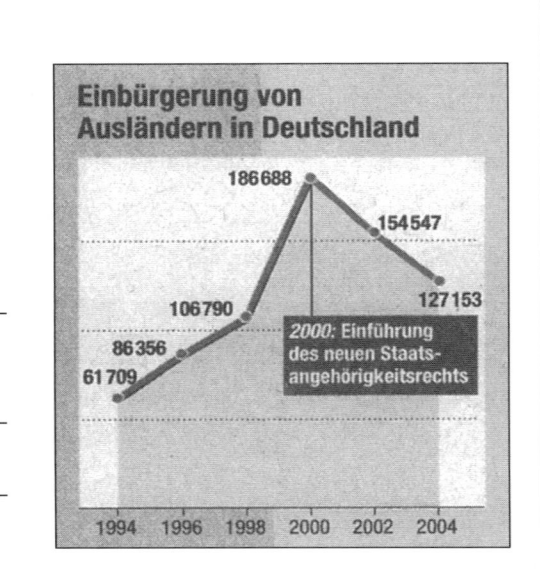

Vorschlag für die zusätzliche mündliche Prüfung im Fach Mathematik — **Lösungsblatt**

B Beschreibe die Diagrammform und stelle den Sachverhalt in einigen Sätzen dar!

Köhler soll bleiben
Würden Sie es begrüßen, wenn Horst Köhler für eine zweite Amtsperiode kandidieren würde?
Ja: 80
Nein: 13
Weiß nicht: 7
1003 Befragte am 10. und 11. Mai 2007
Quelle: Forsa

– Streifendiagramm

– 80 Prozent sprechen sich dafür aus, dass Horst Köhler für eine zweite Amtszeit kandidieren sollte ...

C Beschreibe die Diagrammform und stelle den Sachverhalt in einigen Sätzen dar!

OPTIMISMUS WÄCHST WEITER
Die wirtschaftlichen Verhältnisse werden...
... sich verbessern: 45
... sich verschlechtern: 27
... unverändert bleiben: 26
weiß nicht: 2

– Kreisdiagramm

– Die wirtschaftlichen Verhältnisse werden sich bessern, sagen 45 % ...

D Beschreibe die Diagrammform und stelle den Sachverhalt in einigen Sätzen dar!

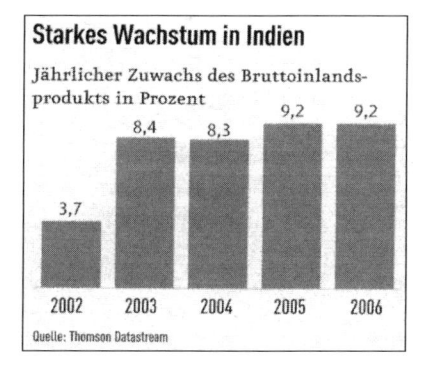

Starkes Wachstum in Indien
Jährlicher Zuwachs des Bruttoinlandsprodukts in Prozent
2002: 3,7
2003: 8,4
2004: 8,3
2005: 9,2
2006: 9,2
Quelle: Thomson Datastream

– Säulendiagramm

– Im Jahr 2002 betrug das Wachstum des BIP in Indien um 3,7 % ...

Vorschlag für die zusätzliche mündliche Prüfung im Fach Mathematik

Lösungsblatt

Thema 7: Prozent- und Zinsrechnung

A Wie zeichne ich einen Prozentkreis?
- Grundwert bestimmen
- Einzelwerte als Prozentanteile berechnen
- Sektorengröße berechnen (1 % = 3,6°)

B Von 1 600 Büchern einer Bibliothek müssen 320 aussortiert werden. Wie viele Prozent sind das?

1 600 Bücher = 100 %
160 Bücher = 10 %
320 Bücher = 20 %

C Von 200 Schüler lesen 10 % am liebsten, 30 % sehen gerne fern. Der Rest geht am liebsten mit Freunden weg. Wie viele Schüler sind das?

200 Schüler = 100 %
20 Schüler = 10 %
60 Schüler = 30 %
120 Schüler = 60 %

D 16 Autofahrer haben die Höchstgeschwindigkeit überschritten. Das waren 8 % der kontrollierten Fahrer. Wie viele Autofahrer wurden kontrolliert?

16 Autofahrer = 8 %
2 Autofahrer = 1 %
200 Autofahrer = 100 %

Thema 8: Potenzrechnung

A „Giga" bedeutet ... 10^9
$2{,}4 \cdot 10^{-4} =$ 0,00024

B „Mikro" bedeutet ... 10^{-6}
$4{,}5 \cdot 10^4 =$ 45 000

C „Nano" bedeutet ... 10^{-9}
$5{,}1 \cdot 10^6 =$ 5 100 000

D „Mega" bedeutet ... 10^6
$8{,}2 \cdot 10^8 =$ 820 000 000

Thema 9: Gleichungen

A $x + 212 + x = 239 - (x - 6)$
$x + 212 + x = 239 - x + 6$
$x + x + x = 239 + 6 - 212$
$3x = 33 \quad | : 3$
$x = 11$

B $3(x - 2) = x + 14$
$3x - 6 = x + 14$
$3x - x = 14 + 6$
$2x = 20 \quad | : 2$
$x = 10$

Vorschlag für die zusätzliche mündliche Prüfung im Fach Mathematik

Lösungsblatt

C $3(3x + 11) = 63 + 3x$
$9x + 33 = 63 + 3x$
$9x - 3x = 63 - 33$
$6x = 30 \quad | :6$
$x = 5$

D $4x - 16 = 6x - 2(2 + 4x)$
$4x - 16 = 6x - 4 - 8x$
$4x - 6x + 8x = -4 + 16$
$6x = 12 \quad | :6$
$x = 2$

Thema 10: Geometrische Körper

A Wie wird die Oberfläche des Werkstücks berechnet?

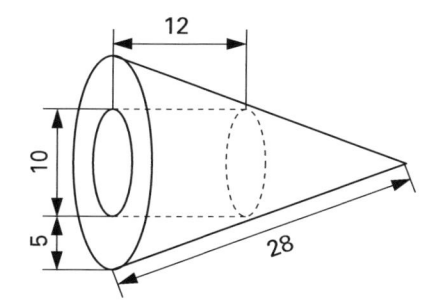

- kompletter Kreis als Grundfläche
- Kegelmantel
- Zylindermantel

B Wie wird das Volumen des Werkstücks berechnet?

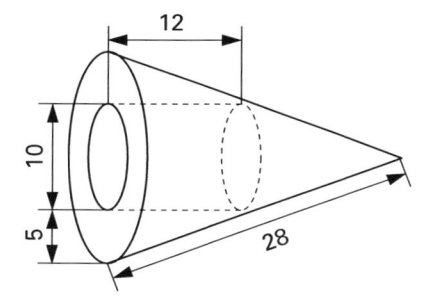

- Volumen des Kegels berechnen
  (Höhe zunächst über Pythagoras)
- Volumen des Zylinders berechnen
- voneinander abziehen

C Wie wird die Oberfläche des Werkstücks berechnet?

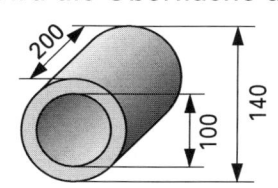

- äußerer Mantel
- innerer Mantel
- zwei Kreisringe

D Wie wird das Gewicht des Körpers berechnet?

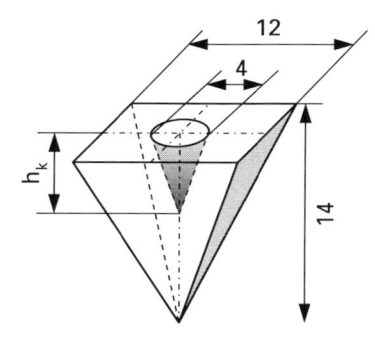

- Volumen der Pyramide
  minus Volumen des Kegels
- Volumen des Restkörpers mal das
  spezifische Gewicht

Vorschlag für die zusätzliche mündliche Prüfung im Fach Mathematik

Lösungsblatt

Thema 11: Funktionen

A Ergänze die Wertetabelle! Um welche Funktion handelt es sich?

Zeit (h)	1	2	3	5
Liter	220	440	660	1 100

- proportionale (lineare)

  Funktion

B Um welche Funktion handelt es sich? Formuliere Aussagen!

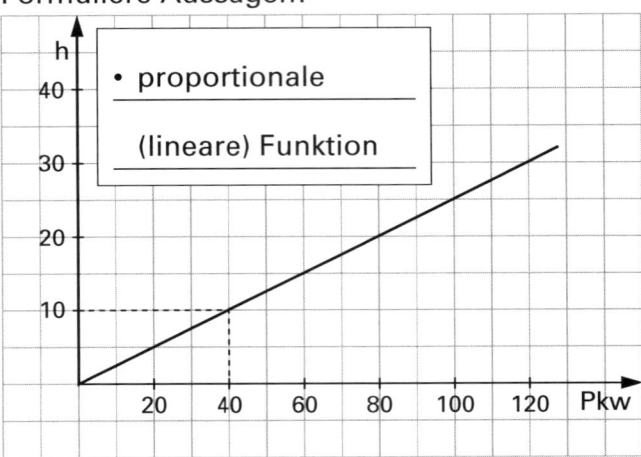

- proportionale

  (lineare) Funktion

C Ergänze die Wertetabelle! Um welche Funktion handelt

Arbeiter	6	2	12	18
Tage	24	72	12	8

- umgekehrt proportionale

  Funktion

D Um welche Funktion handelt es sich? Formuliere Aussagen!

- umgekehrt proportionale

  Funktion

Thema 12: Beschreibende Statistik

A Gib die Durchschnittstemperatur an!

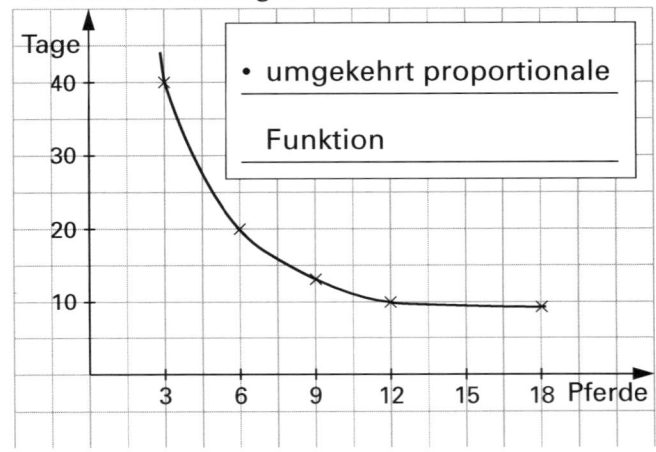

18° – 20° – 21° – 19° – 22° – 21° – 19°

= $\underline{140° : 7 = 20°}$

B Ermittle den Zentralwert!

14 – 17 – 20 – 22 – 16 – 18

14   16   17   18   20   22

$\underline{\underline{17,5}}$

C Ermittle die Spannweite!

Weitwurfergebnisse:
Uwe: 32 m
Gerd: 48 m
Bernd: 34 m
Max: 42 m
Jonas: 39 m

Spannweite: $\underline{48\ m - 32\ m = 16\ m}$

D Ermittle den absoluten Wert und den relativen Wert der Note 3!

Note	1	2	3	4	5	6
	2	4	5	9	3	2

Absoluter Wert: 5

Relativer Wert: 20 %

BRIGG Pädagogik VERLAG
Der neue Pädagogik-Fachverlag für Lehrer/-innen
Komplett erstellte Kopiervorlagen für Mathematik und Informatik!

Werner Freißler / Otto Mayr
Bildungsstandards Mathematik
Testaufgaben für alle weiterführenden Schularten
Kopiervorlagen mit Lösungen

9. Klasse	10. Klasse
140 S., DIN A4	138 S., DIN A4
Best.-Nr. 253	**Best.-Nr. 254**

Diese Bände enthalten Aufgaben passend zu den Bildungsstandards Mathematik für die 9. und 10. Klasse. Verschiedene Schwierigkeitsgrade mit Angabe der jeweiligen Kompetenz und Leitidee ermöglichen eine Leistungsdifferenzierung und unterstützen Sie bei der Bestimmung des nötigen Förderbedarfs und der individuellen Hilfestellung für jeden einzelnen Schüler. Damit ist das Erzielen guter Prüfungsleistungen sichergestellt und die Transparenz des Leistungsstands zu jedem Zeitpunkt gegenüber den Eltern gewährleistet.

Otto Mayr
Neue Aufgabenformen im Mathematikunterricht
Aufgaben vernetzen –
Probleme lösen –
kreativ denken

7.–9. Klasse
168 S., DIN A4,
Kopiervorlagen mit Lösungen
Best.-Nr. 276

Vielfältige Aufgabensammlung zum neuen Ansatz nach PISA: Mit allen neuen Aufgabenformen, Kopfrechnen, Kopfgeometrie und den neuen Prüfungsaufgaben. Die Übungen stärken grundlegende mathematische Kompetenzen und fördern das Mathematisieren von Sachverhalten. Enthalten sind Fehleraufgaben, Aufgaben zum Weiterdenken, Verbalisierung, offene Aufgaben, Rückwärtsdenken, Aufgaben zum Experimentieren u.v.m.

Informatix XP 1
54 S., DIN A4,
Kopiervorlagen mit Lösungen
Best.-Nr. 250

Informatix XP 2
66 S., DIN A4,
Kopiervorlagen mit Lösungen
Best.-Nr. 251

Informatix XP 3
72 S., DIN A4,
Kopiervorlagen mit Lösungen
Best.-Nr. 252

Doris Neuhofer / Walter Neuhofer
Informatix XP
Kopiervorlagen mit Lösungen

Die Kopiervorlagen *Informatix* garantieren einen problemlosen Informatikunterricht. Die komplett ausgearbeiteten Stundenmodelle decken den Jahresstoff in den Jahrgangsstufen 5 bis 7 ab. Die Bände gliedern sich in einen kleinen Theorieteil zu Aufbau und Funktionsweise des Computers, einen Praxisteil mit Aufgaben zum Umgang mit den Anwenderprogrammen sowie zahlreichen Kopiervorlagen mit Lösungen zur Überprüfung des erworbenen Wissens. Damit sparen Sie jede Menge Vorbereitungszeit.

Inhalt Band 1: PC-Grundkenntnisse

Inhalt Band 2: MS Word, MS Excel, Einfügen von Grafiken, Formatieren von Tabellen, Gestalten von Glückwunschkarten u.v.m.

Inhalt Band 3: Arbeiten mit MS Excel und MS PowerPoint, Gestaltung von Diagrammen, Erstellung von Präsentationen, Rechnen mit einfachen Funktionen u.v.m.

Bestellcoupon

Ja, bitte senden Sie mir/uns mit Rechnung

_____ Expl. Best-Nr. _____

_____ Expl. Best-Nr. _____

_____ Expl. Best-Nr. _____

_____ Expl. Best-Nr. _____

Meine Anschrift lautet:

Name / Vorname

Straße

PLZ / Ort

E-Mail

Datum/Unterschrift   Telefon (für Rückfragen)

Bitte kopieren und einsenden/faxen an:

Brigg Pädagogik Verlag GmbH
zu Hd. Herrn Franz-Josef Büchler
Zusamstr. 5
86165 Augsburg

☐ Ja, bitte schicken Sie mir Ihren Gesamtkatalog zu.

Bequem bestellen per Telefon/Fax:
Tel.: 0821 / 45 54 94-17
Fax: 0821 / 45 54 94-19
Online: www.brigg-paedagogik.de

BRIGG Pädagogik VERLAG

Der neue Pädagogik-Fachverlag für Lehrer/-innen

Komplette Aufgabensammlung von der 5. bis zur 10. Klasse!

Effektive Materialien zum Thema Lernkompetenz!

Ilse Mayer
Arbeitsblätter Mathematik

Eine neue Form von Arbeitsblättern mit Lösungen, mit denen der Stoff selbstständig und in individuellem Tempo erarbeitet, geübt und angewendet werden kann. Dieser unerschöpfliche Aufgabenfundus erleichtert Ihnen den Unterricht besonders in heterogenen Klassen mit zusätzlichen Wiederholungs- und Differenzierungsaufgaben.

Durch den klaren, übersichtlichen Aufbau der Arbeitsblätter, verbunden mit einem Punkteschlüssel zur Bewertung, ist eine Aussage über den einzelnen Leistungsstand jederzeit möglich. Für Einzel-, Partner- oder Gruppenarbeit, für Übung und Wiederholung auch in Förderkursen bestens geeignet!

5. / 6. Klasse
280 S., DIN A4,
140 Aufgabenseiten mit Lösungen
Zwei Bände in einem!
Best.-Nr. 259

6. / 7. Klasse
266 S., DIN A4,
130 Aufgabenseiten mit Lösungen
Zwei Bände in einem!
Best.-Nr. 260

7. / 8. Klasse
304 S., DIN A4,
160 Aufgabenseiten mit Lösungen
Zwei Bände in einem!
Best.-Nr. 261

9. / 10. Klasse
324 S., DIN A4,
170 Aufgabenseiten mit Lösungen
Zwei Bände in einem!
Best.-Nr. 262

Christa Koppensteiner
Wie Lernen funktioniert
Strategien und Methoden zum besseren Lernen

208 S., DIN A4,
Kopiervorlagen mit Lösungen
Best.-Nr. 264

89 Lerntipps und erprobte Kopiervorlagen helfen Ihnen, erfolgreich auf individuelle Lernprobleme Ihrer Schüler/-innen zu reagieren. Die Jugendlichen erfahren, wie man schwierige Texte verständlich aufbereitet oder wie man sich möglichst viele Informationen merkt.

Renate Potzmann
Methodenkompetenz und Lernorganisation
Planvolles Lernen und Arbeiten in der Schule und zu Hause

140 S., DIN A4,
Kopiervorlagen
Best.-Nr. 263

Fächerunabhängiges Programm zum Erwerb von Lernkompetenz. Mit zahlreichen, in sich abgeschlossenen Trainingsvorlagen und Übungen zu Lernorganisation, Informationsbeschaffung, -aufbereitung und -verarbeitung, Arbeits-, Zeit- und Lernplanung.

Alle Neuerscheinungen tagesaktuell unter: www.brigg-paedagogik.de!

Bestellcoupon

Ja, bitte senden Sie mir / uns mit Rechnung

_____ Expl. Best-Nr. _____

_____ Expl. Best-Nr. _____

_____ Expl. Best-Nr. _____

_____ Expl. Best-Nr. _____

Meine Anschrift lautet:

Name / Vorname

Straße

PLZ / Ort

E-Mail

Datum/Unterschrift   Telefon (für Rückfragen)

Bitte kopieren und einsenden/faxen an:

**Brigg Pädagogik Verlag GmbH
zu Hd. Herrn Franz-Josef Büchler
Zusamstr. 5
86165 Augsburg**

☐ Ja, bitte schicken Sie mir Ihren Gesamtkatalog zu.

Bequem bestellen per Telefon / Fax:
Tel.: 0821 / 45 54 94-17
Fax: 0821 / 45 54 94-19
Online: www.brigg-paedagogik.de